河南千业律师事务所

破产法系列丛书之五

破产实务
百问百答

关宪法 主编

郑州大学出版社

图书在版编目(CIP)数据

破产实务百问百答 / 关宪法主编. -- 郑州：郑州
大学出版社，2024. 11. -- ISBN 978-7-5773-0731-2

Ⅰ. D922.291.924

中国国家版本馆 CIP 数据核字第 202452Z2N6 号

破产实务百问百答
POCHAN SHIWU BAIWEN BAIDA

策划编辑	宋妍妍	封面设计	陈 青
责任编辑	樊建伟	版式设计	苏永生
责任校对	胥丽光	责任监制	朱亚君

出版发行	郑州大学出版社	地 址	郑州市大学路 40 号(450052)
出版人	卢纪富	网 址	http://www.zzup.cn
经 销	全国新华书店	发行电话	0371-66966070
印 刷	新乡市豫北印务有限公司		
开 本	710 mm×1 010 mm 1 / 16		
印 张	19.75	字 数	369 千字
版 次	2024 年 11 月第 1 版	印 次	2024 年 11 月第 1 次印刷

书 号	ISBN 978-7-5773-0731-2	定 价	68.00 元

编写委员会

主　　编　关宪法

副 主 编　苏小军　魏焕焕

编　　委　（按姓氏笔画排序）

王广前　王自强　王晓磊　付　旭

刘选平　关振刚　杜永松　杜光雷

李小改　余　静　张双兰　魏小雨

编写单位　河南千业律师事务所

序

　　近年来，随着国家经济结构调整与转型升级，在深化经济体制改革政策的指引下，破产法"鼓励创新、宽容失败、挽救企业、规范退出"的理念深入人心，破产法律制度日趋完善，关于企业破产制度的立法和司法实践取得了许多成果。然而，随着全国破产案件受理数量的不断攀升，实践中的新问题也随之涌现，成文法典有些地方总滞后于实践需求，面对新问题，也必须有新思路。但企业破产制度在我国还是新生事物，法律规定较为粗略，实践操作亦有差异。

　　与传统的诉讼业务相比，破产案件对作为管理人的律师提出了更高的要求，法律专业方面不仅要熟悉程序法，还要精通民法、商法甚至行政法、刑法等诸多实体法，破产程序作为一个集中清理债权债务的程序，是一个程序与实体深度交叉的领域。除此之外，做好破产业务还要求管理人能够熟练掌握经济、财会、社会学等多方面知识。总之，对管理人综合要求很高。一方面，破产业务是一种实践性很强的业务，欲在破产业务中做到游刃有余，必要亲临其境，在实践中学习、探索、感知，时常对所学所感进行提炼和总结。另一方面，由于破产立法的缺失与滞后，使得目前关于破产实务疑难问题的解决之道的探索仍仅停留在实务操作方面，无法统一背后蕴含的深层次法理，面对棘手情形，不免引发前后矛盾、逻辑失洽和司法裁判尺度不一等问题。

　　《破产实务百问百答》这本书虽然针对的是具体问题的解答，但不局限于个案情形的处理，也不仅仅是简单给出答案或提供建议，而是对问题进行深度解析，抛出规范依据、理论依据或总结实践规律，最终得出答案，是非常有意义的基础性工作。事实上，破产业务领域最基础、最重要的就是从问题中寻找"规范"，总结规律，只要把问题厘清，把规范理顺，再疑难的破产实务问题也能迎刃而解。

总之,破产实务和理论的研究,是一个极具意义和价值的工作。破产实务领域也需要有人不断探索、钻研和深耕,才能够更好地发挥供给侧改革的历史使命,对破产业务的研究需要综合型、复合型人才,单一的知识储备和单一视角难以达到要求。河南千业律师事务所在破产领域耕耘二十多年,其破产律师团队成员能够知难而进、攻坚克难,参与本书的写作,是一件值得骄傲和自豪的事情。最后,希望更多的专家学者和破产实务界人士能够多关注破产领域疑难问题研究,重视破产问题的实际解决,为我国破产制度建设和法治进步做出更多贡献。

是为序。

周济生

2024 年 8 月

■ 前　言

　　本书由长期承办破产案件并担任多家企业管理人的河南千业律师事务所破产律师团队共同撰写,是关于河南千业律师事务所"破产法"系列丛书中的第五部[前四部分别是:2014 年河南大学出版社出版的《破产案例实务及疑难问题解析(一)》、2016 年郑州大学出版社出版的《破产案例实务及疑难问题解析(二)》、2020 年郑州大学出版社出版的《破产管理人实务实操》、2022 年郑州大学出版社出版的《房地产企业破产疑难问题法律分析》]。

　　河南千业律师事务所是河南省最早从事破产业务的律所之一,于2007 年、2017 年、2022 年三次入选《河南省法院企业破产案件管理人名册》,并被评为一级管理人。河南千业律师事务所现设并购重组与清算破产法律业务部一部、并购重组与清算破产法律业务部二部、并购重组与清算破产法律业务部三部专门从事破产业务。作为律所重要部门,部门律师拥有丰富的破产清算、重整案件实务经验,并专注于企业破产清算、重整、强制清算、重组并购等与公司相关的各项业务领域,组织和主持过较多的企业破产与清算工作,积累了丰富的破产业务理论和实务操作经验。河南千业律师事务所重视人才培养,近年来先后培养破产专业人才 30 余人,为河南破产业务的发展作出了积极贡献。律所鼓励成员多著书立传,不断提高自身专业能力,本书即由破产律师团队成员共同撰写,从破产实务应用角度出发,总结工作中遇到的各类实务难题。

　　本书主要分为十二章,包括破产申请、破产受理、债务人财产、破产费用与共益债务、债权申报、债权审查、债权异议、债权人会议、清算程序、重整程序、和解程序、履职问题与法律责任,内容广泛,几乎涵盖破产案件办理的各个流程。本书采取问答形式,精心挑选出百余个实务问题,多数问题源于真实的案例,具有疑难、复杂,法律依据不明确等特

1

点,实践处理争议较大。本书虽采取问答形式呈现,但并非简单列明答案,而是专门就理由和依据作出深度阐释,同时注重理论与实践的结合,每一问题均尽量附上相关实务案例供读者查阅,希望能够对破产业务从业人员带来收获。

　　一本书的完成离不开众多参与者的共同努力,汇聚着集体的智慧,凝结着众多参与者辛勤的劳动和汗水。写作是砥砺自我的一种有效途径,也是自我成长的最佳选择,写作的过程既是一种享受,也是一种感恩。因为在漫长的编写过程中,我们需要翻阅大量的资料,借鉴他人智慧的精华,只有站在巨人的肩膀上才能看得更高,看得更远。本书在策划和编写过程中,得到了许多同行的关怀与帮助,以及许多老师的大力支持,在此向他们致以诚挚的谢意。

　　本书主要分工如下:第一、第二章关振刚,第三章张双兰,第四章王广前,第五章李小改,第六章魏焕焕,第七章王晓磊,第八章付旭,第九章余静,第十章杜光雷,第十一章杜永松,第十二章王自强、刘选平,通稿苏小军。

　　再次对参与本书编写的各位专家、老师和诸位律师以及其他工作人员表示衷心的感谢!

河南千业律师事务所主任　关宪法

2024 年 8 月

目　录

第一章

破产申请

1. 哪些主体可以申请破产?

阅读提示:破产主体资格是指法律赋予民事主体进入破产程序的资格,具备破产资格的民事主体可以通过清算、重整、和解程序清理债务。哪些市场主体符合我国企业破产法的要求可以进入破产程序呢?

答:《中华人民共和国企业破产法》(以下简称《企业破产法》)第二条规定,"企业法人不能清偿到期债务,并且资产不足以清偿全部债务或者明显缺乏清偿能力的,依照本法规定清理债务",该条明确规定了企业破产法调整的主体范围是企业法人。"企业破产法"中的"企业"是指企业法人,企业法人包括全民所有制企业、集体所有制企业、外商投资企业及公司,企业法人可以依照企业破产法进行破产清算,除企业法人外,民营学校、非营利民营医院等可以参照适用企业破产法进行破产。

理由与依据:

(一)企业法人具有破产主体资格

我国企业破产法明确规定的破产主体是企业法人,即依照我国公司法规定设立的有限公司和股份有限公司,但相关的法律增加了特定可适用破产程序的主体,如农民专业合作社、外商投资企业法人、合伙企业等。目前,江浙一带法院、管理人正在努力探索开展个人破产清算工作,边实践边总结积累经验,不久的将来个人也会成为破产主体。破产主体的范围是由一个国家根据其经济发展水平及法制建设等因素综合考量决定的。从我国破产法制度的产生和发展来看,关于破产主体范围的规定是不断变化,逐步丰富的。1986年公布的《中华人民共和国破产法(试行)》规定,只有全民所有制企业可适用企业破产法的规定进入破产程序。1991年公布的《中华人民共和国民事诉讼法》扩大了破产主体范围包括非全民所有制企业法人。2002年《最高人民法院关于审理企业破产案件若干问题的规定》进一步明确只要债务人具有企业法人资格即可适用企业破产程序。2007年的《企业破产法》即现行破产法规定,企业法人具有破产资格,企业法人以外的组织清算,属于破产清算的,可以参照破产法的规定。依据《中华人民共和国公司法》《中华人民共和国公司登记管理条例》,我国企业法人资格确定,是经企业法人登记主管机关审核,取得企业法人营业执照为准。除企业法人外,还有其他形式的民事主体参加市场经济活动,例如自然人、个体工商户、农村承包经营户、个人独资企业、不具有法人资格的专业服务机构等,目前尚不具有破产主体资格。

(二)农民专业社申请破产参照适用企业破产法

《中华人民共和国农民专业合作社法》第五十二条规定,清算组负责制定包括清偿农民专业合作社员工的工资及社会保险费用,清偿所欠税款和其他各项债务,以及分配剩余财产在内的清算方案,经成员大会通过或者申请人民法院确认后实施。清算组发现农民专业合作社的财产不足以清偿债务的,应当依法向人民法院申请破产。合作社破产,是指合作社不能清偿到期债务时,为保护债权人的利益,依法定程序将合作社的资产依法在全体债权人之间按比例公平分配,不足部分不再清偿的法律制度。农民专业合作社破产,事关其成员和债权人利益,债权人、合作社均可以向人民法院申请宣告合作社破产还债。清算组发现合作社的财产不足以清偿债务的,应当向人民法院申请破产。第五十五条规定,农民专业合作社破产适用企业破产法的有关规定。但是,破产财产在清偿破产费用和共益债务后,应当优先清偿破产前与农民成员已发生交易但尚未结清的款项。

(三)合伙企业申请破产参照适用企业破产法

《中华人民共和国合伙企业法》第九十二条规定,合伙企业不能清偿到期债务的,债权人可以依法向人民法院提出破产清算申请,也可以要求普通合伙人清偿。合伙企业依法被宣告破产的,普通合伙人对合伙企业债务仍应承担无限连带责任。合伙企业不属于企业破产法规定的"企业法人"的范围,所以,合伙企业破产参照适用其关于破产清算程序的规定,不适用其关于重整和和解的规定;而且对合伙企业破产清算程序可以作适当简化。

（四）外商投资的合伙企业申请破产参照适用企业破产法

《中华人民共和国公司法》第二百一十七条规定,外商投资的有限责任公司和股份有限公司适用本法;有关外商投资的法律另有规定的,适用其规定。《中华人民共和国外商投资法》第三十一条规定,外商投资企业的组织形式、组织机构及其活动准则,适用《中华人民共和国公司法》《中华人民共和国合伙企业法》等法律的规定。关于我国外商投资的企业主要有中外合资经营企业、中外合作经营企业和外资企业,均具有破产主体资格;但是外商投资的合伙企业不具有破产主体资格,可以参照适用企业破产法。

（五）民营医院

如果办理了工商登记,以有限责任公司或股份有限公司为组织形式,则可以直接适用《企业破产法》。如果未实行公司制,不具有企业法人资格,则不能适用《企业破产法》。

案例索引:

（2021）最高法民申 1295 号

2. 破产需要达到什么条件?

阅读提示:近年来,由于市场经济形势恶劣,很多企业经营困难,负债累累,因此有的企业想通过破产程序来解决债务的清偿问题。企业负债就可以申请破产吗? 答案是否定的。那么,企业需要具备什么条件,才能向人民法院申请破产呢? 这就需要考究企业是否具备法律规定的"破产原因",此为人民法院判断破产申请是否应当受理的重要依据。

答:《企业破产法》第二条规定:"企业法人不能清偿到期债务,并且资产不足以清偿全部债务或者明显缺乏清偿能力的,依照本法规定清理债务。企业法人有前款规定情形,或者明显丧失清偿能力可能的,可以依照本法规定进行重整。"由此可见,破产原因主要包括企业法人不能清偿到期债务,并且资产不足以清偿全部债务或者明显缺乏偿债能力或者是明显丧失清偿能力等情形。

理由与依据：

(一)关于不能清偿到期债务

不能清偿到期债务是指债务人以明示或默示的形式表示其不能支付到期债务,其强调的是债务人不能清偿债务的外部客观行为,而不是债务人的财产客观状况。对于企业"不能清偿到期债务"的认定,《最高人民法院关于适用〈中华人民共和国企业破产法〉若干问题的规定(一)》第二条给出较为明确的意见,即认定不能清偿到期债务应当同时具备三个方面的要件:(1)债权债务关系依法成立;(2)债务履行期限已经届满;(3)债务人未完全清偿债务。由此可见,只要依法成立的债权已届债务清偿期限,但债务人未完全清偿,那么就应当认定"企业不能清偿到期债务"。但实践中,很多法院会依据债务人是否存在执行案件,是否已经"终本"来判断债务人是否已经不能清偿到期债务,这客观上是增加了破产受理的难度。

(二)关于资产不足以清偿全部债务的情形

资产不足以清偿全部债务是指债务人的实有资产不足以清偿全部债务,即通常所说的"资不抵债"。资不抵债实际上就是看资产和负债之间的比例关系,考察债务人的偿还能力仅以其实际拥有的财产为限,而不考虑企业的融资能力和经营收现能力,计算企业债务时也不考虑债务的种类和履行期限,均一并纳入债务总额内。若当事人提供充分的依据证明债务人的资产负债表、审计报告或者资产评估报告等记载的资产状况与实际状况不符的,应当允许推翻资产负债表、审计报告或者资产评估报告的结论。

实务中当债务人的资产负债表或审计报告等显示债务人的全部资产小于全部负债的,可认为企业资产不足以清偿全部债务,即通常所说的"资不抵债"。司法实践中,有的法院仅依据资产负债表、银行账户货币资金判断企业资产,有的法院则要求企业出具审计报告,并据此认定企业资产不足以清偿全部债务。

(三)关于明显缺乏清偿能力

明显缺乏清偿能力是指债务人因丧失清偿能力而无法偿还到期债务的客观财产状况,即不能以财产、信用或者能力等任何方式清偿债务。《最高人民法院关于适用〈中华人民共和国企业破产法〉若干问题的规定(一)》第四条以列举方式对"明显缺乏清偿能力"进行了详细列明,主要包括:(1)因资金严重不足或者财产不能变现等原因,无法清偿债务;(2)法定代表人下落不明且无其他人员负责管理财产,无法清偿债务;(3)经人民法院强制执行,无法清偿债务;(4)长期亏损且经营扭亏困难,无法清偿债务;(5)导致债务人丧失清偿能力的其他情形。因此,只要依法成立的债权已届债务清偿期限,但债务人未完全清偿,那么就应当认定"企业不能清偿到期债务"。但实践中,很多法院依然会依据债务人是否执行案件,是否拥有"终本裁定"来判断债务人是否已不能清偿到期债务。

案例索引:

(2020)粤 01 破申 209 号

3. 债务人企业未缴纳注册资本大于总负债能否申请破产?

阅读提示:法院在裁定受理破产案件时援引的法律依据主要是《企业破产法》第二条的相关规定,满足破产受理的条件主要有两个,一是不能清偿到期债务且资不抵债,二是不能清偿到期债务且明显缺乏清偿能力。那么在公司未缴资本远大于负债时,第一个破产原因,即当公司未缴资本远大于负债时"资不抵债"如何判断? 公司未缴资本远大于负债时,公司能否进入破产程序?

答:债务人企业未缴纳注册资本虽大于总负债,但当公司出现下列情形之一的,人民法院应当认定其明显缺乏清偿能力,符合破产受理条件:(1)因资金严重不足或者财产不能变现等原因,无法清偿债务;(2)法定代表人下落不明且无其他人员负责管理财产,无法清偿债务;(3)经人民法院强制执行,无法清偿债务;(4)长期亏损且经营扭亏困难,无法清偿债务;(5)导致债务人丧失清偿能力的其他情形。

理由与依据:

破产原因是指认定债务人丧失清偿能力,当事人得以提出破产申请,法院据此得以启动破产程序的法律事实,即引起破产程序发生的原因。我国破产法中关于企业破产原因的规定在《企业破产法》第二条,即"企业法人不能清偿到期债务,并且资产不足以清偿全部债务或者明显缺乏清偿能力的,依照本法规定清理债务"。也就是说,企业只要符合上述法条之规定,即可申请破产清算。《企业破产法》第三十五条规定:人民法院受理破产申请后,债务人的出资人尚未完全履行出资义务的,管理人应当要求该出资人缴纳所认缴的出资,而不受出资期限的限制。《最高人民法院关于适用〈中华人民共和国企业破产法〉若干问题的规定(二)》第二十条:管理人代表债务人提起诉讼,主张出资人向债务人依法缴付未履行的出资或返还抽逃的出资本息,出资人以认缴出资尚未届至公司章程规定的缴纳期限或违反出资义务已经超过诉讼时效为由抗辩的,人民法院不予支持。《中华人民共和国公司法》第八十八条:股东转让已认缴出资但未届出资期限的股权的,由受让人承担缴纳该出资的义务;受让人未按期足额缴纳出资的,转让人对受让人未按期缴纳的出资承担补充责任。根据上述规定可以看出在债务人没有完全履行出资义务的情况下,债权人也是可以申请企业破产的,且债务人的资产情况是一个不断变化的过程,债务人是否具备破产原因的事实应根据企业发展变化和债务清偿情况重新判断,如果债权人穷尽一切其他救济途径仍未能实现债权,比如债务人股东无财产承担补充清偿责任等导致债权人通过诉讼亦无法实现债权,此种情况下,如一味地看注册资本的多少,明显不符合企业的实际情况,因此,公司未缴纳注册资本大于总负债也是可以申请破产的。

案例索引:

(2018)沪 0118 破 32-1 号

4. 申请破产应当去哪个法院?

阅读提示:管辖是指各级人民法院之间以及同级人民法院之间受理第一审民事案件的权限和分工。管辖可分为地域管辖、级别管辖、移送管辖、指定管辖等模式,那么破产案件的管辖法院该如何进行确定呢?

答:《企业破产法》第三条规定,一般情况下,破产申请向债务人即待破产主体住所地法院提出。住所地则指债务人的主要办事机构所在地,办事机构所在地一般由法院根据主体开展业务活动地及决定、处理组织事务的所在地综合判断。如果主要办事机构所在地不能确定的,由主体注册地或者登记地作为住所地。此外,如果涉及关联企业合并破产且合并审理的,由关联企业中的核心控制企业住所地人民法院管辖;如果核心控制企业无法确定的,由关联企业主要财产所在地法院管辖。

理由与依据:

作为民事特别程序,破产程序的案件管辖同样需要遵循民事诉讼法的原则性规定,但作为特别法《企业破产法》如已经明确的,应当优先适用《企业破产法》。

(一)地域管辖

《企业破产法》已经明确破产案件应当由债务人住所地人民法院管辖,根据《民事诉讼法》及相关司法解释,法人的"住所地"是指法人的主要办事机构所在地。法人的主要办事机构所在地不能确定的,法人的注册地或者登记地为住所地。可见,判断法人的住所地以"主要办事机构所在地"为判断原则,当不能确定时才以注册地或登记地为判断依据。但实务中,对于主要办事机构的判断远不及注册或登记地容易识别。为此有学者就"主要办事机构所在地"提供了以下判断标准:(1)主要办事机构所在地应当是指企业对外办理主要事务的机构的地点,而不能变更解释为是其内部进行"经营管理决策"的地点。(2)主要办事机构在所在地应当有对外明示的标志。(3)主要办事机构所在地应当是企业实际办理各项主要对外事务的所在地,以及在办理事务时自认的住所所在地。

(二)级别管辖

破产案件的级别管辖,主要与破产企业的工商核准登记机关的级别相关联。《最高人民法院关于审理企业破产案件若干问题的规定》第二条规定:(1)基层人民法院一般管辖县、县级市或者区的工商行政管理机关核准登记企业的破产案件;(2)中级人民法院一般管辖地区、地级市(含本级)以上的工商行政管理机关核准登记企业的破产案件;(3)纳入国家计划调整的企业破产案件,由中级人民法院管辖。第三条规定:上级人民法院审理下级人民法院管辖的企业破产案件,或者将本院管辖的企业破产案件移交下级人民法院审理,以及下级人民法院需要将自己管辖的企业破产案件交由上级人民法院审理的,依照《民事诉讼法》第三十九条的规定办理;省、自治区、直辖市范围内因特殊情况需对个别企业破产案件的地域管辖作调整的,须经共同上级人民法院批准。

(三)其他特殊的管辖规则

还有一类特殊破产案件的管辖规则比较特殊。目前,企业经营集团化越来越多、特征越来越明显,企业规模扩大后走集团、分(子)公司模式管理运营,经营、财产、人力和财务互相交织。该类集团化企业出现困境之后,就会考虑采取实质合并审理或者协调审理,统筹审理破产案件。最高人民法院印发的《全国法院破产审判工作会议纪要》第三十五条规定:"采用实质合并方式审理关联企业破产案件的,应由关联企业中的核心控制企业住所地人民法院管辖。核心控制企业不明确的,由关联企业主要财产所在地人民法院管辖。多个法院之间对管辖权发生争议的,应当报请共同的上级人民法院指定管辖。"第三十八条规定:"多个关联企业成员均存在破产原因但不符合实质合并条件的,人民法院可根据相关主体的申请对多个破产程序进行协调审理,并可根据程序协调的需要,综合考虑破产案件审理的效率、破产申请的先后顺序、成员负债规模大小、核心控制企业住所地等因素,由共同的上级法院确定一家法院集中管辖。"

案例索引:

(2018)兵民终 91 号

5. 债权人如何申请债务人破产,需要提交哪些材料?

阅读提示:随着市场经济体系和相关法律制度的逐渐完善,破产程序在资源整合中的作用越来越显著。具备法定破产原因的企业依法进入破产程序,一方面有利于公平清理债权债务、保护债权人和债务人的合法权益,另一方面也能助力维护社会主义市场经济秩序,对于现代市场经济和法治建设具有重要的意义。在实践中,若发现债务人资不抵债,债权人如何正确向法院申请债务人破产?

答:《企业破产法》第八条规定:"向人民法院提出破产申请,应当提交破产申请书和有关证据。破产申请书应当载明下列事项:(一)申请人、被申请人的基本情况;(二)申请目的;(三)申请的事实和理由;(四)人民法院认为应当载明的其他事项。"

理由与依据:

《企业破产法》第七条第二款规定:"债务人不能清偿到期债务,债权人可以向人民法院提出对债务人进行重整或者破产清算的申请。"其中的"债务人不能清偿到期债务"是法院审查的核心要件,而依据《最高人民法院关于适用〈中华人民共和国企业破产法〉若干问题的规定(一)》第二条的规定,这一要件的审查又包括三个方面:(1)债权债务关系依法成立;(2)债务履行期限已经届满;(3)债务人未完全清偿债务。依据《最高人民法院关于适用〈中华人民共和国企业破产法〉若干问题的规定（一）》第七条的规定，债权人申请债务人破产，应当向人民法院提交下列材料：（1）债权发生的事实与证据；（2）债权性质、数额、有无担保，并附证据；（3）债务人不能清偿到期债务的证据。这一规定较为原则，而在实践操作中，债权人申请债务人破产清算需提交的材料主要包括：（1）破产清算申请书。需要载明申请人及被申请人的基本情况、申请请求、申请的事实和理由。（2）申请人主体资格证明文件。（3）债务人主体资格证明文件。（4）债权发生的事实、性质、数额、有无财产担保情况等证据材料。（5）债务人不能清偿到期债务并且明显缺乏清偿能力的证据，例如执行裁定书、终结本次执行裁定书等。（6）有关债务人的住所、负责人及联系电话，财产线索、涉诉涉仲及执行情况、实际营业状况、所涉相关行业、股东认缴及实际出资情况、大致负债等情况的尽职调查报告。

案例索引：

（2022）青破终 7 号

6. 债务人如何申请自己破产，需要提交哪些材料？

阅读提示：企业在生产经营过程中由于经营管理不善，导致资不抵债或明显缺乏清偿能力的，债务人有权依法向法院申请破产。但企业破产清算的豁免原则并非企业损害债权人利益逃废债务的手段，本问题将从债务人的角度出发，探讨因经营不善导致资不抵债的企业如何申请自己破产。

答：《企业破产法》第八条规定，向人民法院提出破产申请，应当提交破产申请书和有关证据。债务人提出申请的，还应当向人民法院提交财产状况说明、债务清册、债权清册、有关财务会计报告、职工安置预案以及职工工资的支付和社会保险费用的缴纳情况。

理由与依据：

《企业破产法》第七条规定："债务人有本法第二条规定的情形，可以向人民法院提出重整、和解或者破产清算申请。债务人不能清偿到期债务，债权人可以向人民法院提出对债务人进行重整或者破产清算的申请。企业法人已解散但未清算或者未清算完毕,资产不足以清偿债务的,依法负有清算责任的人应当向人民法院申请破产清算。"第八条规定:"向人民法院提出破产申请,应当提交破产申请书和有关证据。破产申请书应当载明下列事项:(一)申请人、被申请人的基本情况;(二)申请目的;(三)申请的事实和理由;(四)人民法院认为应当载明的其他事项。债务人提出申请的,还应当向人民法院提交财产状况说明、债务清册、债权清册、有关财务会计报告、职工安置预案以及职工工资的支付和社会保险费用的缴纳情况。"

根据上述规定并结合实践要求,债务人申请破产需提供的材料主要如下:(1)破产申请书。破产申请书应载明申请人、被申请人的基本情况;申请目的;申请的事实和理由;人民法院认为应当载明的其他事项。(2)同意破产的股东会议决议。(3)企业主体资格证明。即营业执照副本。(4)企业法定代表人与主要负责人名单,除依法登记的法定代表人外,其他主要负责人一般指企业的实际负责人以及财务负责人。如有限责任公司董事长、主要经营管理人员、财务负责人等人员名单。(5)企业职工情况和安置以及职工工资和社会保险费用支付情况。主要是提供在册职工名单,企业与职工的相关劳动关系材料,职工缴纳社会养老保险金、失业保险金、医疗保险金、住房公积金的依据。应提供企业破产后职工如何安置的方案,安置费用的筹划、落实,职工工资单。(6)企业亏损情况的说明书并附审计报告。(7)企业至破产申请日的资产状况明细表,包括有形资产、无形资产和企业投资情况等。(8)企业在金融机构开设账户的详细情况,包括开户审批材料、账号、资金等。(9)企业债权清册,列明企业的债务人名称、住所、债权数额、债权发生时间和催讨偿还情况、联系方式等。(10)企业债务清册,列明企业的债权人名称、住所、债务数额、债务发生时间、偿还情况和联系方式等。(11)企业涉及的担保情况。担保事宜的主合同、从合同以及履行情况等材料。

案例索引:

(2019)豫 0181 破申 5 号

7. 债务人下落不明,债权人如何申请其破产?

阅读提示:破产程序是指对资不抵债的企业进行破产处理的司法程序。债务人既不能以其现有财产清偿全部债务,又不能达成和解结束债务关系时,由法院强制执行其全部财产,使所有债权人平均受偿。在实践中,有时会出现债务人下落不明,在此情况下债权人是否可以向法院申请破产清算呢?

答:根据《最高人民法院关于债权人对人员下落不明或者财产状况不清的债务人申请破产清算案件如何处理的批复》,债权人对人员下落不明或者财产状况不清的债务人申请破产清算,符合企业破产法规定的,人民法院应依法予以受理。

理由与依据:

债务人下落不明或能否依据《企业破产法》第十一条第二款的规定向人民法院提交财产状况说明、债权债务清册等相关材料,并不影响对债权人申请的受理。对于债权人提出的破产申请,人民法院在审查是否予以受理时,应当从实质要件和程序要件两个方面进行审查。实质要件的审查包括破产能力要件(破产主体资格)和原因要件的审查;程序要件的审查包括对申请人资格、申请书和有关证据等的审查。也就是说,只有经人民法院审查申请人提出的破产申请不符合上述实质要件或者形式要件时,人民法院才能作出不予受理的裁定。对债权人而言,仅要求其提交破产申请书和有关材料,所提交材料一方面要证明其自身债权依法存在,符合申请人资格,另一方面要证明债务人存在不能清偿到期债务的有关事实。因债权人客观上无法举证证明债务人是否资不抵债,因此,一是在债权人申请债务人破产时,企业破产法未规定以资产不足以清偿全部债务作为其申请的破产原因;二是在债权人提交的材料中也未要求债权人提交有关债务人资产负债情况的有关证据。《企业破产法》第八条第三款关于向人民法院提出破产申请时,应当提交财产状况说明、债务清册、债权清册、有关财务会计报告、职工安置预案以及职工工资的支付和社会保险费用的缴纳情况的规定,是针对债务人申请破产时的要求,而非对债权人的要求。债权人对债务人提出破产申请,只需提交破产申请书和有关证明债务人不能清偿到期债务的证据,并未要求债权人提交有关财务凭证等材料,事实上债权人也没有提交上述财务凭证的能力(包括债权人没有能力证明债务人是否资产不足以清偿全部债务或者明显缺乏清偿能力)。因此,债务人下落不明并不影响债权人申请其破产。

案例索引:

(2008)琼民二终字第58号

8. 申请破产前是否必须对债务人进行审计、评估?

阅读提示:《最高人民法院关于适用〈中华人民共和国企业破产法〉若干问题的规定(一)》第三条规定,债务人的资产负债表,或者审计报告、资产评估报告等显示其全部资产不足以偿付全部负债的,人民法院应当认定债务人资产不足以清偿全部债务。从上述规定可以看出,审计和评估报告可以作为债务人企业资不抵债的证据,那么,申请破产前是否必须经过审计、评估呢?

答:申请破产并不是必须对债务人企业进行审计、评估,如出现破产原因时,法院应予以受理。

理由与依据:

《企业破产法》第二条规定,企业法人不能清偿到期债务,并且资产不足清偿全部债务或者明显缺乏清偿能力的,依照本法规定清理债务。企业法人有前款规定情形,或者有明显丧失清偿能力可能的,可以依照本法规定进行重整。第七条规定,债务人有本法第二条规定的情形,可以向人民法院提出重整、和解或者破产清算申请。债务人不能清偿到期债务,债权人可以向人民法院提出对债务人进行重整或者破产清算的申请。根据上述规定,申请破产需要满足以下两个条件之一:(1)企业法人不能清偿到期债务,并且资产不足以清偿全部债务;(2)企业法人不能清偿到期债务,并且明显缺乏清偿能力的。

据此,当债务人出现不能清偿到期债务的情形之后,仅需有证据表明债务人资产不足以清偿全部债务或者明显缺乏清偿能力即可申请破产。对于债务人资产不足以清偿全部债务最直接的证据就是债务人的资产负债表显示其账面资产小于负债,因此,审计和评估程序并不是申请破产时必须实施的程序。并且《最高人民法院关于适用〈中华人民共和国企业破产法〉若干问题的规定(一)》第四条规定,债务人账面资产虽大于负债,但存在下列情形之一的,人民法院应当认定其明显缺乏清偿能力:(1)因资金严重不足或者财产不能变现等原因,无法清偿债务;(2)法定代表人下落不明且无其他人员负责管理财产,无法清偿债务;(3)经人民法院强制执行,无法清偿债务;(4)长期亏损且经营扭亏困难,无法清偿债务;(5)导致债务人丧失清偿能力的其他情形。而上述五种情形也并不是全部要通过审计和评估程序才能得出结论。

综上所述,审计和评估程序并不是申请破产时必须实施的程序。且破产受理就其申请主体而言,既包括债权人也包括债务人,而作为债权人若没有债务人的配合而对破产企业进行财务审计是行不通的。因此,为保障债权人的利益,在债权人提出破产的申请时,法院不应当要求其提交相关的审计评估报告。

案例索引:

(2017)最高法民再 284 号

9. 公司自行清算、强制清算如何向破产程序转换?

阅读提示: 公司清算分为解散清算和破产清算两大类,其中解散清算又分为自行清算和强制清算两种情形,而强制清算是指在自行清算不能的情况下启动的司法强制清算程序。公司出现解散事由时,如果公司财产足以偿还全部债务,则公司应当通过解散清算(包括自行清算和强制清算)清理所有的债权债务关系,全额清偿所有债务并且分配完毕剩余财产后终止法人资格。在自行清算、强制清算与破产清算程序转换的过程中,必然会有很多问题需要转换和衔接。

答: 自行清算过程中如果公司不能清偿到期债务并且财产不足以偿还全部债务,或者明显缺乏清算能力的,则公司应当通过破产清算程序,清偿债务后终止法人资格。若公司出现解散事由后未能自行清算,经法院裁定强制清算后,清算组在清算过程中发现公司有资不抵债的情况,应向法院申请终结强制清算程序,同时向法院申请公司破产清算。

理由与依据:

自行清算程序是指公司解散后,由公司自行组成清算组,开展债权债务清理、处置分配公司财产、偿还公司债务等工作,并最终注销公司登记的特殊程序。与自行清算相对应的是强制清算和破产清算,强制清算和破产清算是法院主导的司法程序,而自行清算是公司自行主导的非司法程序。所以自行清算与强制清算、破产清算既有关联,又各不相同。强制清算是指公司逾期未成立清算组或虽成立清算组但故意拖延清算,经债权人、公司股东、董事或其他利害关系人申请,法院指定有关人员组成清算组进行清算。强制清算主要适用于资产大于负债的公司退出市场,除保护债权人的合法利益外,还涉及公司剩余资产的分配问题,目的是平衡股东之间的利益,促进经济良性发展。破产清算是指在公司被宣告破产的情形下,由法院指定的清算组对公司进行清算,主要适用于资不抵债的公司。破产清算程序着重于平衡债权人之间的利益,注重债权人的顺位受偿及同顺位的平等受偿权利。

(一)自行清算向破产程序的转换

《中华人民共和国公司法》第二百三十七条规定:清算组在清理公司财产、编制资产负债表和财产清单后,发现公司财产不足清偿债务的,应当依法向人民法院申请破产清算。人民法院受理破产申请后,清算组应当将清算事务移交给人民法院指定的破产管理人。从上述规定可以看出,如果公司不能清偿到期债务并且财产不足以偿还全部债务,或者明显缺乏清偿能力的,公司应当通过破产清算程序,公平清偿债务后终止法人资格。当然如清算组经清算发现公司资不抵债的,也可以及时与有关债权人、股东等就债务清偿方案进行协商并制作清偿方案,经协商一致以折价方式清偿债务;但该状况无法及时消除的,应及时向有管辖权的人民法院申请破产。

(二)强制清算向破产程序的转换

公司强制清算中,清算组发现公司资不抵债的,除清算组征得债权人同意其制作的清偿方案外,应当向法院申请宣告破产。最高人民法院印发《关于审理公司强制清算案件工作座谈会纪要》(以下简称《强制清算纪要》)第三十二条规定:"公司强制清算中,清算组在清理公司财产、编制资产负债表和财产清单时,发现公司财产不足以清偿债务的,除依据公司法解释二第十七条的规定,通过与债权人协商制作有关债务清偿方案并清偿债务的外,应依据公司法第一百八十八条和企业破产法第七条第三款的规定向人民法院申请宣告破产。在强制清算过程中,权利人另行提起破产申请且符合企业破产法规定。"《强制清算纪要》第三十三条:"公司强制清算中,有关权利人依据企业破产法第二条和第七条的规定向人民法院另行提起破产申请的,人民法院应当依法进行审查。权利人的破产申请符合企业破产法规定的,人民法院应当依法裁定予以受理。人民法院裁定受理破产申请后,应当裁定终结强制清算程序。"

1. 清算组成员和管理人成员的衔接

根据《强制清算纪要》第三十四条:"公司强制清算转入破产清算后,原强制清算中的清算组由《人民法院中介机构管理人名册》和《人民法院个人管理人名册》中的中介机构或者个人组成或者参加的,除该中介机构或者个人存在与本案有利害关系等不宜担任管理人或者管理人成员的情形外,人民法院可根据企业破产法及其司法解释的规定,指定该中介机构或者个人作为破产案件的管理人,或者吸收该中介机构作为新成立的清算组管理人的成员。"《强制清算纪要》第三十五条:"上述中介机构或者个人不宜担任破产清算中的管理人或者管理人的成员的,人民法院应当根据企业破产法和有关司法解释的规定,及时指定管理人……"由此可知,原清算组成员中如有纳入法院管理人名册的中介机构或个人且该中介机构及个人不存在不宜担任管理人情形的,法院可指定该中介机构或个人作为破产案件管理人或吸收作为管理人成员。如存在不宜担任管理人情形的,则由法院另行指定管理人。

2.强制清算工作和破产工作的衔接

根据《强制清算纪要》第三十五条:"……原强制清算中的清算组应当及时将清算事务及有关材料等移交给管理人。公司强制清算中已经完成的清算事项,如无违反企业破产法或者有关司法解释的情形的,在破产清算程序中应承认其效力。"原强制清算中的清算组应当及时将清算事务及材料移交给管理人,在强制清算中已完成的清算事项,如果符合企业破产法或有关司法解释的,应当在破产清算程序中予以承认。

案例索引:

(2020)京 01 破申 495 号

10.执行转破产程序如何启动?

阅读提示:执行转破产程序是缓解"执行难"的一项重要制度,本问题将结合有关执行转破产程序的法律法规和司法案例,从申请条件、程序衔接等方面介绍执行转破产程序的适用。

答:执行转破产的主要流程是,法院在执行过程中发现被执行人具备破产原因,在获得执行当事人的同意后及时将执行案件移送破产审判部门审查,以启动破产程序,利用破产程序梳理被执行人财产,确定申请执行人清偿比例,概括性清理被执行人的债权债务。

理由与依据：

（一）"执转破"的启动条件

依据《关于执行案件移送破产审查若干问题的指导意见》第二条的规定，执行案件移送破产审查，应同时符合下列条件：（1）被执行人为企业法人；（2）被执行人或者有关被执行人的任何一个执行案件的申请执行人书面同意将执行案件移送破产审查；（3）被执行人不能清偿到期债务，并且资产不足以清偿全部债务或者明显缺乏清偿能力。

（二）"执转破"的管辖法院

《最高人民法院关于适用〈中华人民共和国民事诉讼法〉的解释》第五百一十一条及其指导意见第三条延续了破产法的相应规定，明确规定执行案件移送破产审查的，应当由被执行人住所地人民法院管辖。而关于级别管辖，基于适应破产审判专业化建设要求以及合理分配审判任务的需要，实行以中级人民法院管辖为原则、基层人民法院管辖为例外的管辖制度。中级人民法院经高级人民法院批准，也可以将案件交由具备审理条件的基层人民法院审理。换言之，"执转破"案件原则上由中级人民法院管辖，只有在某些特殊情况下才可以由基层人民法院管辖。

（三）"执转破"的审查受理

受移送法院的破产审判部门应当自收到移送的材料之日起三十日内作出是否受理的裁定。受移送法院作出裁定后，应当在五日内送达申请执行人、被执行人，并送交执行法院。受移送法院作出不予受理或驳回申请裁定的，应当在裁定生效后七日内将接收的材料、被执行人的财产退回执行法院，执行法院应当恢复对被执行人的执行。

综上所述，"执转破"案件最大的特点是执行程序与破产程序的高度融合，叠加两个程序的效益和优势。普通的破产案件审理依赖管理人清产核资、制定分配方案，而"执转破"案件在移送前，执行部门已通过网络查控系统、实地调查等措施对债务人财产进行了预先梳理，在此基础上，破产程序可以依托执行程序，及时转化执行成果。

案例索引：

（2019）最高法民申 2257 号

11. 关联企业如何申请合并破产?

阅读提示:我国《企业破产法》没有直接规定债务人破产适用实体合并方式,但通过对我国现行法律及司法解释的相关规定可以看出,在特定的条件下是可以适用债务人破产合并方式的,关联企业合并破产彰显了破产法"公平清理债权债务"的立法宗旨,不但使债权人获得统一的清偿,也体现了破产法倡导的最大限度的公平。如何认定关联企业人格混同? 关联企业破产合并如何申请在本问题中予以探讨。

　　答:关联企业的实质合并破产,是指将两个及两个以上关联企业视为一个单一企业,合并全部资产与负债,在统一财产分配与债务清偿的基础上进行破产程序,各企业的法人人格在破产程序中不再独立。

理由与依据:

　　2018 年 3 月 4 日,最高人民法院印发《全国法院破产审判工作会议纪要》(以下简称《破产审判纪要》),首次对"关联企业破产"作出明确规定,将其审理方式细化为"实质合并审理"与"协调审理"两种途径。所谓"实质合并破产",即突破公司法人格独立及股东有限责任的原则,形成与《公司法》司法实践中"公司法人人格否认"问题相类似的焦点。鉴于《企业破产法》尚未对此予以明文规定,关联企业实质合并破产的法律依据主要源自《破产审判纪要》第六部分第三十二至三十七条,涵盖实质合并破产的条件、审查程序、利害关系人权利救济、管辖、法律后果及企业成员存续等方面。

　　(一)关联企业实质合并破产的受理条件

　　《破产审判纪要》明确关联企业存在人格高度混同、区分财产成本过高、严重损害债权人公平清偿利益时,可例外适用关联企业实质合并破产。这也被称为法院受理关联企业实质合并破产"三要件"。其核心是人格高度混同,而判断人格混同的共识是"股权、合同、人事、财务或其他方式存在直接或间接控制与被控制、重大影响或经济联系特别密切的多个企业"。各地法院在执行过程中,多数直接引用该纪要内容,部分法院也结合实际经验对其进行了细化,增强了可执行性。

（二）关联企业实质合并范围

纳入实质合并破产的企业首先必须是存在混同的关联企业,同时引发的实务问题就是实质合并破产的范围选择。那些纳入实质合并破产的关联企业各自是否分别必须具备破产原因? 存在关联关系、人格混同的关联企业是否都必须纳入实质合并的范围? 在实践中,若出现不具备破产原因的企业想要进入实质合并破产,申请人必须使法院、债权人相信不纳入实质合并破产而对债权人造成的损害将大于因实行实质合并破产而对债权人造成的损害。

（三）关联企业实质合并破产的启动模式

实践中,实质合并破产重整启动主要有两种模式:一是分别破产,合并审理。各关联企业成员同时或者先后进入破产程序,再经过管理人等相关主体申请将关联企业纳入实质合并破产程序。二是个别先破,其余合并。关联企业中的个别企业已经具备破产原因,依申请先行进入破产程序,其他关联企业由法院裁定进入破产程序。因管理人在实质合并之前对已进入破产程序的企业进行了清产核资及债权登记审查工作,对错综复杂的关联关系有较为清晰的认识,也能够较为准确判断关联企业是否适用实质合并程序。

（四）关联企业实质合并破产的程序衔接

实质合并破产裁定受理后,事实上是对原破产程序的吸收。管理人在原破产程序中依法已经完成的调查、管理、处分、参加诉讼等履职行为不因此而失去效力。原破产程序中已经发生的破产费用、共益债务,作为实质合并破产案件的破产费用和共益债务。因此,实质合并几乎不会对原已进行破产程序有"根本性"调整,但在程序衔接上有如下需要关注的问题:(1)管理人,关联企业合并破产受理前破产企业的管理人可以被指定继续担任关联企业实质合并破产的管理人;(2)公告,法院将会重新发布关联企业实质合并破产公告。

案例索引：

(2020)青 01 破 2 号之六

第二章

破产受理

12. 破产受理后，申请人能否撤回破产申请？

阅读提示：根据《企业破产法》第九条"人民法院受理破产申请前，申请人可以请求撤回申请"之规定，法院裁定受理破产申请前，申请人撤回破产申请的权利是明晰的。但是在法院已裁定受理破产申请后，申请人是否有权撤回申请呢？

答：人民法院受理破产案件后，申请人则不得请求撤回申请。首先，破产程序一旦经人民法院受理，便是面对全体债权人的集体清偿程序，而不仅是申请人的个别清偿程序，案件受理后再撤回申请，可能会影响到其他债权人的合法权益。其次，在破产案件受理后，申请人撤回破产申请的目的很可能是与债务人之间达成了某种协议，可以获得个别清偿，所以法院也不应允许其随便撤回破产申请。

理由与依据：

我国破产法立法秉承了破产启动的申请主义原则，排除了依国家强制力启动破产的职权主义，因此，破产制度在赋予相关主体申请或不申请债务人破产选择权的同时，也赋予了申请人是否撤回破产申请的权利。但是，破产程序不同于一般民事诉讼程序，申请人个体权利的行使必不能与破产程序概括性整体偿债制度相冲突，因此行使破产申请撤回权应受到相关限制。

《全国法院民商事审判工作会议纪要》(法〔2019〕254 号)第一百零八条规定:"人民法院裁定受理破产申请系对债务人具有破产原因的初步认可,破产申请受理后,申请人请求撤回破产申请的,人民法院不予准许。除非存在《企业破产法》第12 条第 2 款规定的情形,人民法院不得裁定驳回破产申请。"因为一旦破产申请被受理,申请人所行使的申请权将导致破产程序启动。在这一阶段,破产申请权超越了私权范畴,转化为具有公权属性的审判行为,直接影响所有债权人以及司法秩序的稳定。破产程序的终止不再完全取决于申请人的意愿,因此,受理破产申请后,申请人无法撤回破产申请。在我国现有的破产制度框架内,这一规定是为了确保破产程序的公正和透明,防止申请人滥用申请权。如果允许申请人在破产申请受理后撤回申请,可能会导致债权人的利益受到损害,司法秩序受到干扰。因此,人民法院在受理破产申请后,应当严格按照法律规定,推进破产程序,确保各方权益得到妥善处理。同时,这一规定也体现了我国破产制度的特点,即更加注重保护债权人的利益。在破产程序中,债权人是最为弱势的群体,他们面临着财产损失的风险。因此,确保破产程序的顺利进行,防止申请人滥用申请权,对于保护债权人的利益具有重要意义。在我国现有破产制度框架内,破产程序启动后不予继续的情形有以下几种:(1)依照《破产法》第十二条第二款的规定,法院在查明债务人不具备破产原因后依职权驳回破产申请;(2)适用《破产法》第一百零五条的规定,由债权人、债务人自行达成协议后终结破产;(3)根据《破产法》一百零八条的规定,在为债务提供足额担保后终结破产。因此,破产程序一旦启动,申请人已丧失依意愿选择是否终止破产程序的权利。

此外,根据《企业破产法》第七条、第一百三十四条,以及《公司法》的相关规定,我国破产法律制度所界定的破产申请主体具体有四类:债权人、债务人、清算义务人(清算责任人及公司清算程序中组成的清算组)、国务院金融监督管理机构。首先,债权人是基于债权债务关系,在债务人出现破产原因时,向法院提出破产申请。债权人作为申请主体,其申请是为了维护自身权益,因此,在破产原因消失的情况下,债权人可以撤回破产申请。其次,债务人是根据自身情况,在出现破产原因时,主动向法院提出破产申请。债务人作为申请主体,其申请是出于对自身债务情况的评估,因此,在破产原因消失的情况下,债务人也可以撤回破产申请。清算义务人是依法负有清算职责,且经清算发现企业具备破产原因而依法提出破产清算的主体,其申请具有法律义务属性,基于社会管理及对债权人利益的保护,即使在法院裁定受理破产申请前,非因破产原因消失,清算义务人不能撤回破产申请。另外,国务院金融监管机构系代表金融机构债务人申请破产的监管主体,虽然其主体身份实质是债务人,但作为国家机关、监管机构在其提出破产申请前,已履行监管职责对债务人具备破产原因进行过详尽考察,因此,一般不具有提出撤回申请的可能,并且,考虑管理职责,法院也应只在破产原因消失的情况下准许其撤回破产申请。

案例索引:

(2022)豫 01 破申 50 号

13. 破产受理后,保证债权是否停止计息?

阅读提示:保证是基本的担保方式之一,保证担保是保证人和债权人约定,当债务人不履行到期债务或者发生当事人约定的情形时,保证人按照约定履行债务或者承担责任。破产程序是一种特殊的司法程序,当债务人破产后,债权人向保证人主张权利,引发破产程序与保证责任可能存在冲突的问题。

答:最高人民法院《关于适用〈中华人民共和国民法典〉有关担保制度的解释》(以下简称《民法典担保制度解释》)第二十二条规定:"人民法院受理债务人破产案件后,债权人请求担保人承担担保责任,担保人主张担保债务自人民法院受理破产申请之日起停止计息的,人民法院对担保人的主张应予支持。"

理由与依据:

《企业破产法》第四十六条规定:"未到期的债权,在破产申请受理时视为到期。附利息的债权自破产申请受理时起停止计息。"这意味着,在人民法院受理债务人破产案件后,债务人的利息自受理申请之日起停止计算。保证合同具有从属性,实践中对保证人是否一同停止计息产生了争议,鉴于司法实践中的争议,最高人民法院在《民法典担保制度解释》第二十二条中对这个问题作出了回应,最高人民法院之所以采纳"债务人停止计息担保债务也停止计息"的观点,主要基于以下考虑:第一,停止计息说更符合当前我国的实际情况,更有利于实现个案的公平和正义;第二,停止计息说更加符合《民法典》强化担保从属性的基本立场;第三,制定《新担保制度解释》时,最高人民法院的最新司法政策采纳了停止计息说。

随着《民法典担保制度解释》的实施,对于《民法典》实施后(2021 年 1 月 1 日)

的担保行为直接适用《民法典担保制度解释》第二十二条的规定并无争议,但对于《民法典》实施前(2021年1月1日之前)签订的担保合同能否适用《民法典担保制度解释》第二十二条的规定,目前实践中的判例是这样的观点:根据《最高人民法院关于适用〈中华人民共和国民法典〉时间效力的若干规定》第三条的规定,民法典施行前的法律事实引起的民事纠纷案件,当时的法律、司法解释没有规定而民法典有规定的,可以适用民法典的规定,但是明显减损当事人合法权益、增加当事人法定义务或者背离当事人合理预期的除外。由于《民法典担保制度解释》实施之前,我国法律、司法解释未对上述问题作出规定,根据空白溯及既往的原则,《民法典》实施前签订的合同,可以适用《民法典担保制度解释》第二十二条的规定,但是明显减损当事人合法权益、增加当事人法定义务或者背离当事人合理预期的除外。因此对于《民法典担保制度解释》实施之前签订的担保合同,建议债权人检查一下合同中对上述问题有无特别约定,如有特别约定,可向法院主张"明显减损当事人合法权益、增加当事人法定义务或者背离当事人合理预期",不适用《民法典担保制度解释》第二十二条的规定。但据笔者检索案例发现,目前法院对《民法典担保制度解释》实施之前签订的担保合同裁判标准并不统一,需要结合案情,具体问题具体分析。

案例索引:

(2021)黑民终385号

14. 破产受理后,所有的个别清偿是否均无效?

阅读提示:破产企业进入法定程序后,已丧失清偿能力,债权人在破产程序中只能得到部分清偿,甚至可能无法清偿。为防止破产企业的个别清偿行为损害其他债权人的公平受偿权,《企业破产法》设立了禁止个别清偿的条款。而在实务中是否所有的个别清偿均无效呢?

答:破产案件中个别清偿并不是全部无效。人民法院受理破产申请后,债务人对个别债权人的债务清偿无效。人民法院受理破产申请前六个月内,债务人有不能清偿到期债务并且资产不足以清偿全部债务或者明显缺乏清偿能力的情形,仍对个别债权人进行清偿的,管理人有权请求人民法院予以撤销。但是,个别清偿使债务人财产受益的除外。

理由与依据：

《企业破产法》第十六条规定,人民法院受理破产申请后,破产企业对个别债权人的债务清偿无效。这一规定旨在确保破产程序的公平性和透明性,防止个别债权人通过非法手段获得优先清偿,损害其他债权人的合法权益。在破产程序中,所有债权人都应当按照清偿顺序清偿,同一顺位受偿的所有债权人地位平等。这意味着,无论债权人的债权大小、债权的性质如何,他们都应当在破产程序中享有平等的地位。破产企业不得对个别债权人进行优先清偿,否则将违背公平原则。

此外,破产企业清偿不仅包括破产企业本身的清偿行为,还包括债权人直接扣押财产等偿债行为。虽然这些行为并非出自破产企业自主行为,但如果处分了破产企业财产,也将违背公平受偿原则,损害其他债权人的合法权益。因此,这些行为也应当适用《企业破产法》第十六条的规定,被判定为无效。总之,《企业破产法》第十六条的规定是为了确保破产程序的公平性和透明性,防止个别债权人通过非法手段获得优先清偿,损害其他债权人的合法权益。这一规定适用于破产企业本身的清偿行为,以及债权人直接扣押财产等偿债行为。通过严格执行这一规定,可以确保破产程序的公正性和有效性,保护债权人的合法权益。

需要注意的是,个别清偿的行为并非一律无效。《企业破产法》第三十二条规定:"人民法院受理破产申请前六个月内,破产企业有本法第二条第一款规定的情形,仍对个别债权人进行清偿的,管理人有权请求人民法院予以撤销。但是,个别清偿使破产企业财产受益的除外。"实践中对于"使债务人财产受益"的判断没有统一标准,需在整体利益与个别利益的维护之间进行权衡,评估对债务人财务状况的影响,对交易行为的合理性进行综合判断。《最高人民法院关于适用〈中华人民共和国企业破产法〉若干问题的规定(二)》第十六条对"个别清偿使破产企业财产受益"的情形,进行了列举式的规定:(1)破产企业为维系基本生产需要而支付水费、电费等的;(2)破产企业支付劳动报酬、人身损害赔偿金的;(3)使破产企业财产受益的其他个别清偿。不难看出,《企业破产法》为了最大程度保护债权人,对于会减少债务企业财产的个别清偿效力予以否定,但维持企业运营的基本费用促进企业财产增值的等情形,可以进行个别清偿。

案例索引：

(2022)鲁 17 民终 3220 号

15. 破产受理后，涉及债务人财产的行政、刑事查封是否也应当解除？

阅读提示：《企业破产法》第十九条规定："人民法院受理破产申请后，有关债务人财产的保全措施应当解除，执行程序应当中止。"法律已明确规定，债务人企业进入破产程序后，所有保全措施均应解除，在实务中，管理人所遇到的查封大部分为民事案件查封，那么涉及债务人财产的行政、刑事查封是否也一并解除呢？

答：根据《企业破产法》第十九条规定，债务人企业进入破产程序后，所有保全措施均应解除，保全措施包括民事、行政、刑事等措施。

理由与依据：

破产法规定并未区分民事、行政、刑事保全措施，所谓保全措施，既包括民事诉讼保全措施，也包括在行政处罚程序中的保全措施，如海关、工商管理部门等采取的财产扣押、查封等措施，还应包括刑事诉讼中公安部门、司法部门采取的相关保全措施。管理人接受指定后，应当及时将破产案件受理情况告知采取保全措施的行政机关或司法机关。采取保全措施的行政机关或司法机关知悉后，应当及时解除保全措施，同时通知管理人接管财产。《全国法院民商事审判工作会议纪要》(法〔2019〕254号)第一百零九条规定："【受理后债务人财产保全措施的处理】要切实落实破产案件受理后相关保全措施应予解除、相关执行措施应当中止、债务人财产应当及时交付管理人等规定，充分运用信息化技术手段，通过信息共享与整合，维护债务人财产的完整性。相关人民法院拒不解除保全措施或者拒不中止执行的，破产受理人民法院可以请求该法院的上级人民法院依法予以纠正。对债务人财产采取保全措施或者执行措施的人民法院未依法及时解除保全措施、移交处置权，或者中止执行程序并移交有关财产的，上级人民法院应当依法予以纠正。相关人员违反上述规定造成严重后果的，破产受理人民法院可以向人民法院纪检监察部门移送其违法审判责任线索。"人民法院审理企业破产案件时，有关债务人财产被其他具有强制执行权力的国家行政机关，包括税务机关、公安机关、海关等采取保全措施或者执行程序的，人民法院应当积极与上述机关进行协调和沟通，取得有关机关的配合，参照上述具体操作规程，解除有关保全措施，中止有关执行程序,以便保障破产程序顺利进行。

同时,根据《公安机关办理刑事案件适用查封、冻结措施有关规定》第四十三条及第四十四条的规定,就同一涉案财物其他机关已经首封的,公安机关若采取查封措施,属于轮候查封。据此在刑事保全措施为轮候查封的场合,首封法院有权依法拍卖涉案财物并要求不动产登记部门配合办理过户。这一规定说明刑事案件中的保全措施效力并不必然高于其他性质的保全,破产程序中的财产处置虽由管理人完成,但破产程序本身属于司法程序,至少在刑事查封措施为轮候查封的场合,管理人可以申请解除刑事查封措施以便办理不动产过户,推动破产程序高效进行。即使在公安机关首封的情形下,由于其优先性系源于查封在先而并非权利性质在先,解除查封交由管理人在破产程序中统一处置依然具有充分的法理依据。

此外,《最高人民法院关于依法审理和执行被风险处置证券公司相关案件的通知》第五条规定,证券公司进入破产程序后,人民法院作出的刑事附带民事赔偿或者涉及追缴赃款赃物的判决应当中止执行,由相关权利人在破产程序中以申报债权等方式行使权利。该条规定要求刑事案件的受害人以申报债权的形式在破产程序中受偿,且刑事附带民事及追缴赃款赃物的执行程序均应中止,因此也可以得出债务人破产后,对其财产的刑事保全措施应当解除、执行程序亦应当中止的结论。

案例索引:

(2022)豫 0727 破 5 号

16. 破产受理后,债务人作为第三人的诉讼,是否仍应集中管辖?

阅读提示:与破产相关的案件由受理破产的法院集中管辖,是为了快速处理破产纠纷,使破产企业财产得到集中处置,方便破产企业顺利退出市场或获得新生。因此,《企业破产法》第二十一条规定:"人民法院受理破产申请后,有关债务人的民事诉讼,只能向受理破产申请的人民法院提起。"但该条规定中"有关债务人的民事诉讼"该如何理解?债务人作为第三人的案件是否属于该条规定的破产集中管辖的案件范围?

答:破产企业作为第三人应以案件所涉及的法律关系以及破产企业在诉讼案件中是否享有实体权利义务或者是否存在直接的利害关系等角度进行综合分析。

如果破产企业与诉讼案件有实体上的权利义务关系或者与案件处理结果有直接利害关系,那么应适用集中管辖的规定,若不存在这种关系,则应该依据《民事诉讼法》对管辖权的规定进行处理。

理由与依据:

根据《民事诉讼法》的规定以及民事诉讼理论,对于诉讼参加人中的当事人,一般可分为原告、被告、第三人。当破产企业为诉讼案件的原告或者被告时,理应理解为"有关债务人的民事诉讼",这一点在理论及实务界均无争议,但是纵观《企业破产法》及相关司法解释,均没有明确当破产企业作为诉讼案件的第三人时,是否属于法律规定的"有关债务人的民事诉讼"。经笔者查询最高人民法院相关判例,最高人民法院判决认为《企业破产法》第二十一条规定:"人民法院受理破产申请后,有关债务人的民事诉讼,只能向受理破产申请的人民法院提起。"其中,"有关债务人的民事诉讼"应当理解为债务人在该诉讼提出了诉讼请求或其他当事人对债务人提出了诉讼请求,致使债务人的财产可能因该诉讼而增加或减少的民事诉讼,即债务人应区分是否享有独立的诉讼请求,有独立诉讼请求的第三人应适用集中管辖原则,无独立诉讼请求第三人就不再适用。但在实践中,目前裁判规定标准并未予以统一,例如北京出台的《北京市高级人民法院企业破产案件审理规程》(京高法发〔2013〕242号)认为,债务人作为无独立请求权的第三人参加的诉讼属于《企业破产法》第二十一条的适用范围,而上海、江苏出台的相关文件中,则将债务人作为无独立请求权的第三人参加的诉讼明确排除在《企业破产法》第二十一条的适用范围之外。因此,对于在不同地区起诉的案件,适用的标准并未完全统一。

笔者认为,在实践中应当区分债务人是作为有独立请求权的第三人抑或是无独立请求权的第三人参加诉讼。对于作为有独立请求权的第三人参加诉讼的情形,属于《企业破产法》第二十一条规定的情形,应由受理破产申请的人民法院管辖;而对于债务人作为无独立请求权的第三人,各地政策文件及观点各不相同,但从最高人民法院的裁判思路中不难看出,由于原被告的诉讼请求并未指向债务人,债务人作为第三人参加诉讼仅是为了查明案件事实,因此,并不符合《企业破产法》第二十一条规定的情形。

案例索引:

(2023)最高法民辖25号

(2023)最高法民辖139号

17. 破产受理后,破产集中管辖与专属管辖冲突时,如何处理?

阅读提示:现行《民事诉讼法》第三十四条规定下列案件,由本条规定的人民法院专属管辖:(1)因不动产纠纷提起的诉讼,由不动产所在地人民法院管辖;(2)因港口作业中发生纠纷提起的诉讼,由港口所在地人民法院管辖;(3)因继承遗产纠纷提起的诉讼,由被继承人死亡时住所地或者主要遗产所在地人民法院管辖。而现行《企业破产法》第二十一条则规定,人民法院受理破产申请后,有关债务人的民事诉讼,只能向受理破产申请的人民法院提起。那么,当案涉既满足专属管辖的规定又满足上述破产衍生诉讼集中管辖的规定,如何适用法律?

答:《企业破产法》相对于《民事诉讼法》为特别法,当二者发生冲突时,应当优先适用《企业破产法》的规定,适用于集中管辖,特别情况适用专属管辖。

理由与依据:

就管辖问题而言,《民事诉讼法》主要调整民事诉讼领域,其对管辖问题的规定为一般规定,《企业破产法》主要调整企业破产中的相关事务,其对于管辖问题的规定属于特别规定,当二者发生冲突时,应当优先适用企业破产法的规定。对此,《企业破产法》第四条规定,破产案件审理程序,本法没有规定的,适用民事诉讼法的有关规定。说明在破产案件审理程序中,《企业破产法》优先于《民事诉讼法》被适用。涉破产企业的普通民事案件虽然不是破产案件本身,但也是由破产案件衍生出来的民事案件,依照该条确定的精神,《企业破产法》第二十一条作为程序性规定,所确定的破产法院对涉破产企业案件集中管辖规则,将优先于《民事诉讼法》规定的专门管辖规则,可见在一般案件中专属管辖与破产集中管辖冲突时,应优先适用破产集中管辖。

下列特别情形下应当适用专属管辖:(1)第三人撤销之诉案件。依据《民事诉讼法》第五十六条第三款之规定,当事人提起第三人撤销之诉的,应向作出该判决、裁定、调解书的人民法院提起。基于民事裁判文书只能由作出该裁判文书的法院或其上级法院进行撤销的固有属性,故第三人撤销之诉专属管辖和破产债务人民事案件集中管辖发生冲突时应适用第三人撤销之诉的管辖规定。(2)《最高人民法院关于适用〈中华人民共和国企业破产法〉若干问题的规定(二)》第四十七条第三款规定："受理破产申请的人民法院,如对有关债务人的海事纠纷、专利纠纷、证券市场因虚假陈述引发的民事赔偿纠纷等案件不能行使管辖权的,可以依据民事诉讼法第三十七条的规定,由上级人民法院指定管辖。"此处所指"受理破产申请的人民法院"不能行使对有关债务人的海事纠纷、专利纠纷、证券市场因虚假陈述引发的民事赔偿纠纷等衍生诉讼案件的管辖权,主要是基于这些案件通常影响较大,专业技术性较高等特殊原因,法律已特别规定由特定人民法院管辖,即通过法律的特别规定赋予特定人民法院享有管辖该类案件的特定资格。该类案件应根据相关特殊管辖的规定,由相应的特定人民法院管辖;同时,结合案件实际情况,受理相关破产案件的人民法院也可以依据《民事诉讼法》第三十七条的规定,请求上级人民法院指定将该衍生诉讼案件交由其管辖。

案例索引:

(2018)最高法民辖终 129 号

(2019)粤民辖终 290 号

18. 破产受理后,破产集中管辖规则何时停止适用?

阅读提示:根据《企业破产法》第二十一条的规定,破产衍生诉讼集中管辖的起始时间为"人民法院受理破产申请后",但该条并未规定集中管辖的截止时间。一般认为,破产衍生诉讼集中管辖的截止时间为破产程序结束时,但需要区分破产清算与重整程序进行具体分析。

答:根据《全国法院民商事审判工作会议纪要》第一百一十三条第二款的规定,重整计划执行期间,因重整程序终止后新发生的事实或者事件引发的有关债务人的民事诉讼,不适用《企业破产法》第二十一条有关集中管辖的规定。破产清算以破产程序终结后两年之内仍适用集中管辖较为合适。

理由与依据:

首先,破产清算程序中有关债务人的民事诉讼集中管辖的截止时间为破产程序终结的时间。考虑到终结前的事实引发的争议和遗留事项,在破产程序终结后的两年内,发现债务人的一些行为应予撤销或归为无效的情形,由债权人或管理人提起诉讼并进行追加分配程序,对此,应当一并归入破产衍生诉讼集中管辖的范畴。根据《企业破产法》第一百二十三条规定的追加分配制度,在破产程序终结之日起两年内,发现债务人存在《企业破产法》第三十一条、第三十二条、第三十六条规定的应当追回的财产的,包括债务人无偿转让财产、以不合理的价格进行交易、隐匿或转移财产等情形,或发现债务人有应当供分配的其他财产的,债权人可以请求法院按照破产财产分配方法进行追加分配。在这一期间内,因追加分配而产生的诉讼,其诉讼标的是债务人可用于清偿的财产,与已结束的破产程序密切相关。因此,为充分保障债权人的清偿利益,且从便利性原理出发,应仍旧适用破产衍生诉讼集中管辖的规则,由破产案件受理法院管辖。

其次,在重整程序中,集中管辖的截止时间非常重要,这关系司法程序的公正性和效率。根据我国现行企业破产法的规定,重整程序终止的时刻是人民法院裁定批准重整计划的同时。这意味着,在重整计划执行期间,债务人重新获得了相对独立的法律地位,管理人与法院暂退为监督角色,审判工作已经终止。然而,如果在重整计划执行期间,因重整程序终止后新发生的事实或者事件引发的有关债务人的民事诉讼,此时再由破产案件受理法院集中管辖,将会对民事诉讼法的管辖规则造成过度冲击,不符合谦抑性原理。因此,《全国法院民商事审判工作会议纪要》第一百一十三条第二款规定,重整计划执行期间,因重整程序终止后新发生的事实或者事件引发的有关债务人的民事诉讼,不适用《企业破产法》第二十一条有关集中管辖的规定。这样的规定既保障了司法程序的公正性,又提高了审判效率,同时也避免了对民事诉讼法管辖规则的过度冲击。在重整程序终止后,有关债务人的民事诉讼将按照民事诉讼法的一般管辖规则进行,确保各方当事人的合法权益得到保障。此外,在重整计划执行过程中,我们应当注意,由于重整程序在终止之前的原因所引发的诉讼,仍须遵循破产衍生诉讼的集中管辖规则。重整计划执行期间的特殊性在于,虽然重整程序已经结束,但债务人的清偿义务并未完全解除,此时由于重整程序终止前的原因引起的诉讼,可能会对债务人执行重整计划的基础事实产生影响,这意味着重整计划可能需要作出相应的调整和修改,甚至整个重整计划的必要性也可能受到波及。因此,在重整计划执行期间,由于重整程序终止前的事实或事件引发的与债务人有关的民事诉讼,仍然需要遵循集中管辖的规定。这样做有助于法院查明案件事实,并对债权债务关系作出公正的处理,同时也符合破产衍生诉讼集中管辖的便利性原则。

案例索引:

(2019)最高法民辖 14 号

19. 破产受理后,涉及债务人的再审申请主体及申请时效问题?

阅读提示:破产受理后,管理人发现涉及债务人企业的裁判文书判决错误,管理人是否应该提起再审? 应该以谁的名义提起再审? 申请再审时效是多久呢?

答:破产受理后,管理人发现涉及债务人企业的裁判文书判决错误,为维护广大债权人利益,应以债务人名义申请再审,再审时效应遵从民事诉讼法相关规定。

理由与依据:

根据《最高人民法院关于适用〈中华人民共和国企业破产法〉若干问题的规定(三)》第七条第二款之规定,管理人认为债权人据以申报债权的生效法律文书确实存在错误,或者有证据证明债权人与债务人恶意通过诉讼、仲裁或者公证机关赋予强制执行力公证文书的形式虚构债权债务的,应当依法通过审判监督程序向作出该判决、裁定、调解书的人民法院或者上一级人民法院申请撤销生效法律文书,或者向受理破产申请的人民法院申请撤销或者不予执行仲裁裁决、不予执行公证债权文书后,重新确定债权。管理人可以依法申请再审,但应注意的是,申请主体仍应是债务人企业,管理人应以债务人企业诉讼代表人的身份提起。管理人申请再审是因为原审生效法律文书直接损害了债务人的利益,与管理人行使权利请求撤销个别清偿行为的性质有所不同,因此应当以债务人的名义提出申请。《民事诉讼法》第一百九十九条规定,再审只能由原审案件的当事人提出,因此若以管理人的名义申请再审没有法律依据,实践中会出现多重障碍。

此外,关于再审申请期限,根据《民事诉讼法》第二百零五条的规定,当事人申请再审,应当在判决、裁定发生法律效力后六个月内提出;有本法第二百条第一项、第三项、第十二项、第十三项规定情形的,自知道或者应当知道之日起六个月内提出。破产程序中的再审申请,仍应适用该规则。

案例索引:

(2020)豫民申 768 号

20. 法院受理破产后,发现债务人存在巨额财产去向不明的,应如何处理?

阅读提示:人民法院在申请受理破产案件时,只能仅仅依据债权人或债务人企业提供的材料进行了解,而债权人不可能了解企业全部情况。债务人又怠于披露内部事务等种种原因,导致法院不能全面了解破产企业情况。如果在破产受理后,经过法院和管理人调查,发现债务人企业涉嫌隐匿财产,巨额财产取向不明,那么该如何处理呢?

答:法院受理破产后,发现债务人存在巨额财产去向不明的,目前实践中做法不一,有的法院直接援引在 2002 年出台的《最高人民法院关于审理企业破产案件若干问题的规定》,驳回破产,有的法院继续审理。

理由与依据:

为防止债权人恶意利用破产程序损害债务人权益,同时也为了防止债务人虚假破产损害债权人利益,法院在裁定受理债务人的破产申请后,若发现债务人不具备破产原因,在法院受理破产申请后至破产宣告前,可以驳回当事人的破产申请。2002 年出台的《最高人民法院关于审理企业破产案件若干问题的规定》第十二条规定:"人民法院经审查发现有下列情况的,破产申请不予受理:(一)债务人有隐匿、转移财产等行为,为了逃避债务而申请破产的;(二)债权人借破产申请毁损债务人商业信誉,意图损害公平竞争的。"第十四条规定:"人民法院受理企业破产案件后,发现不符合法律规定的受理条件或者有本规定第十二条所列情形的,应当裁定驳回破产申请。人民法院受理债务人的破产申请后,发现债务人巨额财产下落不明且不能合理解释财产去向的,应当裁定驳回破产申请。"该司法解释是针对旧破产法进行的解释,但该解释并未被明文废止,也有部分法院援引该条文驳回破产申请的情况。

但 2008 年出台的《最高人民法院关于债权人对人员下落不明或者财产状况不清的债务人申请破产清算案件如何处理的批复》(法释〔2008〕10 号)规定:"债权人对人员下落不明或者财产状况不清的债务人申请破产清算,符合企业破产法规定的,人民法院应依法予以受理。债务人能否依据企业破产法第十一条第二款的规定向人民法院提交财产状况说明、债权债务清册等相关材料,并不影响对债权人申请的受理。人民法院受理上述破产案件后,应当依据企业破产法的有关规定指定管理人追收债务人财产;经依法清算,债务人确无财产可供分配的,应当宣告债务人破产并终结破产程序;破产程序终结后二年内发现有依法应当追回的财产或者有应当供分配的其他财产的,债权人可以请求人民法院追加分配。"据此规定,债务人财产下落不明,既不影响破产案件的受理,也不阻碍破产案件的审理。

《最高人民法院关于债权人对人员下落不明或者财产状况不清的债务人申请破产清算案件如何处理的批复》实质上否定了《最高人民法院关于审理企业破产案件若干问题的规定》中的第十二条规定和第十四条规定,债务人财产下落不明,既不影响破产案件的受理,也不阻碍破产案件的审理。笔者认为,在人民法院受理企业破产案件后,破产宣告前,若出现债务人财产下落不明且不能合理解释财产去向的情况,此时,若是债权人申请破产,法院驳回破产申请显然是有利于债务人的,驳回申请显然违背了破产法公平清理债权债务、保护债权人债务人合法权益的宗旨。

案例索引:

(2022)皖 0208 破 4 号

(2022)辽 01 破终 2 号

21. 法院受理破产后,发现破产申请人的债权系虚假债权的,应如何处理?

阅读提示:人民法院经审理受理破产案件并指定管理人后,管理人对破产申请人债权复核并进行实质审查,发现破产申请人债权有虚构嫌疑。最终法院审理认定破产申请人涉嫌虚假诉讼行为,撤销原生效法律文书,那么破产案件该如何处理呢?

答:破产受理后,法院发现申请人依据的债权系虚假债权,但法院审理过程中发现债务人具有破产原因,符合《企业破产法》第二条、第十二条第二款规定的破产原因的,原则上应对破产程序继续审理。但因我国是采用申请主义的破产启动模式,法院应告知其他符合申请条件的适格债权人或债务人是否同意申请破产,以补齐破产申请的资料和手续。若债权人或债务人同意申请破产，则破产程序继续进行。若债权人和债务人均不同意申请，法院则应裁定驳回破产申请。

理由与依据：

关于在破产受理前，若发现债权人以虚假债权申请债务人破产的情形，最高人民法院出台的《全国法院民商事审判工作会议纪要》对此已有明确的观点，法院应裁定不予受理。《全国法院民商事审判工作会议纪要》第一百零八条规定："人民法院裁定受理破产申请前，提出破产申请的债权人的债权因清偿或者其他原因消灭的，因申请人不再具备申请资格，人民法院应当裁定不予受理。但该裁定不影响其他符合条件的主体再次提出破产申请。破产申请受理后，管理人以上述清偿符合《企业破产法》第三十一条、第三十二条为由请求撤销的，人民法院查实后应当予以支持。人民法院裁定受理破产申请系对债务人具有破产原因的初步认可，破产申请受理后，申请人请求撤回破产申请的，人民法院不予准许。除非存在《企业破产法》第十二条第二款规定的情形，人民法院不得裁定驳回破产申请。"从文义解释的角度来看，该条款包含两层逻辑含义：首先，在受理破产申请之前，如果申请人的债权因清偿或其他原因消失，导致其不具备申请资格，法院应裁定不予受理。其次，在受理破产申请之后，如果债务人具有破产原因，申请人请求撤回申请，法院不予准许，除非债务人不具有破产原因，否则法院不得裁定驳回申请。

笔者认为，虽然我国破产法对破产案件受理采取的是申请主义原则，法院不得依职权启动，但鉴于管理人已经接管破产企业，债权人也亦申报的情况，若简单地适用法律规定径行作出驳回破产申请的裁定，不仅会使其他债权人为因申请人的过错导致增加的破产成本和破产费用而买单，而且也可能违背了其他债权人的真实意愿。因此，最为稳妥的做法就是，征求其他已申报债权人的意见，若无债权人再次提出破产申请，法院可驳回申请人的破产申请；若至少一名债权人再次提出破产申请，只要该债权不存在任何争议，法院无须驳回破产申请，可继续审理。

一旦法院开始受理破产申请，这意味着初步认定债务人已经满足破产条件，无论是债务人主动申请破产，还是债权人提出破产申请，涉及的利益关系都超出了申请人的权益范围，当债务人具备破产条件时，其他债权人的利益也需要通过破产程序得到保护。如果法院直接驳回破产申请并终止破产程序，可能会带来以下问题：首先，其他债权人以债权申报的方式表达了对债务人破产的态度，如果直接驳回，可能会违背其他债权人的真实意愿，进而损害债权人的整体利益；其次，法院受理破产申请的裁定作出后，一系列法定程序已经启动，如果直接驳回，会造成一定的损失;最后,如果驳回后再有债权人申请,相当于"推倒重来",这将导致司法资源的极大浪费。因此,法院应该保持司法的谦抑性,在作出驳回破产申请的裁定前,应征询其他已申报债权人的意见。如果无债权人再次提出申请,法院可以驳回申请人的破产申请并终止破产程序;如果至少有一名债权人再次提出申请,且该债权不存在任何争议,法院无须"推倒重来",可以继续审理。

案例索引:

(2019)沪 7101 破 51 号

第三章

债务人财产

22. 划拨土地是否属于破产财产？应当如何处分？

阅读提示：虽然，根据《中华人民共和国城市房地产管理法》第二十四条,《中华人民共和国土地管理法》第五十四条、《中华人民共和国城镇国有土地使用权出让和转让暂行条例》第四十七条以及《最高人民法院关于破产企业国有划拨土地使用权应否列入破产财产等问题的批复》（2020 年修正）第一条的规定均已明确,破产企业以划拨方式取得的国有土地使用权不属于破产财产。但在破产实操中,关于划拨土地是否属于破产财产的相关衍生问题仍存有不少争议。

答：该问题需要区分情况进行处理。（1）对于纳入国家兼并破产计划的国有企业,其取得的划拨国有土地使用权人民政府不能收回,破产重整程序中仅可采取将划拨用地使用权依法以拍卖或招标方式转让的方式进行处置。（2）对于未纳入国家兼并破产计划的破产企业,其划拨土地使用权不属于破产财产,企业破产时政府可以收回。（3）例外情形,若划拨土地使用权在企业设立时已被作为企业的注册资本予以登记,则应当属于债务人财产范围,政府不应再收回。

理由与依据：

（一）相关规定

国务院和有关部委关于纳入国家兼并破产计划的破产企业划拨土地使用权处置的相关文件如下：

文件名称	具体规定
国务院《关于在若干城市试行国有企业破产有关问题的通知》（国发〔1994〕59号）	企业破产时，企业依法取得的土地使用权，应当以拍卖或者招标方式为主依法转让，转让所得首先用于破产企业职工的安置；安置破产企业职工后有剩余的，剩余部分与其他破产财产统一列入破产财产分配方案
国务院《关于在若干城市试行国有企业兼并破产和职工再就业有关问题的补充通知》（国发〔1997〕10号）	凡是纳入国家兼并破产项目的国有企业破产，其依法取得的国有土地使用权，转让所得首先用于破产企业职工的安置，剩余部分与其他财产统一列入破产财产分配方案
国家经贸委及中国人民银行发布《关于试行国有企业兼并破产中若干问题的通知》（国经贸企〔1996〕492号）	企业以土地使用权作为抵押物的，其转让所得首先用于破产企业职工的安置，对剩余部分抵押权人享有优先受偿的权利；处置土地使用权所得不足以安置职工的，不足部分依次从处置无抵押财产、其他抵押财产所得中拨付。抵押权人未优先受偿部分，参加一般债权的清偿分配

（二）划拨土地使用权处置规则

1. 对于纳入国家兼并破产计划的破产企业

根据前述文件之规定，划拨土地使用权是否回收取决于破产企业是否纳入国家兼并破产计划，对于纳入国家兼并破产计划的破产企业，对其划拨土地使用权的处置不适用《最高人民法院关于破产企业国有划拨土地使用权应否列入破产财产等问题的批复》的规定，而应适用前述文件规定。具体为：对纳入国家兼并破产计划的国有企业，其取得的划拨国有土地使用权人民政府不能收回，破产重整程序中仅可采取将划拨用地使用权依法以拍卖或招标方式转让的方式进行处置。

2. 对于未纳入国家兼并破产计划的破产企业

2003年4月17日，全国法院审理企业破产案件工作座谈会明确：国家对于企业以无偿划拨方式取得的国有土地使用权方面的政策是一贯的，也是十分明确的，即无偿划拨土地是计划经济时期遗留的问题，无偿划拨土地的财产权属于国家所有。国家对土地逐步实现由无偿划拨向有偿使用过渡,企业出售时,对划拨土地使用权应当实行有偿使用,不再实行无偿使用。企业破产时,有关人民政府应当收回,并依法处置。此外,根据《最高人民法院关于破产企业国有划拨土地使用权应否列入破产财产等问题的批复》的规定,对于未纳入国家兼并破产计划的破产企业,其划拨土地使用权不属于破产财产,企业破产时政府可以收回,此观点系对前述座谈会意见的贯彻与延续。

3. 例外情形

最高人民法院主流观点认为:如果划拨土地使用权在企业设立时,经政府有关部门批准已经被作为企业的注册资本予以登记,即作为股东投资,则应当属于债务人财产范围,政府不应再收回。因为对出资财产包括土地使用权进行的注册资本登记,表明它已经对外公开宣示被纳入对债权人承担责任的财产范围之内。这种情况下,土地使用权虽在名义上是划拨性质,但不应再视为无偿取得,因为出资人将凭借土地使用权取得相应的权利与收益。①

从上述最高人民法院的意见来看,即使属于未纳入国家兼并破产计划的破产企业,但对划拨土地使用权的收回尚需要考虑划拨土地使用权是否作为企业的注册资本予以登记这一例外情形。也即,若划拨土地使用权在企业设立时已被作为企业的注册资本予以登记,则应当属于债务人财产范围,政府不应再收回。

案例索引:

(2016)最高法行申 2510 号

23. 房地产企业破产,购房者已支付了购房款但尚未交付使用,或者虽已交付使用但购房者尚未办理产权登记的预售房产,是否属于破产财产?

阅读提示:在房地产企业破产案件中,最主要的财产就是尚未开发完成的土地和在建或已经建设完成但未售的房产,那么,对于购房者已支付了购房款但尚未交

---

① 最高人民法院民事审判第二庭编著:《最高人民法院关于企业破产法司法解释理解与适用》,人民法院出版社 2013 年版,第 123-124 页。

付使用,或者虽已交付使用但购房者尚未办理产权登记的预售房产是否属于破产财产?该类买受人的权益能否得到保障?

答:房地产企业破产,购房者已支付了购房款但尚未交付使用,或者虽已交付使用但购房者尚未办理产权登记的预售房产,属于破产财产。但这并不意味着该类买受人的相应债权不能得到优先保护。

理由与依据:

2002年《最高人民法院关于审理企业破产案件若干问题的规定》第七十一条规定:"下列财产不属于破产财产:(一)债务人基于仓储、保管、加工承揽、委托交易、代销、借用、寄存、租赁等法律关系占有、使用的他人财产;(二)抵押物、留置物、出质物,但权利人放弃优先受偿权的或者优先偿付被担保债权剩余的部分除外;(三)担保物灭失后产生的保险金、补偿金、赔偿金等代位物;(四)依照法律规定存在优先权的财产,但权利人放弃优先受偿权或者优先偿付特定债权剩余的部分除外;(五)特定物买卖中,尚未转移占有但相对人已完全支付对价的特定物;(六)尚未办理产权证或者产权过户手续但已向买方交付的财产;(七)债务人在所有权保留买卖中尚未取得所有权的财产;(八)所有权专属于国家且不得转让的财产;(九)破产企业工会所有的财产。"从2002年最高人民法院作出的规定来看,"购房者已经支付全部购房款的"属于第(五)项规定,而"已交付使用但未办理产权登记的"属于第(六)项规定,均不属于破产企业的财产,应为购房人的财产。

但是2002年最高人民法院作出的规定,系在现行《企业破产法》施行之前,为正确适用《企业破产法(试行)》所制定的司法解释,在现行《企业破产法》颁布后,原则上2002年最高人民法院作出的规定应当废止。虽然最高人民法院并未明文废止该规定,但是在司法实践中,普遍认为2002年最高人民法院作出的规定中与《企业破产法》及其后的司法解释不相矛盾的内容才有效,存在矛盾或者不同之处时应当以其后的《企业破产法》及司法解释为准。而根据2013年出台的《最高人民法院关于适用〈中华人民共和国企业破产法〉若干问题的规定(二)》(以下简称《破产法司法解释二》)第二条对不属于破产财产的范围进行了规定:"下列财产不应认定为债务人财产:(一)债务人基于仓储、保管、承揽、代销、借用、寄存、租赁等合同或者其他法律关系占有、使用的他人财产;(二)债务人在所有权保留买卖中尚未取得所有权的财产;(三)所有权专属于国家且不得转让的财产;(四)其他依照法律、行政法规不属于债务人的财产。"对比2002年最高人民法院作出的规定中的第七十一条的内容,《破产法司法解释(二)》的规定删除了包括2002年规定中第(五)项和第(六)项及其他在内的 5 项内容,仅保留了原来 9 项中的 4 项,而《破产法司法解释(二)》第四十八条规定:"本规定施行前本院发布的有关企业破产的司法解释,与本规定相抵触的,自本规定施行之日起不再适用。"2002 年《最高人民法院关于审理企业破产案件若干问题的规定》第七十一条的内容显然与《破产法司法解释(二)》第二条对同一问题作出了不同规定,因此,应当适用 2013 年《破产法司法解释(二)》的规定,即 2002 年的规定第七十一条中被 2013 年《破产法司法解释(二)》第二条所删除的内容不再适用。

　　另外,作为特别法的《企业破产法》对此类房产权属没有作出特别规定的情况下,对其权属的认定就应适用《民法典》第二百零九条的规定:"不动产物权的设立、变更、转让和消灭,经依法登记,发生效力;未经登记,不发生效力,但是法律另有规定的除外。依法属于国家所有的自然资源,所有权可以不登记。"对比 2002 年《最高人民法院关于审理企业破产案件若干问题的规定》第七十一条的内容,也存在相互矛盾的情形。根据新法优于旧法的原则,法律优于司法解释的基本原则,均应认定在房地产企业破产案件中,购房者已支付了购房款而尚未交付,或者已经交付使用但购房者尚未办理产权登记的预售房产,仍属于破产财产,应当按照破产财产的分配原则进行处理。

　　值得提及的是,认定"购房者已支付了购房款而尚未交付,或者已经交付使用但购房者尚未办理产权登记"的预售房产属于债务人财产,并不必然等同于买受人的相应债权不能得到优先保护。对于该类购房户的权益保护问题,最高人民法院民一庭的倾向性意见为:房地产开发企业进入破产程序的,买受人已支付了全部购房款但未完成所有权转移登记的房屋应认定为债务人财产,支付了全部购房款的消费者买受人就所购房屋对房地产开发企业享有的债权具有特定性和优先性,房地产开发企业应当在破产程序中优先履行商品房买卖合同约定的交付已建成房屋并协助办理所有权转移登记的义务,该行为不构成《企业破产法》第十六条所称的无效的个别清偿行为。

案例索引:

(2021)最高法民申 1966 号

(2021)最高法民申 1666 号

(2021)最高法民申 1667 号

(2021)最高法民申 158 号

24. 人民法院已经裁定执行或已拍卖完毕,但尚未办理过户的财产或未支付的执行款是否属于破产财产?

阅读提示:依据《企业破产法》第十九条的规定,人民法院受理破产申请后,有关债务人财产的保全措施应当解除,执行程序应当中止。司法实践中,如果人民法院在执行程序中将被执行人的款项划扣到了法院账户,但尚未交付给申请执行人时,人民法院就受理了对被执行人的破产申请,那么这笔款项能否被认定为债务人财产呢?

答:人民法院裁定受理破产申请时已经扣划到执行法院账户但尚未支付给申请执行人的款项,仍属于债务人财产,执行法院收到受移送法院受理裁定后,不应再支付给申请执行人,应当将其移交给受理破产案件的法院或管理人,纳入破产程序统一分配。

理由与依据:

《最高人民法院关于适用〈中华人民共和国民事诉讼法〉的解释》第五百零八条第一款规定:"参与分配执行中,执行所得价款扣除执行费用,并清偿应当优先受偿的债权后,对于普通债权,原则上按照其占全部申请参与分配债权数额的比例受偿。清偿后的剩余债务,被执行人应当继续清偿。债权人发现被执行人有其他财产的,可以随时请求人民法院执行。"同时,《最高人民法院关于适用〈中华人民共和国民事诉讼法〉的解释》第五百一十一条规定:"在执行中,作为被执行人的企业法人符合企业破产法第二条第一款规定情形的,执行法院经申请执行人之一或者被执行人同意,应当裁定中止对该被执行人的执行,将执行案件相关材料移送被执行人住所地人民法院。"第五百一十三条规定:"被执行人住所地人民法院裁定受理破产案件的,执行法院应当解除对被执行人财产的保全措施。被执行人住所地人民法院裁定宣告被执行人破产的,执行法院应当裁定终结对该被执行人的执行。"根据上述规定,可归纳为:在被执行人为公民或者其他组织情况下,若被执行人的财产不能清偿其所有债权的,其债权人可以通过参与执行分配程序实现债权的公平清偿,而在被执行人为企业法人情况下,若被执行人的财产不能清偿其所有债权,则其债权人可以通过申请启动关于债务人的破产程序实现债权的公平清偿。

根据《最高人民法院关于执行案件移送破产审查若干问题的指导意见》第十六条的规定,执行法院收到受移送法院受理裁定后,应当于七日内将已经扣划到账的银行存款、实际扣押的动产、有价证券等被执行人财产移交给受理破产案件的法院或管理人。根据《最高人民法院关于执行案件移送破产审查若干问题的指导意见》第十七条的规定,执行法院收到受移送法院受理裁定时,已通过拍卖程序处置且成交裁定已送达买受人的拍卖财产,通过以物抵债偿还债务且抵债裁定已送达债权人的抵债财产,已完成转账、汇款、现金交付的执行款,因财产所有权已经发生变动,不属于被执行人的财产,不再移交。从第十六条、第十七条规定的精神看,对已完成向申请执行人转账、汇款、现金交付的执行款,因财产权利归属已经发生变动,不属于被执行人的财产。已经扣划到执行法院账户的银行存款等执行款,但未完成向申请执行人转账、汇款、现金交付的,财产权利归属未发生变动,仍属于被执行人的财产,执行法院收到受移送法院受理裁定后,不应再支付给申请执行人,应当将其移交给受理破产案件的法院或管理人。

同时,根据《最高人民法院关于对就重庆高院〈关于破产申请受理前已经扣划到执行法院账户尚未支付给申请执行人的款项是否属于债务人财产及执行法院收到破产管理人中止执行告知函后应否中止执行问题的请示〉的答复函》【(2017)最高法民他72号复函】,人民法院裁定受理破产申请时已经扣划到执行法院账户但尚未支付给申请人执行人的款项,仍属于债务人财产,人民法院裁定受理破产申请后,执行法院应当中止对该财产的执行。而对已经执行到法院账户的款项是拍卖所得款还是其他款项并无区分必要,申请执行人因评估拍卖所承担的成本可以通过其他途径解决。

《最高人民法院关于适用〈中华人民共和国民事诉讼法〉的解释》《最高人民法院关于执行案件移送破产审查若干问题的指导意见》以及《最高人民法院关于对就重庆高院〈关于破产申请受理前已经扣划到执行法院账户尚未支付给申请执行人的款项是否属于债务人财产及执行法院收到破产管理人中止执行告知函后应否中止执行问题的请示〉的答复函》的相关内容均体现了对债权人进行公平清偿的精神,这也符合《企业破产法》的立法目的。从价值衡量角度看,个别债权人和全体债权人利益出现冲突时,应该要向全体债权人倾斜,以有利于矛盾纠纷的化解。因此,申请执行人作为债权人不能通过执行程序实现优先于其他债权人的个别受偿,而应参与破产程序的公平受偿。

综上所述,实施拍卖、变卖等执行措施取得变价款,与通过其他方式执行到位的款项,在判断是否属于"被执行人的财产"的标准上并无不同,均应当以财产权利归属是否发生变动为标准,进而判断是否应当纳入破产程序统一分配。因此,对已完成向申请执行人转账、汇款、现金交付的执行款,因财产权利归属已经发生变动,不属于被执行人的财产。已经扣划到执行法院账户的银行存款等执行款,但未完成向申请执行人转账、汇款、现金交付的,财产权利归属未发生变动,仍属于被执行人的财产,执行法院收到受移送法院受理裁定后,不应再支付给申请执行人,应当将其移交给受理破产案件的法院或管理人,纳入破产程序统一分配。

案例索引:

(2021)最高法民申 4575 号

(2019)最高法执复 65、90 号

(2020)赣执复 116 号

25. 破产程序中,债务人的对外股权投资如何处置?

阅读提示:债务人持有的有限责任公司股权、股份有限公司股份以及在企业法人及其他主体享有的投资权益等均可以称为对外股权投资,这些对外股权投资属于债务人的财产。那么,在破产程序中,债务人的对外股权投资应当如何处置呢?

答:在破产程序中,债务人的对外股权投资应根据不同的情形进行变价、转让、自行清算、强制清算、简易注销、申请破产、核销等方式进行处置。

理由与依据:

根据《企业破产法》第二条、《破产法司法解释二》第一条、《公司法》第一百八十条、第一百八十三条及《市场主体登记管理条例》第三十三条、《企业注销指引》第四条、《最高人民法院关于适用〈中华人民共和国公司法〉若干问题的规定(二)》第七条等相关法律法规的规定,债务人的对外股权投资可以根据不同的情形采取以下处置措施。

(一)通过拍卖或其他变价出售方式处置对外股权投资

若对外股权投资的价值为正值且具备处置价值的,原则上管理人应通过网络拍卖方式进行处置。经债权人会议表决通过,管理人也可以采用其他变价方式进行处置。管理人可采取资产评估、市场询价、协商议价等方式拟定处置参考价,且应在变价方案中充分说明拟定参考价的具体方式、依据,以供债权人会议决定起拍价或变现价。管理人变价处置对外股权投资涉及其他股东优先购买权的,应当及时履行通知义务。股权变更涉及相关部门批准的,管理人应当在拍卖公告中载明法律、行政法规等专门规定的竞买人应当具备的资格或者条件。

（二）通过自行清算方式处置对外股权投资

若对外投资的标的公司出现《公司法》第一百八十条规定的解散事由且对外股权投资价值为正值的,管理人应根据《公司法》第一百八十三条之规定,积极推动标的公司成立清算组进行清算。

若对外投资的标的公司不存在解散事由、无法通过变价处置且对外股权投资价值为正值的,管理人可提议召开标的公司股东会或股东大会作出解散决议并成立清算组进行自行清算;标的公司为债务人全资子公司的,管理人可依法作出股东决定,解散标的公司并成立清算组进行自行清算。

但对外投资的股权仍具备受让主体等情形,经债权人会议表决通过,管理人可以采用变价、股权转让等方式进行处置。

（三）通过简易注销方式处置对外股权投资

若对外投资的标的公司符合《市场主体登记管理人条例》第三十三条规定的简易注销条件,无法通过变价处置且对外股权投资价值为正值的,管理人应积极按照《企业注销指引》第四条第二款规定的简易注销流程推动标的公司进行处理。但对外投资的股权仍具备受让主体等情形,经债权人会议表决通过,管理人可以采用变价、股权转让等方式进行处置。

（四）通过强制清算方式处置对外股权投资

若对外投资的标的公司符合《破产法司法解释二》第七条第二款规定申请强制清算情形,无法通过变价处置且对外股权投资价值为正值的,管理人作为标的公司的股东代表应申请人民法院指定清算组进行清算。但对外投资的股权仍具备受让主体等情形(对外投资的标的公司即使符合强制清算条件,仍然存在股权变动的可能性),经债权人会议表决通过,管理人可以采用变价、股权转让等方式进行处置。

（五）通过申请破产方式处置对外股权投资

若对外投资的标的公司已具备《企业破产法》规定的破产原因且无法通过变价处置对该公司持有的股权,管理人可积极推动标的公司或其债权人向人民法院提起破产申请。若债务人对标的公司享有债权,无法通过变价处置且对外股权投资价值为正值的,管理人可以直接向人民法院提起破产申请。若债务人与标的公司之间存在法人人格高度混同、区分财产成本过高、严重损害债权人公平清偿利益等情形,无法通过变价处置且对外股权投资价值为正值的,管理人可向人民法院申请实质合并破产。但对外投资的股权仍具备受让主体等情形(对外投资的标的公司即使具备破产原因或已进入破产程序,仍然存在股权变动的可能性),经债权人会议表决通过,管理人可以采用变价、股权转让等方式进行处置。

（六）通过核销方式处置对外股权投资

满足下列条件,经债权人会议表决通过,管理人可以对该对外股权投资进行核销:(1)对外股权投资价值为零或负值;(2)无法通过上述(一)至(五)的处置路径进行处置;(3)管理人经调查未发现标的公司的财产线索;(4)处置对外股权投资的支出明显超过处置收益。但对外投资的股权仍具备受让主体等情形(此时存在受让主体的可能性不大,但也不能过于绝对化),经债权人会议表决通过,管理人可以采用变价、股权转让等方式进行处置。

案例索引:

(2016)苏 01 破 8 号

26. 破产程序中,债权人是否能够对其在破产前缴纳的履约保证金行使取回权?

阅读提示:《企业破产法》第三十八条规定:"人民法院受理破产申请后,债务人占有的不属于债务人的财产,该财产的权利人可以通过管理人取回。但是,本法另有规定的除外。"取回权是指债权人对其享有所有权的物的返还请求权,但是货币通常适用"占有即所有"的原则,因此,履约保证金的所有权是否发生转移常常会产生争议。实践中的情形往往更为复杂,债权人对履约保证金能否行使取回权,需要从多角度进行考量才能予以判定。

答:若债权人能够提供相关证据证明其交纳的履约保证金已被特定化,那么该债权人可就履约保证金向管理人行使取回权。值得注意的是,只有在完成特定化的前提下,债权人就履约保证金行使取回权的主张才能得到支持,否则,只能被作为普通债权予以申报处理。

理由与依据：

履约保证金是指债务人或第三人为了担保债务的履行,将其资金以特定性质移交债权人占有作为担保,在债务人不履行债务时,债权人有权以该资金优先受偿。此外,依据《最高人民法院关于适用〈中华人民共和国民法典〉有关担保制度的解释》第七十条的规定,履约保证金还须满足形式上的要求,即存入专门的保证金账户或在银行账户下设立保证金分户,否则债权人无法主张以该资金优先受偿。

司法实践中的裁判观点认为,保证金未进入专门账户,未完成特定化,债权人主张取回权的,不予支持。债权人行使取回权的前提是其对相应财物享有所有权但该财物为债务人所占有,但金钱作为一般种类物,若未经特定化,应适用"占有即所有"的原则。对于金钱是否特定化,不能仅以其名为"保证金"就直接加以认定,还应审查对该"保证金"是否以设立专门账户等方式在实质上达到与占有人其他金钱相区别的效果。若债权人与债务人在实际履行合同时,双方并未就"保证金"设立专户,亦未对"保证金"进行共同监管,仅在转账时备注该款项为"保证金",因无法与债务人的其他资金相区分,即未完成特定化。那么,破产企业收取该款项后,即取得该款项的所有权,而非代为保管,此种情况下债权人无权对该款项主张取回权。例如,最高人民法院在"(2021)最高法民申4928号"案件中认为:"本案中案涉100万元款项虽由林某向某某煤矿公司缴纳,收条上亦载明用途为保证金,但货币作为一般等价物,交付之后即与某某煤矿公司的其他资金清晰区分,即具备特定化的特征,但林某在一审、二审中并未举证证明该100万元已经以特户、封金、保证金等形式予以特定化,仅仅是双方在相关合同中约定该款项性质是保证金及某某煤矿公司出具的收条表明该款项为保证金,并不足以证实林某某仍为该货币的所有权人,而取回权依据的是物权关系而非债权关系,故根据前述法律规定,林某要求行使取回权的条件不成立。"当然,实务中亦存在部分法院认为债务人在支付款项时明确注明为"保证金"且债权人收取该款项时亦已明知该款项性质的,该保证金已具备特定化的形式和特征,其后在债务人不履行债务时,债权人可以就该保证金优先受偿,债务人收受保证金后未将保证金予以妥善存管的,不影响履约保证金的归属。如浙江省高级人民法院在"(2019)浙民申3807号"案件中认为:"涉案履约保证金是A公司为担保建设工程施工合同的履行而向发包方支付的保证金,在建设工程竣工并经验收合格后,发包方应当返还上述款项。A公司在缴纳该笔款项时明确注明为'保证金',发包人收取该款项时亦已明知该款项的性质,发包人对其仅享有占有权,并未取得其所有权。双方签订的建设工程施工合同中亦明确约定履约保证金的孳息即利息由 A 公司享有,进一步反映出该履约保证金的所有权尚未转移。据此,二审法院认定案涉履约保证金以保证金的方式已经将货币特定化,有相应依据。发包方主张对汇入其公司账户后的履约保证金享有所有权,该履约保证金没有特定化,缺乏事实和法律依据。发包人收受履约保证金后未将履约保证金予以妥善存管,不影响履约保证金的权利归属,发包人上述不当行为产生的不良法律后果,不应由无过错方即 A 公司承担,A 公司作为财产权利人,对涉案履约保证金享有取回权。"

需要注意的是,货币的特定化,并不以进入特定账户为唯一的形式,亦可通过注明其用途等形式加以特定化。根据《最高人民法院关于适用〈中华人民共和国担保法〉若干问题的解释》第八十五条的规定,债务人或者第三人将其金钱以特户、封金、保证金等形式特定化后,移交债权人占有作为债权的担保,债务人不履行债务时,债权人可以以该金钱优先受偿。上述法律条款对货币担保的特定化形式作出了规定,其明确保证金是货币特定化的形式之一。因此,若债权人转款时明确备注款项为"保证金",并且债权人与债务人双方在合同中对履约保证金的孳息等做了明确约定,但债务人收受履约保证金后未将履约保证金予以妥善存管,也不影响履约保证金的权利归属。此时,债务人因未妥善保管等不当行为产生的不良法律后果,不应由无过错方(即债权人)承担。因此,债权人作为财产权利人,对该履约保证金享有取回权。虽然司法实践中的裁判观点存在一定的差异,但是对于债权人能否行驶取回权的判断标准还在于相应款项是否完成了特定化,只有在完成特定化的前提下,债权人就履约保证金行使取回权的主张才能得到支持。只是对于"特定化"的标准宽严不一。因此,管理人实务审查中应进行多方面的综合分析判断。首先,应当从合同约定情况分析,债权人向破产企业支付相应款项是否基于为债务履行提供担保的目的而实施?是否对款项本金及其孳息的归属作出了明确约定?即不能仅凭款项名为"保证金"就直接将其认定为履约保证金,还要结合该款项在合同履行中所起到的作用作出综合判定。其次,注重审查合同履行过程中,双方是否为相应款项设立专户抑或是进行共同监管?相应款项是否被破产企业转移或使用?即应审查款项在形式上是否完成特定化。最后,在未设立专户的情况下,此时形式上虽然不符合法律规定的特定化要求,但并不意味着可以凭此直接否认债权人的取回权,管理人还须结合款项的转入及流出过程,审查相应款项是否能够与破产企业的其余资金进行区分、是否存在混同的情况。即应审查款项在实质上是否完成特定化。

综上所述,从合同条款到实际履行、从形式要件到实质区分,审查债权人是否有权就履约保证金行使取回权,不能单一、片面地下结论,而应当结合合同履行的全过程,综合判断履约保证金是否完成了特定化,如此,方能有效保障全体债权人的合法利益、维护破产法的公平原则。

案例索引:

(2022)最高法民再 55 号

(2019)浙民申 3807 号

(2021)最高法民申 4928 号

27. 破产程序中,债权人能否行使《民法典》中的撤销权?

阅读提示:我国的撤销权制度从立法角度可分为破产法上的撤销权(以下简称破产撤销权)和民法上的债权人撤销权,《企业破产法》第三十一条和第三十二条规定了破产撤销权,并明确该权利只能由管理人行使。《合同法》第七十四条规定了民法上的债权人撤销权,《最高人民法院关于适用〈中华人民共和国合同法〉若干问题的解释(二)》第十九条又作了内容上的补充,《民法典》出台后,在第五百三十八条和第五百三十九条规定了民法上的债权人撤销权。那么,债权人在破产程序中能否行使民法上的撤销权呢?

答:破产程序中,债权人可以行使《民法典》中的撤销权,但是,当破产撤销权与民法上的债权人撤销权发生竞合时,应优先适用破产撤销权。

理由与依据:

首先,《破产法司法解释二》第十三条已经明确,破产申请受理后,管理人未依据《企业破产法》第三十一条的规定请求撤销债务人无偿转让财产、以明显不合理价格交易、放弃债权行为的,债权人可以依据《民法典》第五百三十八条、第五百三十九条等规定提起诉讼,请求撤销债务人上述行为并将因此追回的财产归入债务人财产。

破产撤销权是破产程序中的重要权利,它关系破产财产的多少,从而密切关系债权人的利益,关系相同性质的债权人能否得到公平的对待。破产撤销权是债权人撤销权在破产程序中的具体体现,又称否认权或破产追回权,是《企业破产法》赋予破产管理人在破产程序中的权利,且该权利有且仅有破产管理人能够行使。破产撤销权以公平清偿原则为法理基础,主要目的在于防止债务人在丧失债务清偿能力的情形下,不惜以牺牲债权人利益为代价而无偿或以不合理的价格处分自己的财产。因此,一般情况下,债务人进入破产程序后,对《民法典》第五百三十八条、第五百三十九条和《企业破产法》第三十一条规定的可撤销行为,应由管理人行使破产撤销权予以撤销。但如因管理人的不作为导致破产撤销权落空时,债权人也可以通过行使民法上的撤销权追回债务人相关财产。从《破产法司法解释二》第十三条可以看出,在破产撤销权与民法上的债权人撤销权竞合时,应优先适用破产撤销权。

其次,在《企业破产法(试行)》时代,最高人民法院就在相关通知中明确,在破产程序中债权人可以行使民法上的撤销权。《最高人民法院关于人民法院在审理企业破产和改制案件中切实防止债务人逃废债务的紧急通知》(2001年8月10日发布,法〔2001〕105号)中指出:"债务人有多个债权人的,债务人与其中一个债权人恶意串通,将其全部或部分财产抵押给该债权人,因此丧失了履行其他债务的能力,损害了其他债权人的合法权益,受损害的其他债权人请求人民法院撤销该抵押行为的,人民法院应依法予以支持。"《企业破产法(试行)》中已经规定了清算组(其职能相当于《企业破产法》框架下的管理人)的追回权,基本包含了现行《企业破产法》规定的破产撤销权的内容,但上述通知依然规定债权人可以在破产程序中行使民法上的撤销权。由此可见,最高司法机关认为,为维护债权人的权益,在破产程序中有必要重视对民法上的债权人撤销权与破产撤销权的综合运用。

最后,通说认为,民法上的债权人撤销权并不因破产程序的启动而被排除适用,其在破产程序中也具有适用的效力。当其与破产撤销权不竞合时,如适用的对象不同,或者发生在破产撤销权无法适用的情况下,民法上的债权人撤销权即可以独立适用。比如以下几种情况,民法上的债权人撤销权可以独立适用:(1)《民法典》和《企业破产法》均规定为可撤销行为,但相关行为不是发生在破产法规定的可撤销期限内,如对受理破产申请一年前发生的债务人以明显不合理的高价受让他人财产的行为,就只能通过债权人行使民法上的撤销权来撤销。(2)《民法典》和《企业破产法》均规定为可撤销行为,但发现债务人存在该等行为时,管理人已经辞去职务或者因破产程序终结而解散,此时也只能通过债权人行使民法上的撤销权来撤销。(3)不属于《企业破产法》规定的可撤销行为,但属于《民法典》规定的可撤销行为,如债务人放弃债权担保、恶意延长其到期债权的履行期限等行为,也只能通过债权人行使民法上的撤销权来撤销。

综上所述,如果债务人实施的可撤销行为不在破产撤销权的规制范围,那么民法上的债权人撤销权可以独立适用,即由个别债权人向人民法院提起撤销之诉;如果债务人实施的可撤销行为同时满足破产撤销权与民法上债权人撤销权的行权范围,即若破产撤销权与民法上债权人的撤销权发生竞合时,则应首先由管理人行使破产撤销权,只有在管理人未依法行使破产撤销权的情形下,根据《破产法司法解释二》第十三条第一款的规定,债权人可以请求撤销债务人的以上行为,并追回财产。

案例索引:

(2024)沪 7101 民初 279 号

(2020)苏民终 996 号

28. 债务人在破产申请受理前一年内为无财产担保的债务提供保证担保的,能否撤销?

阅读提示:破产撤销权是《企业破产法》赋予破产管理人对债务人在破产宣告前的临界期内实施有害于债权人团体利益的行为有权请求法院撤销的权利。但是《企业破产法》第三十一条的规定中仅明确管理人有权撤销债务人"对没有财产担保的债务提供财产担保的"行为,并未明确"为无财产担保的债务提供保证担保的"是否也属于管理人可撤销的范围。那么,若债务人在破产申请受理前一年内为无财产担保的债务提供保证担保的,管理人能否撤销?

答:管理人可以撤销债务人在破产申请受理前一年内为无财产担保的债务提供保证担保的行为。

理由与依据:

(一)类比"无偿行为",可予以撤销

无偿行为,指无对价或实质上无对价的财产权益处分行为。撤销权角度的无偿行为,包括债务人无对价减少财产权益(如财产转让、债务免除、权利放弃)或增加财产权益负担(如无对价承担债务)两类行为。对于债务人为他人无偿提供保证担保是否属于可撤销的无偿行为,目前实务中存在不同的认识,第一种观点是债务人为他人担保并无任何经济利益,且在担保合同成立时,债权人未获得任何求偿权,故属无偿行为;第二种观点则认为是有偿行为,因为债务人提供担保可以将来的求偿权对被担保人行使追偿权。笔者赞同第一种观点,对于原本没有财产担保的债务,在没有对价的情况下提供保证担保,宜将其解释为无偿行为。因为担保人的求偿权在担保时尚未产生,且其实现具有不确定性,因此应当类比无偿行为,可予以撤销。即便按照第二种观点,虽然在法律层面上赋予了担保人的将来求偿权,但一般担保人承担责任的情况往往是因主债务人存在清偿障碍,所以在担保人承担担保责任后,担保人面对的往往是已丧失清偿能力的主债务人,担保人再获得清偿的可能性极低,因此,也应将其解释为无偿行为。

(二)贯彻《破产法》公平清偿原则,可予以撤销

破产法的精神在于公平清偿债务,保护债权人和债务人的合法权益。虽然《企业破产法》第三十一条仅规定了"无偿转让财产""以明显不合理的价格进行交易""对没有财产担保的债务提供财产担保""对未到期的债务提前清偿""放弃债权"五种行使破产撤销权的行为,总结这五种行为,如果不撤销,导致的后果均系:在债权人债权额基数不变的情形下,因减少了破产企业用于集体清偿地责任财产,从而削弱了债权人的清偿能力,对债权人不公平。同样的,破产人在受理前一年内为无财产担保债务提供保证担保,将使该债权人就破产人的财产享有受偿权,在用于清偿普通债权的责任财产不变的基础上,随着债权额基数的扩大,客观上将削弱原有债务人的清偿能力,降低了应有清偿率,进而导致全体债权人可获清偿利益减少,严重损害了广大债权人的利益,这与《企业破产法》第三十一条规定的在特定时期的五项行为在性质与结果上是一致的,且具有对破产程序的有害性和不当性,因此应当参照现有法律规定予以撤销。

(三)可撤销期内为无财产担保的债务提供保证担保可推定为恶意,
应予以撤销

债务人之所以走上破产之路并非一朝一夕形成的,受理破产一年内,债务人实控人对于企业经营状况、债权债务关系以及盈利能力等早有预期,在此种自顾不暇的情况下,仍为无财产担保的债务提供保证担保,并且在明知承担担保责任后,无法全面从主债务人处获得追偿的,可推定破产企业(债务人)系恶意追加担保。此时无论债务人是否已进入破产程序,即便按照《民法典》第五百九十三条关于撤销权的规定,债权人也有权利请求人民法院撤销以上行为。且根据《民法典》的相关规定,民事主体从事民事活动,不得违反法律,不得违背公序良俗。

承前分析,应对债务人在已知或应知其已经或将会陷于无力偿债的状态下不正当的、有害于全体债权人利益的行为进行限制(即允许管理人对该行为行使撤销权),以避免全体债权人的可分配财产被不正当减少,切实践行《企业破产法》的立法宗旨——公平清偿。另外,允许管理人对债务人在破产申请受理前一年内为无财产担保的债务提供保证担保的行为行使撤销权,具有如下法理基础:(1)撤销债务人在破产申请受理前一年内为无财产担保的债务提供保证担保的行为,虽然不能直接增加债务人财产,但是可以防止债务人因承担担保责任而导致财产减少,有利于一般债权人的受偿利益,有利于贯彻《企业破产法》的公平受偿原则。(2)虽然撤销债务人担保行为确实会损害被担保人的利益,但撤销权本身就是在平衡个别债权人利益、交易相对人利益与一般债权人利益的基础上产生的,被担保人在一般债权人利益面前作出让步有合理性。(3)允许管理人撤销债务人在破产申请受理前一年内为无财产担保的债务提供保证担保的行为,可防止债务人欺诈行为,进而防止破产财产减少,符合《企业破产法》第三十一条规定可以撤销行为的立法目的。

综上所述,对于债务人在破产申请受理前一年内为无财产担保的债务提供保证担保的行为,管理人可予以撤销。

案例索引:

(2021)苏 05 民终 9420 号

29. 破产程序中,债务人股东因欠缴债务人的出资或者抽逃出资对债务人所负的债务与债务人对其负有的债务能否抵销?

阅读提示:股东全面履行出资义务,是股东获得股东身份的权利来源,股东并以此获得公司管理权利。若股东违反出资义务,其权利必然受到相应限制。进入破产程序后,股东的出资也是构成破产财产的重要组成部分,当股东同时具有债权人身份时,未履行或者未全面履行出资义务的股东能否主张以其对债务人公司享有到期债权与其出资义务互相抵销,从而认定其已完成出资义务呢?

答:债务人股东因欠缴债务人的出资或者抽逃出资对债务人所负的债务不能与债务人对其负有的债务相抵销。

理由与依据：

虽然《企业破产法》第四十条关于抵销的规定,在认可抵销规则的同时并未明确限制出资与破产债权进行抵销,但《破产法司法解释二》第四十六条却对此作出了限制。《最高人民法院关于适用〈中华人民共和国企业破产法〉若干问题的规定(二)》第四十六条明确规定,债务人股东主张其因欠缴债务人的出资或抽逃出资对债务人所负的债务与债务人对其负有的债务相抵销的,人民法院不予支持。因此,在破产程序当中,法律已明确禁止股东以其对公司的债权抵销出资债权。分析其深层次原因,主要有以下几个方面:

首先,基于外观主义原则,公司注册资本经工商行政机关登记即具有对外的公示公信效力,债权人基于对该公示注册资本的信赖,认为股东应当实际履行出资义务;其次,股东与公司构成内部组织关系,这决定了股东与公司之间不应视为对等的债权人与债务人,也导致股东的债权人身份有别于其他一般的债权人。《民法典》第五百六十八条规定债务的法定抵销规则,在当事人互负债务,该债务的标的物种类、品质相同的,任何一方可以将自己的债务与对方的到期债务抵销。但是,根据债务性质,法学通说认为法定抵销具有一定的担保性质,在抵销相对人缺乏支付能力的情况下,双方可以通过抵销来免除对方的清偿义务,从而实现自己的债权。但是此种性质的担保性质应当局限于双方之间的债权债务,在公司层面,股东出资所形成的公司财产作为公司对外交易的履约保证,对外清偿公司所负债务,具有对外部债务担保的意义。从这一角度理解,对外的担保性质应当高于对内的担保性质,从而维护外部交易中双方的信赖利益以及交易本身的稳定。

其次,公司股东欠缴破产企业的出资或者抽逃出资,不仅损害了公司的财产权益,也损害了其他股东的利益。对于其他已经足额缴纳出资的股东而言,该股东还应当承担违约责任,而非直接抵销借款。

再次,资本维持不变是股东的法定义务,股东对公司除缴纳注册资本以外的投资可能涉及股东与公司之间的其他债权债务关系,并不能当然以投资替代注册资本的缴纳,且即使股东对公司享有债权也不意味着可以任意将注册资本取回,如公司同意以债权抵顶股东出资,应按照法定程序由股东会作出决议,股东不能因对公司享有债权而擅自决定以债权抵出资。从股东出资禁止抵销的本意来看,禁止抵销是因为两种债权的性质不同,股东对公司的出资形成的是公司对于其独立经营并独立对外承担责任的财产,属于负担着特殊目的即担保公司债权人的债权实现目的的特殊财产,那么股东欠缴公司的出资已经不是单纯的对公司之债,而是通过公司这座桥梁的"传递功能",演变成对公司债权人的间接之债。虽然从形式上看,同一个股东既对公司负有欠缴出资之债,又对公司享有某一债权,似乎在主体上具有对应性,但实质上,股东对公司欠缴出资时该出资的债权人应当延伸至公司的全体债权人,而非仅仅是公司。既然主体之间不具有对应性,当然不应进行抵销。

最后,若认可股东以其债权抵销出资,无疑等于赋予股东债权具有优先于公司其他外部债权受偿的地位,必然会损害公司其他债权人的利益,同时也可能放任或导致股东滥用自身股东权利,甚至通过自身优势地位虚构债权情况,从而逃避本应承担的股东出资义务。

综上所述,股东对公司的出资是公司独立经营并独立对外承担责任的基础,根据公司资本充实的基本原则,股东应足额缴纳所认缴的出资。如若允许股东将其本应按比例清偿的破产债权与欠缴的出资抵销,实际上是允许股东不足额出资,不仅违反资本充实原则,也会损害全体债权人利益。因此,禁止债务人股东将其对债务人的债权与其欠缴的出资相互抵销。为保障全体债权人平等受偿债权的权利,管理人在处理破产抵销权纠纷时,应特别注意是否存在股东不实出资、抽逃出资、利用关联关系损害公司财产等破产中互负债务禁止抵销的情形。管理人在开展接管和尽职调查工作中,若发现股东存在不实出资或抽逃出资的情况下,应以发函、诉讼等方式向股东及连带责任人追收。对于股东及连带责任人提出的破产抵销权主张,管理人不予支持,并应告知其应向管理人依法申报债权。

案例索引:

(2020)湘 01 民初 1257 号

(2021)苏 02 民终 7347 号

(2021)京 01 民终 4078 号

(2023)粤 03 民终 38191 号

30. 管理人能否对债务人作为出租方的尚未到期的不动产租赁合同行使任意解除权?

阅读提示: 根据《企业破产法》第十八条的规定,管理人在破产程序中对"破产申请受理前成立而债务人和对方当事人均未履行完毕的合同"享有无限制解除

权,那么管理人能否对债务人作为出租方的尚未到期的不动产租赁合同行使任意
解除权?这是否与《民法典》中"买卖不破租赁"的规则存在冲突?是否会损害承
租人的生存权、生产经营权以及合同的履行信赖利益?

答:出租人破产后,管理人有权解除破产申请受理前成立而债务人和对方当事
人均未履行完毕的不动产租赁合同。但是管理人在解除之前应当充分考虑解除不
动产租赁合同的后果,对于未给破产财产造成沉重负担或对承租人利益影响重大
的租赁合同,可以与承租人协议变更租赁合同的内容,免除出租人修理维护等义务
并允许承租人以按期支付租金为条件继续占有、使用租赁物。

理由与依据:

(一)管理人行使解除权,符合破产法的基本制度和分配原则

《企业破产法》最基本的原则在于公平地对待所有债权人,建立破产制度的目
的一方面是要对破产企业依法保护,另一方面是要将破产财产在所有债权人之间
进行公平有序的分配。《企业破产法》第十八条赋予了管理人解除合同的特权,即
无论承租方是否违约,是否有过错,是否具备可以解除的条件,管理人均可以随时
决定解除合同或者决定继续履行合同,这也是《企业破产法》作为特别法的特殊
性。如果在破产受理后不解除原租赁合同,允许该合同继续履行完毕,破产程序只
有在合同履行完毕后才能终结,最终将导致该债权构成个别清偿,不仅违反了民法
公平公正的基本原则,而且有悖《企业破产法》的基本制度和分配原则。

(二)管理人行使解除权,有别于一般合同原则

一般来讲,交易活动中的"合同相对性"和"意思自治"必须在法律所规范的正
常秩序下进行,在企业出现破产原因时,破产程序作为一种特别程序对债务人所有
负债的概括执行则体现了公平的价值取向。商事交易应当尽可能地促进合同的履
行,不轻易地解除合同,这是维护市场经济秩序和交易安全所必需的。但破产作为
特别的程序,立法又作出了相应的调整,以保障实质公平。这就要求管理人在选择
时作出利益权衡,平衡破产程序所追求的公平、效率与市场经济秩序、交易安全价
值。破产法赋予管理人选择权,对于有利于提高破产财产价值的合同可以选择继
续履行,对于负担沉重的合同可以选择解除。

(三)完全履行租赁合同,不符合《企业破产法》的立法宗旨

法律赋予管理人合同解除权是为了公平保护所有债权人的利益而非个别债权
人的利益,从而实现债权人利益的最大化。《企业破产法》第十六条规定了"人民

法院受理破产申请后,债务人对个别债权人的债务清偿无效";第一百一十三条又规定破产财产在清偿完破产费用和共益债务后,按照工资、税款、普通破产债权的顺序清偿。承租人有偿取得房屋的使用权不属于用益物权,本质上具有债权性质,如果按照"买卖不破租赁"的原则让租赁合同完全履行,实际上是对由此产生的债权的完全清偿,不符合破产法中禁止个别清偿的规定,也不符合破产法关于清偿顺序的规定。

(四)其他理由

《企业破产法》第十八条对于管理人破产解除权的规定相对较为简单,且未对可得解除的合同类型加以限制,也未对待履行合同进行分类,而是统一赋予管理人以解除权,即对于未履行完毕的双务合同,管理人一概享有解除权,不动产租赁合同也不例外。但法律规范的主要作用之一是协调法律主体之间的利益平衡。当合同陷入僵局时,合同双方之间的利益平衡问题最为突出。《民法典》中的解除权在打破合同僵局的同时不能破坏合同双方之间的利益平衡,因此,民法上的解除权的行使受到限制。那么,《企业破产法》作为一种法律规范同样也应当保护法律主体的利益平衡。因此,管理人在处置破产申请受理前未履行完毕的合同时,既要尽力使债务人财产最大化,又要维护合同双方的利益均衡。

《企业破产法》赋予管理人以解除权或选择权,旨在让管理人可以继续履行有利于债务人财产价值提高的合同,也可以拒绝履行造成负担或继续履行成本大于收益的合同。通过解除合同增加可在破产清算程序中供债权人分配的债务人财产,以最大限度地保护一般债权人的利益。或在重整程序中使债务人能够尽可能不中断地生存或经营下去。但这种解除权当为利益衡量之产物,若出于公共利益的维护法律有强制性规定,或合同性质具有特殊性,对方当事人因合同解除所受损失远大于解除合同增加的债务人的财产,也应当对管理人的解除权加以合理限制。若一味追求破产财产价值的最大化,可能会危害合同关系的稳定性与可预测性,损害合同相对人的利益,甚至会影响市场交易安全和经济秩序。

不动产租赁合同在性质上具有一定的特殊性。首先,这类合同的期限一般较长,且承租人为了从事经营活动往往根据业务所需对租赁标的物进行了装修改造。其次,不动产租赁合同的解除无益于保全或增加债务人财产。因为租赁合同的存在并不会影响合同标的物的转让,管理人可以通过转让标的物所有权的方式实现债务人财产保值增值的目的,反而解除租赁合同一定会导致租金等收益的丧失。再次,房屋租赁合同的远期"信用"属性不明显,通常不会导致出租人破产,因此承租人对房屋占有使用的稳定预期具有正当性。最后,不动产租赁标的物往往与承租人的生产生活紧密相连,承租人若因出租人破产这一非己所致的事实而丧失基本生活的凭依或生产经营必需的生产资料,对承租人而言颇为不公。

综上所述,虽然租赁合同作为双务合同,管理人依据《企业破产法》享有解除权,但是从维护合同双方利益均衡的考虑出发,管理人可以不解除租赁合同,而是与承租人协商一致变更原租赁合同的内容,合理降低出租人对租赁物的维护与修理义务,适当降低承租人应支付的租金或允许承租人以租金抵销修理费用。还需要注意的是,若管理人解除租赁合同,因解除合同而产生的损害赔偿请求权是作为破产债权进行申报,但是租赁合同解除时装饰装修物的返还应属于基于财产返还义务所产生的债务,或属于取回权的客体,或属于共益债务,不能将之一概视为破产债权。否则会损害承租人的利益。

案例索引:

(2017)湘民再 461 号

(2017)浙 06 民终 3688 号

31. 债务人企业破产,其对外的应收账款有哪些处理方式?

阅读提示: 在破产程序中,管理人无一例外都会面临破产企业对外是否存在应收款项的问题,破产企业的资产清收工作一直贯穿于整个破产程序的始终。管理人如何尽勤勉之责,厘资产清收之事,护债权人之利,顺利高效地办结破产案件变得尤为重要。那么,管理人接管债务人企业后,该如何处理债务人企业对外的应收账款?

答: 对于破产企业的对外应收账款,管理人可以选择的处置路径有:通过诉讼形式予以追收、向债权人会议提请予以核销、通过司法拍卖平台予以拍卖。

理由与依据:

依据《企业破产法》第三十条、《破产法司法解释二》第一条之规定,除了债务人所有的货币、实物外,债务人依法享有的可以用货币估价并可以依法转让的债权、股权、知识产权、用益物权等财产和财产权益,人民法院均认定为债务人财产。

应收款项属于债务人的债权。在会计目录里,应收款项属于资产类科目,主要是指应收账款、预付账款、其他应收款和长期应收款。结合司法实践,目前管理人处置应收款项有以下几条路径:

（一）管理人通过诉讼形式予以追收

若破产企业应收款项权利凭证完整、基础材料齐全且具备诉讼条件,同时企业又有充足的现金流,管理人可以在债权人会议上,由全体债权人对《债务人破产财产管理及变价方案》中通过诉讼形式追回应收款项的处置方案(是否同意管理人以诉讼形式追回应收款项)进行表决。若表决通过,则管理人须准备完整的诉讼材料,向裁定受理破产清算、破产重整的法院提起基础合同纠纷诉讼。

优势:①司法程序公开,透明,法院依法作出判决;②若债务方有履约能力,一旦司法判决后,收回的资产及效率极高。

劣势:①需要支付高昂的诉讼费用,且周期较长,不利于破产企业资产快速变现原则;②面临回收价值极低或是无法回收的风险。

（二）管理人向债权人会议提请予以核销

若应收款项因账龄时间长(超过3年以上)、基础合同及财务资料不全,经管理人核查,债务方已存在失信记录或者限高,没有任何的履约能力,则管理人可以向债权人会议提请予以核销。

优势:处置时间短,便于管理人快速清理破产清算财产,终结破产清算程序。

劣势:①应收款项无任何变现资产,不利于破产财产最大化原则;②债权人权益会受到一定程度的损害。

（三）管理人在司法拍卖平台上予以拍卖

若破产企业应收款项权利凭证完整、基础材料齐全且具备诉讼条件,但囿于破产企业已丧失持续经营能力、无现金流,无法支付高额的诉讼费用等原因,那么,管理人可以在债权人会议上,由全体债权人对《债务人破产财产管理及变价方案》中应收款项挂网拍卖的处置方案(是否同意管理人在司法拍卖平台上对应收款项进行公开拍卖)进行表决。若表决通过,则管理人准备破产企业的债权资料(包括但不限于基础合同、财务凭证、银行流水、对账单等)整理、汇总以备查,并由审计机构出具债权分析报告并挂网公示,进行信息披露,促成交易。

优势:①司法拍卖流程公开、透明、公正,不会损害全体债权人的合法利益;②避免了诉讼追收时间长,诉讼费用高昂等问题。

劣势:①存在流拍的可能性,势必会延长破产企业资产处置进度;②在司法实践中,应收款项在司法拍卖平台上成交量较低。

值得提及的是,在破产重整案件中,破产企业的应收款项可以从企业其他资产中单独予以剥离,这一类存量资产不属于重整投资人,由管理人按照重整计划规定的内容进行处置,重整后的企业应协助、配合管理人完成资产清收工作,直至应收款项变现后的所得用于破产企业债权的分配。

综上所述,管理人在破产清算程序中,对债务人的对外债权应区别审慎处理。对于债务人的各类债权,管理人接管债务人后应及时向次债务人催收。若次债务人未向管理人履行,管理人可就调查到每笔债权的时效情况、证据情况和次债务人的偿债能力等情况,制定相应的财产管理/变价方案。不论是诉讼追收债权,还是放弃债权,抑或是拍卖债权,均需要按法定程序进行。除了诉讼追收债权外,管理人拍卖债权、放弃债权,均需要事先制作财产管理/变价方案经债权人会议通过,再向人民法院报告,最终依法履行好管理人的财产管理职责。值得注意的是,若债务人在被法院裁定受理破产清算前便已将对外享有的应收账款转让给第三方,则需要分情况进行处理:若经管理人审慎核查,债务人与第三人就对外应收账款的债权转让协议证据材料齐全、充分,且不符合《企业破产法》第三十一条、第三十二条、第三十三条规定之情形,则该债权转让协议合法有效,管理人无权行使破产撤销权。若经管理人审慎核查,债务人与第三人就对外应收账款债权转让协议符合《企业破产法》第三十一条、第三十二条、第三十三条规定之情形,则管理人可以将债务方、受让方列为共同被告,向裁定受理破产清算的法院提起破产撤销权诉讼,请求法院判决撤销破产企业与债务方的债权转让协议,并要求债务方按照协议要求将转让的款项支付给管理人。若此时债务方已按照债权转让协议的要求向受让方支付了部分或者全部款项,管理人待法院依法作出撤销债权转让行为的判决生效后,再向破产清算受理法院对债权转让协议的受让方提起不当得利诉讼,依法追回属于破产企业的财产。

案例索引:

(2023)甘民终 277 号

第四章

破产费用与共益债务

32. 什么是破产费用,破产费用包含哪些内容?

阅读提示:《企业破产法》第四十一条规定,人民法院受理破产申请后发生的破产案件的诉讼费用,管理、变价和分配债务人财产的费用,管理人执行职务的费用、报酬和聘用工作人员的费用为破产费用。这只是笼统的规定,现行法律及司法解释没有详细明确的说明,导致实务中如何界定破产费用的范围存在争议,而且破产费用也是保证破产程序顺利推进的必要条件,因此有必要准确界定破产费用的范围。

答:破产费用,是指在破产程序中为全体债权人的共同利益而支出的为保障破产程序顺利进行所必需的程序上的费用。破产费用包括破产案件的诉讼费用,管理、变价和分配债务人财产的费用,管理人执行职务的费用、报酬和聘用工作人员的费用。

理由与依据:

(一)破产费用的范围

《企业破产法》第四十一条规定了破产费用的范围。"人民法院受理破产申请后发生的下列费用,为破产费用:(一)破产案件的诉讼费用;(二)管理、变价和分配债务人财产的费用；（三）管理人执行职务的费用、报酬和聘用工作人员的费用。"

其中，破产案件的诉讼费用主要包括：（1）破产申请费用；（2）破产管理人为管理破产财产提起诉讼或进行其他法律程序所产生的费用，以及破产管理人以破产企业名义应诉而发生的诉讼费用等；（3）破产案件在诉讼过程中产生的其他费用，如调查费、证据或财产保全费、公告费、鉴定费、送达费、勘验费，法院登记申报债权的费用以及人民法院认为其他应当由债务人支付的其他诉讼费用。管理、变价和分配债务人财产的费用主要包括：（1）对债务人财产的管理费用，主要有债务人财产的保管费用、运输费用、仓储费用、清理费用、维修费用、保养费用、保险费用、营业税费、公告费用、通知费用、水电费、通信费、办公费、文书制作费等；（2）对债务人财产的变价费用，是指管理人为处理非金钱的债务人财产而将其变现为货币所支出的费用，主要有债务人财产的鉴定费用、估价费用、公证费用、公告费用、通知费用、执行费用、拍卖费用、登记费用以及变价债务人财产所产生的税费等；（3）债务人财产的分配费用，主要是债务人财产分配公告费用、通知费用、提存分配费用等。管理人执行职务的费用、报酬和聘用工作人员的费用主要包括：（1）管理人执行职务的费用。主要有管理人租用办公场地产生的费用、管理人执行职务产生的办公费用、差旅费和其他必要费用。（2）管理人报酬。管理人报酬属于广义的破产费用，是管理人履行《企业破产法》第二十五条规定的职责的对价。现行法律采用"债务人最终清偿的财产价值总额"的计酬方法，担保权人优先受偿的担保物价值不计入。管理人报酬不包括管理人执行职务的产生的费用和聘用工作人员的费用。（3）管理人聘用工作人员的费用。主要是指管理人经人民法院许可聘用企业经营管理人员，或者管理人确有必要聘请其他社会中介机构或人员处理重大诉讼、仲裁、执行或审计等专业性较强工作，该费用列入破产费用的应当经债权人会议同意。（2018）吉民终644号判决观点也支持若聘用律师发生在破产受理之后，产生的律师费性质应为破产费用。

（二）界定破产费用的主要法律依据

《最高人民法院关于适用〈中华人民共和国企业破产法〉若干问题的规定（一）》第八条：破产案件的诉讼费用，应依据企业破产法第四十三条的规定，从债务人财产中拨付。相关当事人以申请人未预先交纳诉讼费用为由，对破产申请提出异议的，人民法院不予支持。《最高人民法院关于适用〈中华人民共和国企业破产法〉若干问题的规定（三）》（以下简称《破产法司法解释三》）第一条：人民法院裁定受理破产申请的，此前债务人尚未支付的公司强制清算费用、未终结的执行程序中产生的评估费、公告费、保管费等执行费用,可以参照企业破产法关于破产费用的规定,由债务人财产随时清偿。此前债务人尚未支付的案件受理费、执行申请费,可以作为破产债权清偿。《最高人民法院关于审理企业破产案件确定管理人报酬的规定》(法释〔2007〕9号)第二条:管理人报酬由审理企业破产案件的人民法院根据债务人最终清偿的财产价值总额,在相应比例限制范围内分段确定管理人报酬。第十三条:管理人对担保物的维护、变现、交付等管理工作付出合理劳动的,有权向担保权人收取适当的报酬。管理人与担保权人就上述报酬数额不能协商一致的,人民法院应当参照本规定第二条规定的方法确定,但报酬比例不得超出该条规定限制范围的10%。第十四条:律师事务所、会计师事务所通过聘请本专业的其他社会中介机构或者人员协助履行管理人职责的,所需费用从其报酬中支付。破产清算事务所通过聘请其他社会中介机构或者人员协助履行管理人职责的所需费用从其报酬中支付。《全国法院破产审判工作会议纪要》第十一条:管理人聘用其他人员费用负担的规制。管理人经人民法院许可聘用企业经营管理人员,或者管理人确有必要聘请其他社会中介机构或人员处理重大诉讼、仲裁、执行或审计等专业性较强工作,如所需费用需要列入破产费用的,应当经债权人会议同意。《最高人民法院关于人民法院执行工作若干问题的规定(试行)》第三十四条第二款:委托拍卖、组织变卖被执行人财产所发生的实际费用,从所得价款中优先扣除。所得价款超出执行标的数额和执行费用的部分,应当退还被执行人。《最高人民法院关于执行案件移送破产审查若干问题的指导意见》第十五条:受移送法院裁定受理破产案件的,在此前的执行程序中产生的评估费、公告费、保管费等执行费用,可以参照破产费用的规定,从债务人财产中随时清偿。

案例索引:

(2018)吉民终644号

33. 什么是共益债务,共益债务包含哪些债务,对其认定有哪些程序性要求?

阅读提示:共益债务的发生较破产费用具有不确定性,而且共益债务具有优先清偿性,共益债务的种类及认定直接影响破产债权的清偿比例,与债权人的利益息息相关。在破产实践中,共益债务的认定标准及认定主体并无明文规定,也带来很大的争议。同时对于共益债务的认定与救济程序也亟待明确。

答:共益债务是指破产程序中为全体债权人的共同利益而发生的债务,其是为了债权人的利益而尽可能使债务人的财产价值最大化而需要发生的费用,部分费用是管理人主动发生,部分费用是管理人履职过程难以避免而发生的。共益债务包含:(1)因管理人或者债务人请求对方当事人履行双方均未履行完毕的合同所产生的债务;(2)债务人财产受无因管理所产生的债务;(3)因债务人不当得利所产生的债务;(4)为债务人继续营业而应支付的劳动报酬和社会保险费用以及由此产生的其他债务;(5)管理人或者相关人员执行职务致人损害所产生的债务;(6)债务人财产致人损害所产生的债务。现行法律对共益债务的认定程序没有要求。对于破产受理后的借款、继续履行合同所产生的费用、继续营业所应当支付的报酬等主动产生的共益债务,应当通过提请法院批示、债权人会议表决等方式来认定共益债务的效力。

理由与依据:

《中华人民共和国企业破产法》第四十二条规定了共益债务的范围。"人民法院受理破产申请后发生的下列债务,为共益债务:(一)因管理人或者债务人请求对方当事人履行双方均未履行完毕的合同所产生的债务;(二)债务人财产受无因管理所产生的债务;(三)因债务人不当得利所产生的债务;(四)为债务人继续营业而应支付的劳动报酬和社会保险费用以及由此产生的其他债务;(五)管理人或者相关人员执行职务致人损害所产生的债务;(六)债务人财产致人损害所产生的债务。"共益债务范围的确定,一是通过时间节点进行限定,只有法院受理破产申请后发生的债务才有可能成为共益债务;二是以预设前提的方式进行界定,共益债务必须以债权人共同利益为前提;三是以明示列举和类型化的方式进行限定。

实践中,共益债务主要包括:(1)共有财产分割所产生的对共有人的损害之债。法律依据为《破产法司法解释二》第四条:债务人对按份享有所有权的共有财产的相关份额,或者共同享有所有权的共有财产的相应财产权利,以及依法分割共有财产所得部分,属于债务人财产。人民法院宣告债务人破产清算,应予进行分割作为破产财产。因分割共有财产导致其他共有人损害产生的债务,其他共有人可以请求作为共益债务清偿。(2)管理人撤销交易,债务人应返还的价款。法律依据为《破产法司法解释二》第十一条:管理人请求撤销涉及债务人财产的以明显不合理价格进行的交易,买卖双方应当依法返还从对方获取的财产或者价款。交易相对方对于债务人应返还受让人已支付价款所产生的债务,请求作为共益债务清偿的,人民法院应予支持。(3)法院受理债务人破产后,债务人越权转让他人财产给第三人,第三人因未能取得财产所有权所主张的返还对价款。法律依据为《破产法司法解释二》第三十一条:债务人在法院受理其破产后将其占有的他人财产被违法转让给第三人,第三人已向债务人支付了转让价款,但依据《民法典》第三百一十一条的规定未取得财产所有权,原权利人依法追回转让财产的,对因第三人已支付对价而产生的债务,可作为共益债务清偿。如转让行为发生在破产申请受理前的,则只能作为普通破产债权清偿。(4)法院受理债务人破产后,债务人占有他人的财产毁损、灭失所获得的因与债务人财产混同而无法返还的保险金、赔偿金、代偿物。法律依据为《破产法司法解释二》第三十二条:债务人在被法院受理破产后占有他人的财产毁损、灭失所获得的保险金、赔偿金、代偿物已经将会给债务人且与债务人财产混同而无法返还的,可视为因管理人或者相关人员执行职务导致权利人损害产生的债务,作为共益债务清偿。(5)管理人或者相关人员在执行职务过程给他人造成的财产损害。法律依据为《破产法司法解释二》第三十三条:管理人或者相关人员在执行职务过程中,因故意或者重大过失不当转让他人财产或者造成他人财产毁损、灭失,导致他人损害产生的债务作为共益债务,由债务人财产随时清偿不足弥补损失,权利人向管理人或者相关人员主张承担补充赔偿责任的,人民法院应予支持。(6)管理人单方解除债务人为出卖人的所有权保留买卖合同,买受人应得的返还价款。法律依据为《破产法司法解释二》第三十六条:在所有权保留的买卖合同中的出卖人破产,其管理人可决定解除所有权保留买卖合同,并依据《企业破产法》第十七条的规定要求买受人向其交付买卖标的物的。买受人依法履行合同义务并依据本条第一款将买卖标的物交付出卖人管理人后,买受人已支付价款损失形成的债权作为共益债务清偿。但是,买受人未存在违约情形的,管理人可主张为普通债权。(7)管理人决定继续履行债务人为买受人的所有权保留买卖合同,出卖人应得的价款。法律依据为《破产法司法解释二》第三十七条:买受人破产,其管理人决定继续履行所有权保留买卖合同的,原买卖合同中约定的买受人支付价款或者履行其他义务的期限在破产申请受理时视为到期,买受人管理人应当及时向出卖人支付价款或者履行其他义务。对因买受人未支付价款或者未履行完毕其他义务,以及买受人管理人将标的物出卖、出质或者作出其他不当处分导致出卖人损害产生的债务,出卖人可主张作为共益债务清偿。(8)管理人单方解除债务人为买受人的所有权保留买卖合同,出卖人就标的物价值减少的损失赔偿。法律依据为《破产法司法解释二》第三十八条:买受人破产,其管理人决定解除所有权保留买卖合同,出卖人可依据《企业破产法》第三十八条的规定主张取回买卖标的物。取回的标的物价值明显减少给出卖人造成损失的,出卖人可从买受人已支付价款中优先予以抵扣后,将剩余部分返还给买受人。对买受人已支付价款不足以弥补出卖人标的物价值减损损失形成的债权,出卖人可主张作为共益债务清偿。(9)第三人为破产程序的顺利推进或为债务人的继续营业对债务人的借款。法律依据为《破产法司法解释三》第二条:破产申请受理后,经债权人会议决议通过,或者第一次债权人会议召开前经人民法院许可,管理人或者自行管理的债务人可以为债务人继续营业而借款。提供借款的债权人主张参照《企业破产法》第四十二条第四项的规定优先于普通破产债权清偿的,人民法院应予支持,但其主张优先于此前已就债务人特定财产享有担保的债权清偿的,人民法院不予支持。(10)租赁合同解除后的预付租金。法律依据为《关于破产企业签订的未履行完毕的租赁合同纠纷法律适用问题的请示》(〔2016〕最高法民他93 号):租赁合同解除后的预付租金构成不当得利,该不当得利返还债务应作为共益债务。

对共益债务的认定,虽然法律没有明确规定认定程序,笔者认为由于共益债务是破产法公平清偿原则的一个例外,会对全体债权人的清偿利益产生重大影响,须从严认定。对于其他共益债务的认定,可以参照《破产法司法解释三》第二条关于共益借款的规定,即须经债权人会议决议通过,或者第一次债权人会议召开前经人民法院许可方可确认或认定。

案例索引:

(2019)粤民终 307 号

34. 破产费用与共益债务有何区别,二者的清偿顺序如何?

阅读提示: 从我国《企业破产法》的规定来看,破产费用是在破产程序中所支出的程序性费用,这种费用的支出具有必然性,一般的破产案件都需要支出破产费用;而共益债务则是非程序性债务,具有或然性,不同的案件产生的共益债务往往不尽相同。而破产费用和共益债务之间具有许多相似的特征,两者均发生在破产案件受理以后,破产程序终结之前,都是为债权人的共同利益而负担的给付义务,且均由债务人财产负担,在清偿原则上具有随时性和优先性。区分破产费用和共益债务的意义在于,当破产企业的财产不足以清偿所有破产费用和共益债务时,明确了如何在两者之间进行选择和合理分割,同时也有利于对破产费用的管理和控制,有利于对共益债务的审查与监督。

答:破产费用与共益债务的共性在于:(1)立法把两者都定性为破产程序开始后发生的债务;(2)两者均系为债权人的共同利益而产生;(3)两者都是以全部破产财产作为清偿对象;(4)两者都由破产财产随时支付,不受破产财产分配顺序的限制。破产费用与共益债务的区别在于:(1)发生的确定性不同。破产费用是为破产程序进行、管理、变卖和分配破产财产而必定发生的常规性、程序性费用,即成本性费用;而共益债务的发生具有不确定性,当管理人在执行事务中因合同、不当得利、无因管理和侵权等需要承担责任时才发生。(2)发生的原因不同。破产费用的产生主要由管理人对破产财产的管理行为所引起;共益债务主要是基于增加破产财产或减少破产财产的损失而发生。(3)清偿顺序的不同。破产财产不足以清偿破产费用和共益债务的,破产费用优先于共益债务清偿。破产费用与共益债务的一般清偿顺序为"破产费用→共益债务→担保债权→职工债权→社保和税款债权→普通破产债权→劣后债权"。房地产破产案件中破产费用与共益债务的清偿顺序为"购房消费者超级优先权→工程价款优先权→担保物权→破产费用和共益债务→一般清偿顺序"。

理由与依据:

《企业破产法》第四十三条规定:"破产费用和共益债务由债务人财产随时清偿。债务人财产不足以清偿所有破产费用和共益债务的,先行清偿破产费用。债务人财产不足以清偿所有破产费用或者共益债务的,按照比例清偿。债务人财产不足以清偿破产费用的,管理人应当提请人民法院终结破产程序。"企业破产清算中,债务人财产的清偿方式因情况而异。当债务人财产不足以清偿所有破产费用和共益债务时,应当优先保障破产费用的支付;当债务人财产足以清偿所有费用时,可以按照债权人的比例进行分配。依据《企业破产法》第一百一十三条的规定,"破产财产在优先清偿破产费用和共益债务后,依照下列顺序清偿:(一)破产人所欠职工的工资和医疗、伤残补助、抚恤费用,所欠的应当划入职工个人账户的基本养老保险、基本医疗保险费用,以及法律、行政法规规定应当支付给职工的补偿金;(二)破产人欠缴的除前项规定以外的社会保险费用和破产人所欠税款;

（三）普通破产债权。破产财产不足以清偿同一顺序的清偿要求的，按照比例分配"。

在处理企业破产清算时，需要综合考虑各种因素，包括债务人财产的实际情况、破产费用的种类和数量、债权人的比例等。为了保障各方的利益，法院及各方当事人都需要遵循公平、公正、透明的原则，确保破产程序的顺利进行。破产费用和共益债务清偿应当遵循以下原则：（1）随时清偿的原则。随时清偿原则是指破产费用和共益债务发生后，不依破产分配程序，而是根据破产案件处理需要，由债务人财产随时清偿。随时清偿原则是清偿破产费用和共益债务的基本原则。随时清偿可以保证破产程序的顺利进行。（2）优先清偿的原则。优先清偿原则有以下含义：一是破产费用和共益债务应当优先于破产债权从债务人财产中得到满足；二是破产费用应当优先于共益债务从债务人财产中得到满足，即当债务人财产不足以清偿所有破产费用和共益债务的，破产费用优先受偿。（3）比例清偿的原则。比例清偿原则是指当债务人财产不足以清偿破产费时，对已支付的破产费用不再收回，对尚未支付的各项破产费用按照可分配财产的金额占未清偿费用总额的比例清偿；当债务人财产足以清偿破产费用，但不足以清偿所有共益债务时，对已支付的共益债务不再收回，对尚未支付的各项共益债务按照可分配财产的金额占未清偿共益债务总额的比例清偿。（4）足额清偿的原则。足额清偿原则是指破产费用和共益债务花费和欠付的费用应当从债务人财产中足额支付。如果债务人财产不足以清偿破产费用的，管理人应当提请人民法院终结破产程序。人民法院应当自收到请求之日起 15 日内裁定终结破产程序，并予以公告。

　　[例一]　某企业破产时，债务人财产为 200 万元，而破产费用为 300 万元，共益债务为 100 万元。在这种情况下，由于债务人财产不足以清偿所有破产费用和共益债务，所以只能用 200 万元的财产来先行清偿破产费用 300 万元中的 200 万元。因此，共益债务得不到清偿。假设破产案件的诉讼费用为 50 万元，管理、变价和分配债务人财产的费用为 100 万元，管理人执行职务的费用、报酬和聘用工作人员的费用为 150 万元，那么按照 1：2：3 的比例对 200 万元进行分割，从而对三部分进行清偿。在这个案例中，由于债务人财产不足以清偿所有破产费用和共益债务，因此只能选择优先清偿破产费用。这表明在破产清算中，破产费用具有优先受偿权。这些费用包括破产案件的诉讼费用、管理人执行职务的费用、报酬和聘用工作人员的费用等。这些费用是保证破产程序顺利进行所必需的支出。因此，当债务人财产不足以清偿所有费用时，应当优先保障这些费用的支付。

[例二]　某企业破产时,债务人财产为200万元,而破产费用为100万元,共益债务为100万元。在这种情况下,由于债务人财产足以清偿破产费用和共益债务,所以债务人可以用200万元的财产分别清偿破产费用100万元和共益债务100万元。因此,在破产清算中,共益债务和破产费用都是按照债权人的比例进行分配的,当债务人财产足以清偿这些债务时,每个债权人都有权按照比例获得相应的清偿。

附:破产费用与共益债务提请支付的报告文书样式

关于破产费用、共益债务清偿情况的报告
(××)破管字第××号(××债务人名称)债权人会议

本管理人接受指定后,接管了××(债务人名称)的财产,依法履行了相应职责。经管理人查实,自××人民法院受理××(债务人名称)破产申请之日起至××年××月××日止(以下简称"报告期间"),共发生破产费用、共益债务合计人民币××元,其中:一、破产费用共计人民币××元,已清偿××元。(不足以全部清偿的,写明未清偿金额)分别列明:(1)破产案件诉讼费用;(2)管理、变价、分配破产财产的费用;(3)聘用工作人员的费用;(4)管理人执行职务的费用,以及其他各项费用的发生金额、明细与清偿情况。二、共益债务共计人民币××元,已清偿××元。(不足以全部清偿的,写明未清偿金额)分别列明:(1)继续履行合同所产生的债务;(2)债务人财产受无因管理所产生的债务;(3)因债务人不当得利所产生的费用;(4)为债务人继续营业而应支付的劳动报酬和社会保险费用以及由此产生的其他债务;(5)管理人或工作人员执行职务致人损害所产生的债务;(6)债务人财产致人损害所产生的债务;以及其他各项费用的发生金额、明细与清偿情况。

以上破产费用和共益债务清偿情况,请债权人会议审查。

特此报告。

报告人:(管理人印鉴)

××年××月××日

35. 破产费用、共益债务与有财产担保的债权哪个更"优先"？

阅读提示：在破产程序中，普通债权的清偿劣后于担保债权的清偿，很多时候待担保债权清偿完毕后，破产财产所剩价值寥寥无几。而实现担保债权的过程会产生很多变现费用，诸如保管费、监管费、维修费、评估费、拍卖费等，该费用属于破产费用，若劣后于担保债权进行清偿，则该部分费用完全由普通债权人承担，而享有实际收益的担保债权人无须承担。若该部分费用完全由担保债权人承担，往往会降低担保债权人的受偿额度，极可能导致担保债权人对清算方案提起异议乃至诉讼，减缓了破产的整体进度。如何平衡各方利益，妥善处理破产费用与有财产担保的债权优先清偿比例之间的矛盾，故提出该问题，以便答疑解惑。

答：担保债权优先于破产费用、共益债务的清偿，但实现担保物价值而产生的费用、共益债务应优先于担保债权的清偿。

理由与依据：

担保债权涉及的担保权具有物权属性，物权优先与债权是民法不可动摇的原则。破产法作为民事特别法，《破产法司法解释二》第三条也规定对债务人的特定财产在担保物权消灭或者实现担保物权后的剩余部分，在破产程序中可用以清偿破产费用、共益债务和其他破产债权。对担保债权的优先受偿性进行限制也是破产法的应有之义。在破产实践中，实现担保物权的费用应当优先于担保债权的清偿。因担保债权人通过破产管理人在实现担保物权时，可能发生较大的破产费用与共益债务，而费用的发生是为担保债权人的利益而不得不发生的费用，担保债权人作为受益者当然应该在受益的范围内承担相应的费用。这些费用在性质上属于破产费用的一部分，担保物权人仅得就扣除实现担保物权的费用后的剩余价款优先受偿。

《最高人民法院关于人民法院执行工作若干问题的规定（试行）》第三十四条第二款：委托拍卖、组织变卖被执行人财产所发生的实际费用，从所得价款中优先扣除。所得价款超出执行标的数额和执行费用的部分，应当退还被执行人。《最高人民法院关于审理企业破产案件确定管理人报酬的规定》第十三条：管理人对担保物的维护、变现、交付等管理工作付出合理劳动的,有权向担保权人收取适当的报酬。管理人与担保权人就上述报酬数额不能协商一致的,人民法院应当参照本规定第二条规定的方法确定,但报酬比例不得超出该条规定限制范围的 10%。《全国法院破产审判工作会议纪要》(2018 年 3 月 4 日)第五部分:担保权人权利的行使与限制。在破产清算和破产和解程序中,对债务人特定财产享有担保权的债权人可以随时向管理人主张就该特定财产变价处置行使优先受偿权,管理人应及时变价处置,不得以须经债权人会议决议等为由拒绝。但因单独处置担保财产会降低其他破产财产的价值而应整体处置的除外。当然,如果在破产程序中担保债权人直接主张通过一般的物权实现程序实现担保物权,此时实现担保物权的费用不大,担保权人承担的破产费用和共益费用不宜过重,不能导致担保权人通过破产程序的清偿小于通过实现担保物权的程序的清偿。因此,破产企业所发生的全部破产费用和共益费用的清偿优先性原则上是对全体普通债权人而言的,并非对担保物权也优先清偿。因为处置担保物而保障担保权人债权实现的相应破产费用和共益费用,应该由担保财产来承担,这就是谁受益谁付费的体现,并非担保物权绝对的不承担破产费用和共益费用。上述规则不仅适用于破产清算,同样也适用于破产重整和破产和解。

案例索引:

(2022)甘 01 民终 4167 号

(2021)浙 0881 民初 3506 号

36. 破产受理后,债务人为被执行人的未终结执行程序中产生的评估费、公告费、保管费等是否均可参照破产费用处理?

阅读提示:在破产程序启动后,原未终结的执行程序中产生的部分执行费用也可能具有为债权人共同利益发生的属性,所以《破产法司法解释三》第一条将其也纳入可以参照破产费用优先清偿的范围。但须特别注意的是,由于执行本质上是为个别债权人利益而进行的程序,并不具有为全体债权人共同利益进行的概括属性,其费用在大概率上是仅为个别债权人利益发生的,并非对全体债权人有利。所以,对执行中实际发生的上述各项费用是否具有参照破产费用优先清偿的合理性,是否符合本条规定的立法本意,就需要进行更为细化的分析和确认。

答:根据《破产法司法解释三》第一条之规定,破产受理后,债务人为被执行人的未终结执行程序中产生的评估费、公告费、保管费等可以参照破产费用处理。

理由与依据:

根据《破产法司法解释三》第一条之规定,人民法院裁定受理破产申请的,此前债务人尚未支付的公司强制清算费用、未终结的执行程序中产生的评估费、公告费、保管费等执行费用,可以参照企业破产法关于破产费用的规定,由债务人财产随时清偿。此前债务人尚未支付的案件受理费、执行申请费,可以作为破产债权清偿。评估费、公告费、保管费等执行费用参照破产费用予以清偿也不再仅适用于执行转破产案件,而是在所有破产案件中均予适用。《最高人民法院关于执行案件移送破产审查若干问题的指导意见》(2017年1月20日颁布)中对所涉及的执行费用问题曾作相应规定,其第十五条指出:"受移送法院裁定受理破产案件的,在此前的执行程序中产生的评估费、公告费、保管费等执行费用,可以参照破产费用的规定,从债务人财产中随时清偿。"但是,由于该项规定是针对执行案件移送破产的情况规定的,对其他非"执转破"的执行案件在因债权人或债务人提出破产申请而正常受理时能否适用便不明确了。而且该规定没有将有关执行费用应当是为债权人共同利益发生,明确作为参照破产费用清偿的条件。为此,本条对此作出了更为具体的规定,进一步扩大了可以参照破产费用清偿的范围,明确破产申请受理前,债务人尚未支付的公司强制清算费用,未终结的执行程序中产生的评估费、公告费、保管费等执行费用,无论是否在因"执转破"启动的破产程序中,都可以参照破产费用清偿。此外,债务人尚未支付的案件受理费、执行申请费,可以作为破产债权清偿。这就使破产程序与执行程序、强制清算程序在相关费用的性质确定及其清偿权利方面得以明确,有机衔接,并实现执法的统一。本条规定的关键,是突破《企业破产法》将破产费用仅限发生于破产程序中的范围规定,将上述发生在人民法院受理破产申请之前,从时间范畴上讲本不属于破产费用的费用,因其在破产程序中仍具有为全体债权人共同利益发生的属性,纳入可以参照破产费用清偿的范围。由于这些费用缺乏《企业破产法》规定的破产费用构成的时间要件,所以只能是根据司法解释规定参照破产费用清偿。但是,相关费用参照破产费用清偿应符合的标准。上述执行费用可以参照破产费用优先清偿的原因,是因其为全体债权人共同利益而发生;或者是债权人在执行中查明的财产为破产程序所吸收,也就是为管理人所接管,用于对全体债权人清偿;或者是执行行为的结果能够为破产程序所继续利用,如为个别债权人执行而作出的评估、审计报告仍然可以在破产程序中继续为债权人共同利益使用。

案例索引:

(2019)粤民终 307 号

37. 共益债务权利人受到侵害时如何救济?

阅读提示:根据《企业破产法》第四十三条第一款之规定,共益债务由债务人财产随时清偿,不受破产法关于禁止个别清偿规定的限制。相关权利人可向管理人申请对其债权作为债务人的共益债务从破产财产中随时清偿。但是,司法实践中,也常常存在管理人对相关权利人提出作为共益债务予以清偿的请求未予回复,亦较长时间不予清偿。此时共益债务人应当如何救济,救济途径是什么,诉讼案由如何确定?

答:共益债务权利人受到侵害时可依法向破产受理法院提起共益债务确认之诉。

理由与依据:

破产法规定共益债务由债务人财产随时清偿,不受破产法关于禁止个别清偿规定的限制,相关权利人可向管理人申请对其债权作为债务人的共益债务从破产财产中随时清偿。但若相关权利人提出共益债务清偿请求后,破产管理人或者债权人会议不予回复或拒绝清偿,在实践中只能通过诉讼的方式解决,但现行法律未予明确起诉案由。实践中共益债务权利人主要以三种案由提请诉讼:以"与破产有关的纠纷"案由提起诉讼;以"破产债权确认纠纷"为由提起诉讼;以原被告双方之间的基础合同法律作为案由提起诉讼。由于法律上对于债权人的共益债务如何实现清偿没有明确规定,在司法实践中出现了多种不同情况。又因法院仅予确认为共益债务,而未作出给付判决,破产法所规定的共益债务"随时清偿"实际上落空。绝大部分的债权人得在处置完破产财产执行法院裁定确认分配方案或在执行重整计划后才可获得清偿,极大地拖延了时间,甚至部分权利人因此陷入困境,影响了破产程序中相关合同的继续履行,影响了破产程序特别是破产重整程序的推进,最终损害了债务人和债权人利益。立法应当明确债权人共益债务的权利救济途径,可在《民事案件案由规定》"与破产有关的纠纷"中增加"共益债务纠纷",作为破产衍生诉讼,由受理破产案件的法院管辖审理,确认是否为共益债务,并根据管理人所接管的破产财产状况,判决何时予以清偿。一方面供此类债权人的此类债权提供救济途径,另一方面也有利于破产案件与此类相关争议解决的衔接,同时更好地落实共益债务"随时清偿"的基本原则。

案例索引:

(2020)苏 1311 民初 5502 号

(2020)桂 02 民终 4041 号

38. 债务人占有的他人财产被违法转让给第三人, 原权利人的损害赔偿请求权或第三人的价款 返还请求权是否均应按共益债务处理?

阅读提示:取回权制度是破产程序中基于物权的绝对性而产生的一种优先的排他的权利。取回权是指债务人占有他人的财产,财产的所有权人可以不经过破产清算程序直接取回该财产的权利。但当财产被违法转让或毁损灭失,原权利人相关权利的行使与转让行为、毁损灭失的时间不同,其权益保护的方式亦有不同。

答:如果违法转让行为发生在破产申请受理之前,该赔偿属于一般侵权之债,该债权经向管理人申报后依照普通破产债权进行清偿;如果违法转让行为发生在破产申请受理之后,因管理人或者相关人员执行职务致人损害所产生的债务,应作为共益债务,从债务人财产中随时清偿。

理由与依据:

通常情况下,人民法院受理破产申请后,债务人占有的不属于债务人的财产,该财产的权利人可依据《企业破产法》第三十八条之规定取得财产取回权。当该财产被债务人违法转让时,根据《物权法》物权编规定的善意取得制度进行分析处理。(1)第三人符合善意取得。第三人符合善意取得条件时第三人取得该财产的所有权,原权利人不能行使取回权,但可以向债务人主张权利。如果上述违法转让行为发生在破产案件受理前,则债务人因无权处分对原权利人负有赔偿责任,原权利人可以在破产程序中依法申报债权,债权性质为普通债权;如果非法转让行为发生在破产案件受理后,根据《企业破产法》规定,破产程序中由破产管理人管理和处分债务人的财产,管理人在执行职务过程中因无因管理形成的债务应当认定为共益债务。因此,原权利人此时可依据规定向管理人申报债权,债权性质为共益债务,从债务人财产中随时获得清偿。(2)第三人不符合善意取得。此时第三人不能取得财产所有权,原权利人可以向第三人、债务人行使取回权取回该财产。如果转让行为发生在破产案件受理前,第三人已经向债务人支付了转让对价,且财产已被原权利人取回,第三人在破产程序中可以依法申报债权,债权性质系普通债权,根据破产法规定的清偿顺序受偿。如果转让行为发生在破产程序中,第三人可以向管理人主张共益债务,并可以从债务人财产中随时获得清偿。当债务人占有的他人财产毁损、灭失,因此获得的保险金、赔偿金、代偿物尚未交付给债务人,或者代偿物虽已交付给债务人但能与债务人财产予以区分的,权利人可以就保险金、赔偿金、代偿物行使取回权。但保险金、赔偿金、代偿物已经交付给债务人,但不能与债务人财产相区分,则根据财产毁损、灭失的时间不同,对财产权利人的利益保护不同。如财产毁损灭失的时间发生在破产案件受理前,则财产权利人可以依法向管理人申报债权,债权性质为普通债权,根据破产法规定的清偿顺序受偿。如果财产毁损灭失的时间发生在破产案件受理后,则为破产管理人因执行职务致人损失所产生的债务,财产权利人可以根据破产法规定依法申报债权,债权性质为共益债务,可以随时通过债务人财产获得清偿。

39. 破产衍生诉讼案件受理费是否均属于破产费用?

阅读提示:企业进入破产程序后,为追缴出资、债权异议等原因,破产程序中常常会衍生出大量的诉讼纠纷,即所谓的破产衍生案件,由此也会产生大量的须由债务人承担的诉讼费用。针对破产衍生案件诉讼费是否列入破产费用随时清偿,在现行法律法规无明确规定的情况下,破产实务中存在着不同观点。

答:破产受理前的强制清算费用、破产后衍生案件的受理费可以参照破产费用进行随时清偿;但破产前债务人尚未支付的案件受理费,属于破产程序启动后的债务人负债部分,应作为破产债权申报而不列为破产费用。

理由与依据：

　　破产衍生诉讼案件受理费是否属于破产费用,可以从是否有利于推进破产进程、提高破产效率,是否有利于增加破产财产,提高债权清偿率等方面来对破产衍生案件诉讼费是否属于破产费用进行认定。《企业破产法》第四十一条规定,破产费用包括破产案件的诉讼费用。在破产期间法院审理破产案件时需要支付的费用,包括案件受理费、公告费、证据保全费,以及人民法院认为应由债务人承担的其他诉讼费用。破产案件受理费先由申请人预缴,进入破产程序后从债务人财产中支付。《破产法司法解释三》第一条规定,人民法院裁定受理破产申请的,此前债务人尚未支付的公司强制清算费用、未终结的执行程序中产生的评估费、公告费、保管费等执行费用,可以参照企业破产法关于破产费用的规定,由债务人财产随时清偿。此前债务人尚未支付的案件受理费、执行申请费,可以作为破产债权清偿。因此可以认定为破产程序的前置性工作从而参照破产费用进行随时清偿;而此前债务人尚未支付的案件受理费、执行申请费,则属于破产程序启动后的债务人负债部分,将其作为破产费用随时清偿并不有利于破产程序的推进,故纳入了破产债权。破产衍生诉讼中多为追加破产财产、债权确认之诉,追加破产财产之诉有利于增加破产财产,提高债权清偿率;债权确认之诉则是债权人对管理人的债权审核结果存在异议,一般属于因债权认定金额较少或不予认定所提起的破产衍生案件,故从根本目的来说属于使总债权变少、债权清偿率提高,更有利于保护全体债权人的利益。因此无论是债权确认之诉还是追加破产财产之诉,均符合有利于破产程序的基本理念,故将债务人承担的破产衍生案件诉讼费用列入破产费用随时清偿较为合理。

40. 管理人解除租赁合同产生的预付租金返还义务, 是否应当按照共益债务处理?

　　阅读提示： 人民法院裁定受理破产申请后,对于当事人尚未开始履行,或者虽然已经部分履行但双方均未履行完毕的待履行合同,《企业破产法》赋予破产管理人以继续履行合同或解除合同的选择权。在租赁合同中,租赁期限尚未届满,在承租人预付部分租金的情况下租金如何处理,需要在理论与实践中进行研究并加以统一。

　　答： 管理人代表破产企业解除租赁合同收回租赁物时,破产企业继续占有承租人预付的租金构成不当得利,承租人有权要求返还租金,该预付租金可以作为共益债务从破产企业财产中优先清偿。

理由与依据：

《企业破产法》第十八条规定，人民法院受理破产申请后，管理人对破产申请受理前成立而债务人和对方当事人均未履行完毕的合同有权决定解除或者继续履行，并通知对方当事人。管理人自破产申请受理之日起二个月内未通知对方当事人，或者自收到对方当事人催告之日起三十日内未答复的，视为解除合同。管理人决定继续履行合同的，对方当事人应当履行；但是，对方当事人有权要求管理人提供担保。管理人不提供担保的，视为解除合同。该规定赋予了破产管理人继续履行或解除合同的选择权，合同解除后尚未履行的合同义务得以免除和消灭。另外，最高人民法院答复湖南高院《关于破产企业签订的未履行完毕的租赁合同纠纷法律适用问题的请示》的答复意见（〔2016〕最高法民他93号）："租赁合同如判解除，则预付租金构成不当得利应依法返还，根据《企业破产法》第四十二条第三项的规定，该不当得利返还债务应作为共益债务，由破产企业财产中随时清偿。"因此，在出租人破产而房屋租赁合同租期尚未届满的情况下，管理人选择解除合同并通知承租人之后，出租人继续提供房屋供承租人使用收益的合同义务以及承租人支付相应租金的合同义务均归于消灭。合同解除后管理人可以主张承租人返还房屋，承租人支付租金的合同义务消灭，承租人当然有权要求返还预付的租金。管理人收回房屋后再继续占有承租人的预付租金无法律依据，构成不当得利，因而承租人有权基于不当得利之债而要求出租人返还。因该不当得利之债发生于企业破产之后，根据《企业破产法》第四十二条之规定，该债务的性质应属于共益债务，承租人有权要求从作为出租人的破产债务人财产中随时优先清偿。

案例索引：

（2023）最高法民再250号

41. 破产程序中，管理人决定解除所有权保留买卖合同的，买受人的权利应当如何处理？

阅读提示： 所有权保留的买卖合同是常见的一种交易方式，目的是通过保留所有权倒逼买受人及时履行付款义务。出卖人在未及时获得对价时，可以要求买受人返还标的物。但当买受人破产且不能实现物权取回权时,出卖人能否将解除合同之债作为共益债务来主张权利呢?

答:管理人决定解除合同后,出卖人取回标的物的价值明显减少给出卖人造成损失的,可作为共益债务随时清除。当标的物无法取回且转让行为发生在破产申请受理前的,出卖人只能向管理人申报普通债权而不能认定为共益债务。

理由与依据:

根据《破产法司法解释三》第三十八条的规定,买受人破产,其管理人决定解除所有权保留买卖合同,出卖人依据《企业破产法》第三十八条的规定主张取回买卖标的物的,人民法院应予支持。出卖人取回买卖标的物,买受人管理人主张出卖人返还已支付价款的,人民法院应予支持。取回的标的物价值明显减少给出卖人造成损失的,出卖人可从买受人已支付价款中优先予以抵扣后,将剩余部分返还给买受人;对买受人已支付价款不足以弥补出卖人标的物价值减损损失形成的债权,出卖人主张作为共益债务清偿的,人民法院应予支持。该规定涉及的"取回权"与"共益债务"是建立在标的物存在且能够取回的情况下,如果标的物已经加工且转让善意第三人,则不存在适用的余地。依据破产法等的规定,共益债务是指人民法院受理破产案件后,管理人为全体债权人的共同利益,管理债务人财产时所负担或产生的债务以及因债务人财产而产生的有关债务。债务若发生于破产清算受理之前,依法不属于共益债务。共益债务是指破产程序进行中,为了全体债权人的利益所发生的债务和因债务人财产发生的债务的总称。共益债权具有优先受偿的性质,从《企业破产法》第四十二条来看,立法者对共益债务的确定持严格态度,把共益债务限定为法院受理破产申请后发生的债务,且并未规定兜底条款,因此除该条规定的六种情形及法律另有明确规定外,不得扩大解释确认其他债务为共益债务。

案例索引:

(2021)皖民再 104 号

第五章

债权申报

42. 拆迁户是否需要申报债权？如何申报？

阅读提示：近年来，越来越多的房地产企业因为资金链断裂问题陷入资不抵债的破产困境。房地产企业破产案件中，除有财产担保优先权、职工债权、社保费用和税款优先权等类型的一般优先权的债权外，尚存在被拆迁人优先权、消费购房者优先权、工程款优先权、抵押权优先权等特别优先权的债权。那么作为拆迁户需不需要申报债权？若需要申报债权该如何申报呢？

答：对于已经交房，且已装修入住的拆迁户不需要再申报债权，而尚未交房的拆迁户需要向管理人申报债权。若拆迁户是与房屋征收部门签订的协议，则由房屋征收部门统一向管理人申报债权；若拆迁户是与开发商签订的协议，则由拆迁户向管理人申报债权。

理由与依据：

（一）作为拆迁户债权，需不需要向管理人进行申报？

首先需要明确拆迁补偿安置权的概念，拆迁补偿安置权是指拆迁人将在拆迁范围内的被拆迁人合法拥有拆迁房屋及其附属物进行拆迁后，被拆迁人依法享有的要求拆迁人以产权调换或货币补偿的方式进行补偿的权利。在房地产企业破产案件中,选择货币补偿的被拆迁人通常在破产受理之前已取得了全部的货币补偿,不存在尚未行使的拆迁补偿权问题。因此,现在主要讨论的是选择产权调换方式的被拆迁人在房地产项目"烂尾"时的拆迁补偿权。需要分以下两种情况:

第一种,对于已经交房且已装修入住的拆迁户不需要再申报债权。2003 年实施的《最高人民法院关于审理商品房买卖合同纠纷案件适用法律若干问题的解释》第七条规定:"拆迁人与被拆迁人按照所有权调换形式订立拆迁补偿安置协议,明确约定拆迁人以位置、用途特定的房屋对被拆迁人予以补偿安置,如果拆迁人将该补偿安置房屋另行出卖给第三人,被拆迁人请求优先取得补偿安置房屋的,应予支持。被拆迁人请求解除拆迁补偿安置协议的,按照本解释第八条的规定处理。"即被拆迁人与拆迁人在签订的产权调换协议中,明确了安置房的坐落、位置、价款等房屋信息,且通常在协议签订时已就房屋面积进行了结算补差,被拆迁人已支付了全部安置房的对价,此时,安置房已经不属于破产财产,而应属于被拆迁人的财产。被拆迁人装修且已入住,已经与破产程序没有关系了,作为拆迁户也不需要再向管理人申报债权。虽然该种情况不需要申报债权,但管理人需要通过各种方式进行核实,若在核实过程中发现问题,需要及时反馈、解决。

第二种,尚未交房的拆迁户需要向管理人申报债权。《城市房地产管理法》第六条规定:"为了公共利益的需要,国家可以征收国有土地上单位和个人的房屋,并依法给予拆迁补偿,维护被征收人的合法权益;征收个人住宅的,还应当保障被征收人的居住条件。"第二十条规定:"根据社会公共利益的需要,可以依照法律程序提前收回。"上述法律对征收的规定,均表明被拆迁人放弃合法拥有的房屋及其附属物,将其交付拆迁人拆迁的行为,实际上是牺牲自己的生存利益;而该拆迁的房屋及其附属物对被拆迁人来说,是其生存和生产的基本物质条件,关系被拆迁人生存居住的基本人权,因此被拆迁人的拆迁补偿安置权不仅可以向管理人申报债权,而且更是优先于其他权利,这符合法律公平、正义的精神,也符合生存利益优于商业利益的民法权利位阶。权利主体应根据管理人发布的债权申报要求,在期限内完成债权申报工作,将相关证据材料提交管理人以申报债权,保留好原件以供核对,债权申报完成后,向管理人明确如何获取管理人对申报债权的审查结果,若对管理人的认定结果不认可的,依据管理人告知的期限申请复核、补充相关证据,对复核结果仍不服的,及时向受理破产申请的人民法院提起债权确认之诉。

(二)拆迁户债权如何申报?

《国有土地上房屋征收与补偿条例》第四条:"市、县级人民政府负责本行政区域的房屋征收与补偿工作。市、县级人民政府确定的房屋征收部门(以下称房屋征收部门）组织实施本行政区域的房屋征收与补偿工作。市、县级人民政府有关部门应当依照本条例的规定和本级人民政府规定的职责分工,互相配合,保障房屋征收与补偿工作的顺利进行。"即国有土地上房屋征收和补偿的主体限定为市、县级人民政府,不包括房地产企业。

该条例实施以前,《城市房屋拆迁管理条例》(已失效)第四条:"拆迁人应当依照本条例的规定,对被拆迁人给予补偿、安置;被拆迁人应当在搬迁期限内完成搬迁。本条例所称拆迁人,是指取得房屋拆迁许可证的单位。本条例所称被拆迁人,是指被拆迁房屋的所有人。"即房地产企业取得房屋拆迁许可证的可以成为拆迁人。

现实中,房地产开发企业作为拆迁人的现象仍然存在。或由于监管机制的缺失,或由于房地产开发企业故意隐瞒,第三人未了解安置房源上已有的权利限制,将安置房设立抵押、再次销售的情形屡见不鲜。但我国《企业破产法》及其司法解释均未对被拆迁人权利保护问题进行规定。

根据以上规定,债权申报的权利主体涉及两个,房屋征收部门、房地产开发企业。房屋征收工作通常由行政征收人即房屋征收部门进行,但不排除实务中存在征收人协助,开发商主导并与被征收人签订回迁安置协议的情形。若拆迁户是与房屋征收部门签订的协议,则由房屋征收部门统一向管理人申报债权;若拆迁户是与开发商签订的协议,则由拆迁户向管理人申报债权。债权人在向破产管理人申报债权时尽量提供相关证据,还原征收事实,若因合同规范性或开发商资料对照有误等原因导致债权性质认定存疑的,尽快通过村居委会、征收人补证明确债权性质,必要时需通过诉讼途径进行确认。

案例索引:

(2017)苏 06 民终 867 号

(2018)最高法民终 739 号

(2019)最高法民申 6875 号

(2020)最高法民申 747 号

43. 债权人逾期申报债权,费用如何承担?

阅读提示:首先,我国对债权申报采取宽松态度,即允许债权人在申报期限经过后补充申报;其次,为督促债权及时申报,顺利推进破产程序,对未按期申报债权的债权人进行"惩罚",即为审查和确认补充申报债权的费用,由补充申报人承担。但具体收费标准未作明确规定,导致司法实践中管理人在收取该费用的标准上产生较大差异。

答:有关债权补充申报费用的计算标准,《企业破产法》与相关司法解释没有明确规定。实践中案件所采用的做法也各不相同,主要有以下几种:参照诉讼费收费标准收取;参照律师费的收取标准计算;由管理人自行制定收取标准。

理由与依据:

依据我国《企业破产法》的规定,债权人应当在法院确定的债权申报期限内向管理人申报债权,由于破产程序作为一种概括性的集体清偿程序,并且具有不可逆转的特征,在破产程序终结后,未受清偿的债权不再清偿。倘若因客观事由在确定的债权申报期限内未能申报债权,不允许其参与破产分配程序,未免有失公平,故而《企业破产法》规定了债权补充申报制度。根据《企业破产法》第五十六条的规定,在法院确定的债权申报期限内,债权人未申报债权的,可以在破产财产最后分配前补充申报。

债权补充申报的费用收取制度,是指管理人对补充申报的债权人收取债权审查确认费用的制度,基于贯彻最大限度维护债权人权益的立法原则,对于未在法院确定的期限内申报债权的,应当提供适当的权利救济渠道,允许债权在最后财产分配前补充申报债权。但破产程序具有不可逆性,且债权人对逾期申报债权大多存在一定过失,故虽可在破产分配前补充申报,但须承担一定不利后果,一方面此前已经进行的分配,不再对其补充分配,另一方面由该债权人自行承担其债权的调查和确认费用。有关债权补充申报费用的计算标准,《企业破产法》与相关司法解释没有明确规定。实践中案件所采用的做法也各不相同,主要有以下几种。

(一)参照诉讼费收费标准收取

在一些破产案件中,补充申报债权的收费参照诉讼费的收费标准计算。如在"石家庄某房地产开发有限公司重整案"中,管理人在发布的债权申报须知中明确规定,债权人未按期申报,可以在重整计划草案提交债权人会议讨论前补充申报;但要承担为审查和确认补充申报债权所产生的费用,补充申报的费用以申报债权额为基数按《诉讼费用交纳办法》第十三条第一款第一项的标准在补充申报时向管理人交纳。在有的破产案件中,管理人则在债权申报通知中明确,补充申报债权的费用按照《诉讼费用交纳办法》收费标准的50%确定。

（二）由管理人自行制定收取标准

在一些破产案件中，补充申报债权的收费标准，由管理人自行制定。如在海南某旅游有限公司破产清算案中，管理人自行制定关于审查和确认补充申报债权的收费办法。该办法明确，补充申报人承担债权审查和确认费用，不影响管理人报酬与担保物管理报酬的确定和收取。不超过100万元的，每件交纳1000元；超过100万元至1000万元的部分，按0.15%交纳；超过1000万元的部分，按0.05%交纳；审查和确认补充申报债权的费用，由补充申报人在管理人指定的期限交纳，未在规定期限内交纳费用的视为未补充申报债权。

上述收费标准都有一定的道理，且有方便计算的确切标准在实践中较易付诸使用。但是，上述标准的适用并无法律依据。补充申报费用的收取一方面是为了督促债权人及时在申报期限内申报，但更重要的原因是，若债权的补充申报在集中审查之后才提出，则需要在对其进行单独审查，并召开债权人会议对其核查，最终由法院裁定确定。补充申报费用的收取，实际上是上述过程中人力物力消耗的支付。因此，理论上应当以实际花费计算补充申报的费用。但实践中，实际费用大多难以计算，可参考常见做法，把实际可能发生的费用作为确定补充申报费用的因素之一，由管理人拟定费用确定标准和方案，报债权人会议和法院核准。

44. 申报债权最迟应在什么时候？

阅读提示：《企业破产法》规定了债权人补充申报债权须在破产财产最后分配之前，但破产财产分配是破产清算程序中的一个阶段，包括管理人拟订破产财产分配方案、破产财产分配方案提交债权人会议讨论、提请法院裁定认可、法院裁定认可破产财产分配方案、执行破产财产分配方案等时间节点，法律和司法解释没有明确债权人补充申报债权可以参与本次分配的时间节点。实务中，各方争议较大，法院、管理人的做法也不尽相同。

答：关于补充申报债权的时间节点，各地法院规定和做法不尽相同，同一地区的不同层级的法院也存在差异，近期越来越多的法院在公告中明确"债权人可以在破产财产分配方案提交债权人会议讨论前补充申报债权"，这就需要管理人和法院保持同步。同时，各地法院也应当统一规定补充申报债权的时间节点，既可顺利推进破产程序，也给债权人合理的预期。

理由与依据：

《企业破产法》第四十五条规定，人民法院受理破产申请后，应当确定债权人申报债权的期限。债权申报期限自人民法院发布受理破产申请公告之日起计算，最短不得少于三十日，最长不得超过三个月。此为一般规定。《企业破产法》第五十六条对债权人申报债权的期限做了补充规定，延长了债权申报期间。第五十六条内容如下：在人民法院确定的债权申报期限内，债权人未申报债权的，可以在破产财产最后分配前补充申报；但是，此前已进行的分配，不再对其补充分配。为审查和确认补充申报债权的费用，由补充申报人承担。同时，参考《最高人民法院关于适用〈中华人民共和国公司法〉若干问题的规定（二）》第十三条规定，债权人在规定的期限内未申报债权，在公司清算程序终结前补充申报的，清算组应予登记。根据上述规定，在破产程序中，债权人最迟应在破产财产最后分配前申报债权，在普通的公司清算程序中，债权人最迟应在公司清算程序终结前申报债权。债权人若未在此期限内申报债权，即丧失参加破产财产分配（公司清算财产）的权利。

企业破产法允许债权人在破产财产最后分配前补充申报债权，为当事人提供适当的权利救济，以贯彻最大限度维护当事人权益的立法原则。但是，债权补充申报时间节点后延至执行破产财产分配方案前可以参与本次分配，则可能导致债权人会议作出的决议，甚至人民法院认可破产财产分配方案的裁定均被作废。须将补充申报的债权提交债权人会议核查后，重新拟订破产财产分配方案，债权人会议再次表决，法院再次出具裁定，进而造成破产程序的不断拖延。这既有违破产程序具有不可逆性的原则，也有损大多数债权人的利益，损害人民法院司法公信力。实务中，为解决上述问题，有管理人在拟订破产财产分配方案时，增加"为补充申报债权预留款项"的规定，为在破产财产分配前，可能的补充申报债权预留相应款项或者增加"破产财产分配方案的调整"的规定，如果有破产财产分配前补充申报债权，且经法院裁定确认的，将导致债权的清偿比例发生变化，届时管理人将对破产财产分配方案进行相应调整，并依法进行分配。

各地法院发布的关于破产案件审理以及债权审核认定的指导性文件中也对补充申报债权的最后期限做出了规定。例如，《江苏省高级人民法院民二庭破产案件审理指南（修订版）》第八条、《上海市高级人民法院破产审判工作规范指引》第一百二十八条、《山东省高级人民法院企业破产案件审理规范指引（试行）》第九十一条等均是完全依照《企业破产法》第五十六条的规定，即债权人未在人民法院确定的债权申报期限内申报债权的，可以在破产财产最后分配前补充申报。而《广东省高级人民法院关于审理企业破产案件若干问题的指引》第六十四条以及深圳市中级人民法院印发的《破产案件债权审核认定指引》第八十二条则规定债权人未在人民法院确定的债权申报期限内申报债权的,可以在人民法院裁定认可最后分配方案之前补充申报。

王欣新教授在《破产法》一书中明确提出了自己的观点,即"为保障破产程序的顺利进行,在破产清算程序中,债权人补充申报债权的最后期限应为破产财产最终分配方案提交债权人会议表决之前"。实务中,有很多法院在发布破产案件受理公告中,也明确"债权人可以在破产财产分配方案提交债权人会议讨论前补充申报债权,但此前已进行的分配,不再对你(或你单位)补充分配"。如前所述,管理人在债权申报通知中,必须和法院公告保持一致,明确债权人可以在破产财产分配方案提交债权人会议讨论前补充申报债权。同时,管理人在拟订破产财产分配方案时,规定"参加破产财产分配的债权情况"时也应明确,债权人在本破产财产分配方案提交债权人会议讨论后补充申报债权的,不参与本次破产财产分配。

45. 债权申报需要提交什么材料？债权申报表应包含哪些内容？

阅读提示:在破产程序中,债权申报的目的是确定债权人的债权金额、性质及担保情况,为后续的债权清偿和分配提供依据。债权申报适用于破产程序中的所有债权人,包括有担保债权人、无担保债权人、优先债权人等。无论债权人的债权大小、性质如何,均应按照法律规定向管理人进行债权申报。那么债权人在向管理人申报债权时需要提交什么资料？不同类别的债权申报表应包含哪些内容呢？

答:债权人向管理人申报债权的,应提交债权申报表;提供能够证明所申报债权的各项证据材料(证明所申报的债权依法成立,包括但不限于双方签订的合同、业务往来函件、付款凭证、收款收据、银行流水,人民法院的生效判决书、裁定书、执行文书或是仲裁机构的裁决书等),并根据证据材料制作证据目录。证据目录内容应包括:证据名称、页数、证明目的,身份证明资料等。

理由与依据:

债权申报是破产程序中的一项重要环节,它确保了所有债权人的债权得到平等对待和妥善处理。债权人应充分了解债权申报的相关规定和要求,及时进行债权申报,合法维护自身权益。债权人向管理人申报债权的,应提交以下材料:(1)债权申报表。债权申报表应载明债权人的名称、身份证号码(统一社会信用代码或组织机构代码)、申报债权数额、债权类别、债权涉诉情况、有无财产担保、债权形成基本情况、债权申报日期,除此之外还应当填写具体的送达地址、联系人、联系方式等信息。委托代理人代为申报的,债权申报表还应当载明委托代理人的姓名、身份证号和代理权限。(2)能够证明所申报债权的各项证据材料(证明所申报的债权依法成立,包括但不限于双方签订的合同、业务往来函件、付款凭证、收款收据、银行流水,人民法院的生效判决书、裁定书、执行文书或是仲裁机构的裁决书等),并根据证据材料制作证据目录,证据目录内容应包括证据名称、页数、证明目的。其中,不同的债权类别需要提交的证据材料也有所不同:①债权人申报合同之债的,应当提交合同成立、生效、履行、变更、中止和发生争议的相关材料。②债权人申报侵权之债的,应当提交债务人行为的违法性、债权人受损害事实和损害后果、因果关系和债务人过错的证据。③债权人申报不当得利之债的,应当提交债权人受损与债务人获益之间的因果关系、债务人获益无法律或者合同依据的相关证据材料。④债权人申报无因管理之债的,应当提交债权人管理债务人的事务、债权人确无法定或者约定义务的证据。⑤债权人申报的债权是受让而来的,应当提交已经通知债务人的证据。符合规定的金融资产管理公司受让或转让国有银行债权,金融资产管理公司或国有银行在全国或者省级有影响的报纸上公布的有催收内容的债权转让公告或者通知的,视为已经通知债务人。债权转让未履行通知义务的,债权转让对债务人不发生效力。债权发生多次转让的,债权转让和通知债务人的证据应当连续。⑥债权人申报建设工程优先受偿权的,应当在法律规定的期限内申报或者提交在法律规定的期限内主张优先受偿的证据。未在法律规定的期限内申报或者不能提交在法律规定的期限内主张证据的,作为普通债权审查认定。债权人系自然人的,应提交个人身份证明;债权人系法人或其他组织的,应提交营业执照或组织机构代码证复印件(加盖公章)、法定代表人或负责人身份证明书及身份证复印件(加盖公章);债权人(自然人、法人或其他组织)如有委托代理人的,应提交特别授权委托书和委托代理人的身份证件;委托代理人是律师的,应提交律师事务所的指派函、律师执业证。

债权申报表作为管理人获取债权信息的重要资料,重要信息都应该纳入表格中,且不同类型的债权应该有所区分。债权人在填写债权申报表时,管理人应做初步的区分。以下表格仅供参考,管理人可根据案件实际情况对表格进行调整:

×××公司债权申报表(机构)

编号:

债权人名称			统一社会信用代码		
法定代表人姓名			身份证号		
委托代理人姓名			身份证号		
邮寄送达地址	电话		通信地址		
电子送达方式					
申报债权数额 (元)	本金	利息/违约金	诉讼费	其他	总额
债权类别	□1.金融借贷　□2.民间借贷　□3.工程款　□4.侵权之债　□5.货款 □6.其他				
债权涉诉情况	□1.未涉诉 □2.诉讼或仲裁未决(案号:　　　　　　　　　　　) □3.执行阶段(案号:　　　　　　　　　　　)				
有无财产担保	□1.无　□2.有	担保金额(　　　　　　　　　　元)			
		担保形式:□1.抵押　□2.质押　□3.留置　□4.其他			
债权形成基本情况(包括但不限于债权形成的时间、原因、过程等)					
声明	我(单位)已经如实提供申报信息,并保证申报资料真实、合法、完整。我(单位)同意管理人按上述邮寄/电子送达地址送达文书。我(单位)如有上述相关信息的变更情况,将以书面形式告知管理人,如因我(单位)未及时告知管理人,导致未能接收到相关文书的,我(单位)自行承担相应后果。				

签字(盖章):

债权申报日期:　　年　月　日

填表说明:

本债权申报表不构成对无效债权(包括但不限于已过诉讼时效的债权等)的重新有效确认;

申报债权数额应写明本金、利息、滞纳金、违约金等,数额精确到小数点后两位,根据《企业破产法》第四十六条规定利息只能计算至×年×月×日,利息、滞纳金、违约金应附书面计算清单。

委托代理人代为申报债权的,须提供授权委托书等证明文件,并载明代理权限。

×××公司债权申报表（个人）

编号：

<table>
<tr><td>债权人姓名</td><td colspan="2"></td><td>身份证号</td><td colspan="2"></td></tr>
<tr><td>委托代理人姓名</td><td colspan="2"></td><td>身份证号</td><td colspan="2"></td></tr>
<tr><td>邮寄送达地址</td><td>电话</td><td></td><td>通信地址</td><td colspan="2"></td></tr>
<tr><td>电子送达方式</td><td colspan="5"></td></tr>
<tr><td rowspan="2">申报债权数额（元）</td><td>本金</td><td>利息/违约金</td><td>诉讼费</td><td>其他</td><td>总额</td></tr>
<tr><td></td><td></td><td></td><td></td><td></td></tr>
<tr><td>债权类别</td><td colspan="5">□1. 金融借贷 □2. 民间借贷 □3. 工程款 □4. 侵权之债 □5. 货款
□6. 其他</td></tr>
<tr><td rowspan="3">债权涉诉情况</td><td colspan="5">□1. 未涉诉</td></tr>
<tr><td colspan="5">□2. 诉讼或仲裁未决（案号：　　　　　　　　）</td></tr>
<tr><td colspan="5">□3. 执行阶段（案号：　　　　　　　　）</td></tr>
<tr><td rowspan="2">有无财产担保</td><td rowspan="2">□1. 无 □2. 有</td><td colspan="4">担保金额（　　　　　　　　元）</td></tr>
<tr><td colspan="4">担保形式：□1. 抵押 □2. 质押 □3. 留置 □4. 其他</td></tr>
<tr><td>债权形成基本情况（包括但不限于债权形成的时间、原因、过程等）</td><td colspan="5"></td></tr>
<tr><td>声明</td><td colspan="5">1. 我已如实提供申报信息，并保证申报资料真实、合法、完整。
2. 同意管理人按照上述邮寄地址/电子送达方式进行文件送达、事项通知。
3. 如有上述相关信息的变更情况，将以书面形式告知管理人，如因我未及时告知管理人，导致未能收到相关文件、通知的，我自行承担相应后果。</td></tr>
</table>

签字：

债权申报日期：　　年　月　日

填表说明：

本债权申报表不构成对无效债权（包括但不限于已过诉讼时效的债权等）的重新有效确认；

申报债权数额应写明本金、利息、滞纳金、违约金等，数额精确到小数点后两位，根据《企业破产法》第四十六条规定利息只能计算至×年×月×日，利息、滞纳金、违约金应附书面计算清单。

委托代理人代为申报债权的，需提供授权委托书等证明文件，并载明代理权限。

46. 破产受理前产生的应当由企业承担的诉讼费，由谁向管理人申报债权？

阅读提示：企业进入破产程序后，往往会涉及诉讼费用的处理问题。以人民法院裁定受理破产申请为时间节点，可分为破产申请受理前已发生的诉讼费用和破产申请受理后发生的诉讼费用。对破产申请受理后发生的诸如破产衍生诉讼、破产申请费等诉讼费用，现行《企业破产法》的规定较为明确，从该法第四十一条的规定可以得出受理破产申请后发生的相关诉讼费用为破产费用、管理人可随时支付的结论，这一点在实践中基本没有争议。而对破产申请受理前已发生的破产企业应负担而未负担的诉讼费用是否属于破产债权？如果是破产债权，《最高人民法院关于适用〈中华人民共和国民事诉讼法〉的解释》第二百零七条"胜诉退费"制度已经确立的情况下，债权申报的主体是谁？对于这些问题，法律法规均没有明确规定。

答：人民法院在判决生效后，若已将诉讼费退还胜诉方，退费法院是非破产案件受理法院的情形下，由该退费法院进行债权申报；若退费法院是破产受理法院本身的情形下，可以由破产受理法院将相关案件统计梳理后，移送本级财政机关由财政机关作为权利债权人进行申报；若法院拒绝向胜诉方退还诉讼费，则债权人可持已向法院主张申退的相关材料，直接向管理人进行债权申报。

理由与依据：

民事诉讼过程中发生的诉讼费用种类繁多，从广义上讲，诉讼费用包括当事人交纳的案件受理费以及诸如支付律师报酬等有形费用，还包括当事人因诉讼付出时间以及因此带来的精神上各种负担等。但在破产案件中，管理人在案件办理过程中遇到的诉讼费用，绝大多数均涵盖在国务院《诉讼费用交纳办法》中，虽然行政诉讼中也会发生诉讼费用负担问题，但是，行政诉讼的诉讼费用基本不存在破产企业应负担而未负担（支付或交纳）情形。"谁败诉谁负担"是民事诉讼法对诉讼费用负担的基本原理。企业经营发生严重困难，卷入大量诉讼已经是破产申请受理前的一种"常态"，而企业败诉又是"常态"中的常态，除非原告自愿负担，诉讼费用的负担问题随即产生。

民事诉讼费用是启动诸多民事诉讼相关程序的法定要件,有关当事人需要向人民法院或者其他机构交纳。在案件审结,当事人拿到涉及诉讼费用负担的法院文书后,如遇企业进入破产程序,向管理人申报"诉讼费债权"就成了当然的选择。"禁止单独清偿"是破产法的基本规则,法院受理破产申请后,除了破产费用和共益债务可以随时清偿外,包括管理人在内的任何单位或个人都无权就其他任何债权予以单独清偿,只能在破产财产变价后,通过执行经人民法院裁定认可的《破产财产分配方案》进行清偿,即便是受理前费用也不能单独清偿。

2015年实施的《最高人民法院关于适用〈中华人民共和国民事诉讼法〉的解释》确立的"胜诉退费"制度又使得"诉讼费债权"进一步复杂化,该解释第二百零七条规定,"判决生效后,胜诉方预交但不应负担的诉讼费用,人民法院应当退还,由败诉方向人民法院交纳,但胜诉方自愿承担或者同意败诉方直接向其支付的除外。当事人拒不交纳诉讼费用的,人民法院可以强制执行"。按照该规定,对于退还的诉讼费用,只能通过强制执行程序强制当事人交纳,由于该部分费用已经退还给胜诉方,人民法院即成为执行到位后的相关款项的"权利享有者",而破产申请受理后所有的强制执行程序均应中止,意味着相关人民法院成为未执行到位的诉讼费用的"债权人",包括破产受理法院。

人民法院在判决生效后,将胜诉方预交但不应负担的诉讼费用予以退还,败诉方如果是正常经营的企业则应主动向人民法院交纳或者经人民法院强制执行而交纳。但是,如果一个企业陷入困境,无力交纳该费用,进入破产程序后,由谁来申报该部分费用的债权呢?如果是非破产案件受理法院是债权人的情形,由其进行债权申报具有可行性与合理性,但是如遇破产受理法院本身就是"债权人"的情形,法谚云"任何人不能做自己的法官",对于这种情形的解决,考虑到该部分诉讼费用具有国家规费性质,属于非税收入,可以由破产受理法院将相关案件统计梳理后,移送本级财政机关由财政机关作为权利债权人进行申报。若法院拒绝退还,当诉讼费用承担主体进入破产阶段的,债权人可持已向法院主张申退的相关材料,向管理人进行债权申报。因为若不先进行申退工作而直接向管理人申报该类债权时,当管理人对该类债权不予认可时,则面临着启动破产债权确认之诉程序,在相关主体已经破产,债权获得全面清偿风险较大的情况下,又会增加破产债权确认之诉的诉讼费用的支出风险。

综上所述,人民法院在判决生效后,若已将诉讼费退还胜诉方,退费法院是非破产案件受理法院的情形下,由该退费法院进行债权申报;若退费法院是破产受理法院本身的情形下,可以由破产受理法院将相关案件统计梳理后,移送本级财政机关由财政机关作为权利债权人进行申报;若法院拒绝向胜诉方退还诉讼费,则债权人可持已向法院主张申退的相关材料,直接向管理人进行债权申报。

案例索引:

(2015)威文民一初字第 831 号

(2014)新民二初字第 31 号

47. 破产程序中,债权人的债权人是否可以代位申报债权?

阅读提示:2021 年 1 月 1 日发布实施的《中华人民共和国民法典》首次规定了"代位保存权",明确了债权人有权依据代位保存权进行代位申报破产债权,这是代位申报破产债权制度首次在法律层面得以明确,是代位权制度的一次重大革新。对于破产管理人而言,该新增条文对于代位权人能否申报债权的问题起到了定纷止争的作用,但是如何将《民法典》中的代位权制度与破产程序进行有效衔接,目前法律层面并没有明确具体的规定。

答:《民法典》已经明确了债权尚未到期的代位权人即可行使代位申报的权利,依据朴素的价值观,债权到期的代位权人更应当享有代位申报的权利。故,在债权申报程序中,破产管理人应给予代位权人代位申报的权利。

理由与依据:

所谓债权人代位权,是指债权人为保全其债权,以自己名义行使原属于债务人权利之权利。《民法典》第五百三十五条第一款规定:"因债务人怠于行使其债权或者与该债权有关的从权利,影响债权人的到期债权实现的,债权人可以向人民法院请求以自己的名义代位行使债务人对相对人的权利,但是该权利专属于债务人自身的除外。"

首先,关于申报主体,《民法典》第五百三十六条增加了关于保存行为的规定,其不以债权人的债权是否到期为限制,但相对于《民法典》第五百三十五条所规定的既包括保存行为也包括实行行为的债权人代位权,其行使的仅是代位保全债权的行为。在这个意义上,我们可以称其为不完全的债权人代位权。根据举轻以明重的原则,既然债权尚未到期的债权人都可以代位向债务人的相对人的破产管理人申报破产债权,《民法典》第五百三十五条所规定的完全意义上的代位债权人自然也可以代位申报破产债权。根据《民法典》第五百三十五条的规定,债权人可以自己的名义申报破产债权;《民法典》第五百三十六条下的代位债权人也可以自己的名义申报破产债权,主要理由如下:其一,虽然该种情形下的债权人代位权仅具有代位保全债权的性质,但其仍属于代位权的范畴,《民法典》第五百三十五条系对代位权的一般性规定,仍应得到普遍适用。其二,在《民法典》第五百三十七条对代位权的行使效果采用直接受偿规则的情况下,代位债权人以自己的名义申报破产债权,在逻辑上、形式上更为顺畅。其三,与债务人的债权存在诉讼时效期间即将届满的情形下,只需中断诉讼时效即可实现保全债权的目的不同,向相对人的管理人申报破产债权的代位权行使方式,后续还会涉及在破产程序中行使破产债权人权利的问题,以债权人自己的名义申报破产债权,更符合名实一致的原则。

其次,关于申报范围,《民法典》第五百三十五条承继《合同法》第七十三条的规定,仅将专属于债务人自身的债权排除在代位行使债权之外。根据《最高人民法院关于适用〈中华人民共和国合同法〉若干问题的解释(一)》第十二条的规定,专属于债务人自身的债权,是指基于扶养关系、抚养关系、赡养关系、继承关系产生的给付请求权和劳动报酬、退休金、养老金、抚恤金、安置费、人寿保险、人身伤害赔偿请求权等权利。该解释第十三条进而又将债务人怠于行使的债权限定为具有金钱给付内容的到期债权。之所以如此规定,是因为只有具有金钱给付内容的债权才具有可替代的性质,其他诸如继续履行等内容的债权与特定主体关联程度较高,不适宜债权人代位行使。当然,该种具有金钱给付内容的债权既可基于有效的、正常履行的合同关系产生,也可基于合同无效后的财产返还以及因合同违约、撤销、解除等产生,亦包括不当得利返还请求权、无因管理偿还请求权、公司之于股东的缴纳出资请求权等非合同债权。应当注意的是,具体金钱给付内容的债权虽可以基于合同无效后的财产返还以及因合同违约、撤销、解除等产生,但债务人所享有的合同解除权、因意思表示瑕疵所产生的合同撤销权等,债权人均不能代位行使。破产程序中,债权人无论是行使《民法典》第五百三十五条意义上的完全代位权还是第五百三十六条意义上的不完全代位权,均应受此限制。

最后,关于申报方式,《全国法院民商事审判工作会议纪要》第一百一十条规定:"人民法院受理破产申请后,债权人新提起的要求债务人清偿的民事诉讼,人民法院不予受理,同时告知债权人应当向管理人申报债权。债权人申报债权后,对管理人编制的债权表记载有异议的,可以根据《企业破产法》第五十八条的规定提起债权确认之诉。"根据上述规定,如果代位权人没有在人民法院受理破产申请前向破产企业提起代位权诉讼,则在破产申请受理后无权提起代位权诉讼,只能向破产企业的管理人进行债权申报,而根据《民法典》第五百三十五条之规定,债权人又只能通过诉讼方式主张代位权,这无疑是从法律体系本身上否定了代位权人合法利益的所有救济途径。虽然部分观点认为:"代位权诉讼是一种不同于一般的债务清偿诉讼,应当适用分别审理主义原则。即使是在破产申请受理后,人民法院也应当受理代位权诉讼,因为代位权诉讼不仅仅要回答债务清偿问题,还需要审查代位权人对债务人是否享有债权,债务人怠于申报债权的行为是否影响代位权人债权实现等问题,上述问题已经超出管理人债权审查的范围。"但上述观点仅存在于理论层面,在目前的司法实践中仍难以实现。最高人民法院民事审判第二庭认为:"破产程序本身就是债权给付程序,在破产这个集体给付程序启动后,债权的个别清偿给付程序必须中止,否则必然出现两个法律程序的冲突。在破产程序中,债权人要实现债权,只需申报债权并使债权得到确认,无须再提出单独的给付请求。换言之,所有债权人的个别给付诉讼请求,依法被破产集体清偿给付程序所吸收。此时,债权争议就只涉及确认问题,不再涉及给付问题,给付问题统一由破产程序解决。"

综上所述,如果禁止代位权人代位申报破产债权,其直接的法律后果就是代位权人实质上丧失了所有的救济途径,这无法发挥司法体系利益衡平、化解纠纷的功能。破产程序的实质属性是以"集体清偿给付程序"吸收"个别给付诉讼请求",因破产程序而丧失的"个别给付请求权"应当在"集体清偿给付程序"中予以实现。《民法典》已经明确了债权尚未到期的代位权人即可行使代位申报的权利,依据朴素的价值观,债权到期的代位权人更应当享有代位申报的权利。故,在债权申报程序中,破产管理人应给予代位权人代位申报的权利。

案例索引:

最高法民申 327 号

48. 保证人破产,主债务人的债权人能否申报债权?

阅读提示: 在借贷关系中,第三方保证人对债务进行担保,往往会有助于提高借款的成功率,也能在一定程度上减少债权人的资金风险。但是,若保证人破产,债权人该如何主张自己的债权呢? 主债务人的债权人能否申报债权? 应当如何申报呢?

答:《破产法司法解释三》第四条规定:"保证人被裁定进入破产程序的,债权人有权申报其对保证人的保证债权。主债务未到期的,保证债权在保证人破产申请受理时视为到期。"故此,保证人破产时,债权人可依据此条规定,向管理人申报债权,主张权利。

理由与依据:

《破产法司法解释三》第四条规定:"保证人被裁定进入破产程序的,债权人有权申报其对保证人的保证债权。主债务未到期的,保证债权在保证人破产申请受理时视为到期。一般保证的保证人主张行使先诉抗辩权的,人民法院不予支持,但债权人在一般保证人破产程序中的分配额应予提存,待一般保证人应承担的保证责任确定后再按照破产清偿比例予以分配。保证人被确定应当承担保证责任的,保证人的管理人可以就保证人实际承担的清偿额向主债务人或其他债务人行使求偿权。"根据规定可得出如下结论:(1)保证人不因其破产而免除保证责任,债权人有权在保证人的破产程序中申报债权;(2)保证人破产而主债务未到期时,保证债权加速到期;(3)一般保证人不得在其破产程序中对债权人行使先诉抗辩权,但债权人的分配额应当予以提存,待主债务到期后根据主债务人的清偿情况再决定实际分配;(4)保证人在其破产程序中承担责任后,保证人的管理人享有对主债务人或其他债务人的求偿权。对于连带责任的保证人,因为连带责任的连带清偿义务,连带责任保证人与主债务人对债负有连带清偿义务,连带责任保证人的破产程序中,在财产分配时可以直接对债权人进行实际的财产分配,连带责任保证人或管理人可以事后待主债务期满时,再向主债务人或其他债务人行使求偿权。

有观点认为,在保证人破产时,主债务人未进入破产程序的,除非证明债务人无力履行债务,债权人无权在保证人的破产程序中申报债权,否则可能造成债权人从债务人和保证人两处合并获得的清偿总额超过其债权额。显然这种观点是不妥的。债权人应否承担此项义务、能否提供证据证明债务人是否无力履行债务姑且不谈,即使当时的债务人能够履行债务,也不能证明债权人在保证人破产清偿后,其同样具有债务履行能力。尤其是在保证人进入破产程序时主债务尚未到期的情况下,若不允许债权人向保证人申报债权,在到期清偿之前债务人的清偿能力如果恶化,或者在此期间恶意转移财产、逃避债务,则会使债权人的利益受到损失。

《民法典》第六百八十七条规定:"当事人在保证合同中约定,债务人不能履行债务时,由保证人承担保证责任的,为一般保证。一般保证的保证人在主合同纠纷未经审判或者仲裁,并就债务人财产依法强制执行仍不能履行债务前,有权拒绝向债权人承担保证责任……"那么,在保证人进入破产程序后,其是否仍然享有先诉抗辩权? 依据《破产法司法解释三》第四条第三款之规定:"一般保证的保证人主张行使先诉抗辩权的,人民法院不予支持",该规定是因为在破产程序中如果要求债权人实现担保必须等待主债权到期,或者主合同纠纷经审判或者仲裁,破产程序很可能在主债权到期或主合同纠纷审判仲裁确定之前终结,债权人的债权因此得不到清偿。但该规定并非完全剥夺保证人的该项权利,《破产法司法解释三》第四条第二款继续规定:"债权人在一般保证人破产程序中的分配额应予提存,待一般保证人应承担的保证责任确定后再按照破产清偿比例予以分配。"即,进入破产程序的一般保证人及其管理人不能以先诉抗辩权对抗债权人申报的一般保证债权,但债权人要求一般保证人承担责任仍需要向法院起诉或者仲裁,在执行债务人财产后仍无法履行债务,一般保证人应承担的保证责任确定后再承担保证责任,将此前提存的分配额按照破产程序确定的清偿比例予以分配。

案例索引:

(2022)最高法执复 57 号

49. 主债务人、保证人均破产,应当如何申报债权?

阅读提示:在当前的市场经济活动中,无论是银行借款还是自然人之间的借款,一般都需要担保人或保证人,使得担保人或保证人越来越成为借贷过程中不可或缺的重要角色。债权人、债务人、保证人,三方之间两两形成了三对法律关系,在实现债权过程中的法律问题本就复杂,而一旦遇见债务人、保证人破产等情形,保证人该如何承担责任便更加复杂。那么如果主债务人、保证人均破产,债权人应当如何申报债权呢?

答:《最高人民法院关于适用〈中华人民共和国企业破产法〉若干问题的规定(三)》第五条规定,债务人、保证人均被裁定进入破产程序的,债权人有权向债务人、保证人分别申报债权。因此,在主债务人、保证人均破产的情况下,债权人可同时向债务人和保证人申报债权,并根据实际情况,根据法律法规和管理人的要求提交申报材料。

理由与依据：

《最高人民法院关于适用〈中华人民共和国企业破产法〉若干问题的规定（三）》第五条规定，债务人、保证人均被裁定进入破产程序的，债权人有权向债务人、保证人分别申报债权。债权人向债务人、保证人均申报全部债权的，从一方破产程序中获得清偿后，其对另一方的债权额不作调整，但债权人的受偿额不得超出其债权总额。保证人履行保证责任后不再享有求偿权。

（一）关于申报主体

《民法典》第七百条规定，保证人承担保证责任后，除当事人另有约定外，有权在其承担保证责任的范围内向债务人追偿，享有债权人对债务人的权利，但是不得损害债权人的利益。《破产法司法解释三》第五条规定，债权人在债务人和保证人均被裁定进入破产程序的案件中，债权人有权分别向债务人管理人和保证人管理人申报债权。该司法解释明确以债权人向债务人、保证人均申报债权为前提条件，从而规定保证人履行保证责任后不再享有求偿权。其原理是如果允许保证人履行保证责任后向债务人申报债权，将导致保证人占据债权人可分配的财产份额从而使债权人利益受损。因此，债权人分别向债务人管理人和保证人管理人均申报债权的，保证人则不能向债务人的管理人申报债权。但是，如果债权人仅向保证人申报债权而未向债务人申报债权的，则保证人的管理人可根据《民法典》第七百条、《最高人民法院关于适用〈中华人民共和国民法典〉有关担保制度的解释》第二十三条规定，在不损害债权人利益的情况下向债务人的管理人申报债权。

（二）关于申报范围

债权人向债务人申报债权的范围。根据《破产法司法解释三》第五条之规定，在担保人与债务人均被裁定进入破产程序的情况下，债权人本身合法权益面临着无法获得全部清偿的风险，法律允许债权人在债务人和保证人二者之间申报全部债权，并不得对债权额予以调减。如果债务人未履行全部债务，保证人也未履行全部保证债务的，债权人有权向债务人申报全部债权；如果债务人履行了部分债务的，债权人有权向债务人申报债务人未履行部分债权；如果保证人履行了部分保证债务的，债权人申报债权的范围则不受保证人部分履行保证债务的影响，有权向债务人申报全部债权。

债权人向保证人申报债权的范围。根据《企业破产法》第四十六条第一款以及《破产法司法解释三》第四条之规定，保证人被裁定进入破产程序的，债权人有权申报其对保证人的保证债权，而不受主债务是否到期的影响。此时，一般保证的保证人亦无权主张行使先诉抗辩权,但债权人在一般保证人破产程序中的分配额应先予以提存,待一般保证人应承担的保证责任确定后再按照破产清偿比例予以分配。

保证人向债务人申报债权的范围。根据《企业破产法》第四十四条、第五十一条以及《民法典担保制度解释》第二十三条、第二十四条之规定,保证人只有在已经清偿债权人的全部债权的前提下,才可以代替债权人在债务人破产程序中向债务人管理人申报债权。因此,承担了全部清偿责任的保证人有权就其向债权人承担全部清偿责任范围内向债务人申报债权。

综上所述,《企业破产法》之所以允许债权人在破产程序中以债权全额同时向债务人与一般保证人申报债权,其目的并不是要让一般保证人以与连带保证人承担同样清偿责任的方式去体现保证担保的功能,而是因为,一般保证人补充责任的范围因债务人尚未作出实际清偿而无法确定,故为充分保障债权人的利益暂时先以债权全额预先申报,以应对债务人可能对债权人分文未还的极端情况。但是,待债务人作出实际清偿,一般保证人的补充责任范围确定后,还是应当按照补充责任的承担方式调减债权人申报债权数额中债务人已经清偿的部分。保证担保的功能必须依法实现,但不能违法滥用,不能为体现所谓的保证担保功能,就将法律明文规定的一般保证的补充责任擅自加码为连带保证责任。这并不是在保障债权人的利益,更不是体现保证的担保功能,而是直接在违法侵害一般保证人及其债权人的合法权益。

50. 担保人履行部分担保责任的应如何申报债权?

阅读提示:《企业破产法》规定了保证人(或其连带债务人)代债务人履行债务的,可以代替债权人向债务人申报债权。尚未代偿债务的,也可依据将来求偿权申报债权。该条粗犷的规定了保证人全部履行保证责任或完全未履行保证责任情形下的债权申报问题,但对于保证人履行部分保证责任时应如何处理,并未进行明晰。

答:在保证人履行部分保证责任时,保证人可根据如下不同情形进行债权申报:(1)若债权人申报全部债权的(并不构成虚假申报),保证人不得再申报债权;(2)若债权人仅就剩余未清偿部分申报债权的,保证人可申报债权,但在履行全部担保责任前不可代为受偿;(3)若债权人未申报债权(选择主张担保责任),担保人可申报债权,但履行全部担保责任前不可代为受偿。

理由与依据:

《企业破产法》第五十一条规定,债务人的保证人或者其他连带债务人已经代替债务人清偿债务的,以其对债务人的求偿权申报债权。债务人的保证人或者其他连带债务人尚未代替债务人清偿债务的,以其对债务人的将来求偿权申报债权。但是,债权人已经向管理人申报全部债权的除外。《民法典担保制度解释》第十三条规定,同一债务有两个以上第三人提供担保,担保人之间约定相互追偿及分担份额,承担了担保责任的担保人请求其他担保人按照约定分担份额的,人民法院应予支持;担保人之间约定承担连带共同担保,或者约定相互追偿但是未约定分担份额的,各担保人按照比例分担向债务人不能追偿的部分。同一债务有两个以上第三人提供担保,担保人之间未对相互追偿作出约定且未约定承担连带共同担保,但是各担保人在同一份合同书上签字、盖章或者按指印,承担了担保责任的担保人请求其他担保人按照比例分担向债务人不能追偿部分的,人民法院应予支持。除前两款规定的情形外,承担了担保责任的担保人请求其他担保人分担向债务人不能追偿部分的,人民法院不予支持。该解释第二十三条规定,人民法院受理债务人破产案件,债权人在破产程序中申报债权后又向人民法院提起诉讼,请求担保人承担担保责任的,人民法院依法予以支持。担保人清偿债权人的全部债权后,可以代替债权人在破产程序中受偿;在债权人的债权未获全部清偿前,担保人不得代替债权人在破产程序中受偿,但是有权就债权人通过破产分配和实现担保债权等方式获得清偿总额中超出债权的部分,在其承担担保责任的范围内请求债权人返还。债权人在债务人破产程序中未获全部清偿,请求担保人继续承担担保责任的,人民法院应予支持;担保人承担担保责任后,向和解协议或者重整计划执行完毕后的债务人追偿的,人民法院不予支持。《民法典》第七百条规定,保证人承担保证责任后,除当事人另有约定外,有权在其承担保证责任的范围内向债务人追偿,享有债权人对债务人的权利,但是不得损害债权人的利益。

从上述规定,可以得出结论:债权人债权未全部清偿前,担保人承担部分担保责任后产生的追偿权劣后于债权人剩余债权实现的权利,因此担保人未百分之百承担保证责任情况下,不得参与财产的分配,该观点与《民法典担保制度解释》第二十三条观点一致,也是《民法典》第七百条所规定的担保人行使追偿权不得损害债权人利益的含义体现。同时需考虑一种情形,即约定的保证责任为全部债权的某一部分(如只担保本金部分),且保证人按照约定承担其所有保证责任(向债权人支付了全部本金,利息未支付)后,此时,保证人的追偿权与债权人剩余债权(利息等)的实现的权利,具有同等性。保证人承担全部保证责任后,主张清偿承受权,可获得债权人对债务人享有的主债权外的其他附属权利(如抵押权),如果主张追偿权,则保证人的债权为无担保的普通债权(有反担保除外)。结合破产程序要求,对保证人履行部分保证责任的,可作如下处理:(1)债权人申报全部债权的,担保人不得申报。具体操作思路为:债权人的债权按照全额确认,同时,清偿时对债权人的分配按照确认的债权为基数进行分配,债权人多受偿部分(如有,则肯定部分来源于担保人)返还担保人。(2)债权人申报剩余债权的,担保人可申报,但履行全部担保责任前不可代为受偿。具体操作思路为:对债权人申报的债权按申报的剩余债权进行确认(确认为 A)+对担保人申报的债权(申报代偿部分/申报全部)均按照代偿部分进行确认(确认为 B)——分配时根据担保人是否能够提供全部代偿证明,若能则两个债权的(A+B)全部分配款均分配给担保人。若不能提供全部代偿证明,则,若(A+B)的分配款小于 A,则分配款全部向债权人分配,若(A+B)的分配款大于 A,则先向债权人分配与 A 等额的分配款,剩余部分向担保人分配。(3)债权人未申报债权(选择主张担保责任),担保人可申报债权,但履行全部担保责任前不可代为受偿;操作思路:正常确认担保人债权+清偿分配时担保人需提供已全部代履行证明,否则对其按照该笔债权可分配比例提存。

51. 破产程序终结后发现新财产,未申报债权的债权人是否可以在追加分配环节申报债权?

阅读提示:《企业破产法》第一百二十三条规定:"自破产程序终结之日起二年内,发现破产人有应当供分配的财产的,债权人可以请求人民法院按照破产财产分配方案进行追加分配。"根据该条规定,在破产程序终结后两年内发现新的财产,债权人可以追加分配,此处的债权人是否包含未申报债权的债权人呢? 即在破产程序终结后发现新的财产,未申报债权的债权人是否可以在追加分配环节申报债权呢?

答:《企业破产法》第一百二十三条规定的"追加分配"不属于《企业破产法》第五十六条第一款规定的"破产财产最后分配",况且补充申报本身即属于破产程序中的权利,所以破产程序终结后,未申报的债权人应无权补充申报。

理由与依据：

人民法院裁定受理破产申请后，根据《企业破产法》第十四条的规定，会在25日内通知已知债权人并发布公告，确定债权申报期限。债权人应当在人民法院确定的债权申报期限内申报债权，债权申报期限自人民法院发布受理破产申请公告之日起计算，最短不得少于30日，最长不得超过3个月。如果一些债权人因为未收到通知、未看到公告或其他原因未申报债权，根据《企业破产法》第五十六条的规定，可以在破产财产最后分配前补充申报，但是，此前已进行的分配，不再对其补充分配。

《企业破产法》第一百一十六条的理解与适用观点提到，最后分配，即为将现有可供分配的破产财产按照破产分配方案全部分配完毕，以终结破产程序的分配。最后分配为破产程序中的最后一次分配，此次分配完结后，破产程序即应终结。在最后分配完结后如仍有未分配的破产财产或以后又发现有新的破产财产的，则应由法院依法进行追加分配。因此，破产程序终结后的追加分配非最后分配。补充申报可以在破产财产最后分配前进行申报，而破产财产分配只是破产案件中的一个程序性事项，而非具体确定的时间节点，《企业破产法》及司法解释也没有对此作进一步规定。王卫国教授在《破产法精义》一书中指出，"破产财产最后分配前"的时间节点为依照《企业破产法》第一百一十六条第二款的规定作出公告的日期。而最高人民法院印发的《人民法院破产程序法律文书样式（试行）》中写明："如未能在上述期限内申报债权，可以在破产财产分配方案提交债权人会议讨论前补充申报，但此前已进行的分配，不再对你（或你单位）补充分配，为审查和确认补充申报债权所产生的费用，由你（或你单位）承担。"王欣新教授在《破产法》一书中也提出了自己的观点，即"为保障破产程序的顺利进行，在破产清算程序中，债权人补充申报债权的最后期限应为破产财产最终分配方案提交债权人会议表决之前"。若最终分配方案表决通过后再允许补充申报债权，则会导致债权人会议作出的决议甚至人民法院作出的裁定均失去效力。虽然理论界对补充申报的最后期限有不同的定义与理解，但可以肯定的是，申报债权应当在破产程序当中进行，即应当在破产程序终结之前补充申报。

综上所述，根据《企业破产法》第五十六条第一款，补充申报的截止时间点是"破产财产最后分配前"，而根据《企业破产法》第一百二十条第二款，"在最后分配完结后"管理人应当提请终结程序，所以，可以确认，《企业破产法》第一百二十三条规定的"追加分配"不属于《企业破产法》第五十六条第一款规定的"破产财产最后分配",况且补充申报本身即属于破产程序中的权利,所以破产程序终结后,未申报的债权人应无权补充申报,何况破产程序具有不可逆的特征,债权人补充申报债权已经没有实际意义,因为补充申报最终不可能分得破产财产。

52.管理人接管企业后恢复审理的诉讼,法院判决结果生效后,债权人是否仍应向管理人重新申报债权?

阅读提示:《企业破产法》第二十条规定:"人民法院受理破产申请后,已经开始而尚未终结的有关债务人的民事诉讼或者仲裁应当中止;在管理人接管债务人的财产后,该诉讼或者仲裁继续进行。"那么管理人接管企业后恢复审理的诉讼,法院判决结果生效后,债权人是否仍应向管理人重新申报债权? 如果要求或者允许债权人重新申报债权,并经管理人审核以及债权人会议核查程序得以重新确认,则原法院裁决的效力势必受到影响,如果不允许债权人重新申报,则债权人权益应当如何保护和实现?

答:管理人接管企业后恢复审理的诉讼,法院判决结果生效后,债权人是否需向管理人重新申报债权,需要根据裁判结果类型进行确定,对于裁判结果能够确认债权金额的,债权人无须重新申报债权,但应根据管理人要求提供相应材料,以便进行登记并参与后期财产的分配。对于无法确定债权金额的裁判结果,债权人应重新向管理人申报债权。

理由与依据:

《企业破产法》第二十条规定,人民法院受理破产申请后,已经开始而尚未终结的有关债务人的民事诉讼或者仲裁应当中止;在管理人接管债务人的财产后,该诉讼或者仲裁继续进行。为了实现诉讼纠纷与破产程序的有效衔接,保障破产程序的顺利推进,根据《全国法院民商事审判工作会议纪要》第一百一十条之规定,"人民法院受理破产申请后,已经开始而尚未终结的有关债务人的民事诉讼,在管理人接管债务人财产和诉讼事务后继续进行。债权人已经对债务人提起的给付之诉,破产申请受理后,人民法院应当继续审理,但是在判定相关当事人实体权利义务时,应当注意与企业破产法及其司法解释的规定相协调。上述裁判作出并生效前,债权人可以同时向管理人申报债权,但其作为债权尚未确定的债权人,原则上不得行使表决权,除非人民法院临时确定其债权额。上述裁判生效后,债权人应当根据裁判认定的债权数额在破产程序中依法统一受偿,其对债务人享有的债权利息应当按照《企业破产法》第四十六条第二款的规定停止计算。人民法院受理破产申请后,债权人新提起的要求债务人清偿的民事诉讼,人民法院不予受理,同时告知债权人应当向管理人申报债权。债权人申报债权后,对管理人编制的债权表记载有异议的,可以根据《企业破产法》第五十八条的规定提起债权确认之诉"。

从上述规定不难看出,对管理人接管后恢复审理的案件,审理法院应当注意与企业破产法及其司法解释的规定相协调,实践中常见做法即为变更给付之诉为确认债权之诉,此种情形下,根据《全国法院民商事审判工作会议纪要》第一百一十条第二款规定,债权人可依据裁判文书确认的金额参与破产财产的分配程序,但破产程序中除了债权确认环节,还有其他如参与债权人会议、领取清偿款等诸多事项,因此为了有效地衔接,债权人需要根据管理人要求提供相应的如联系方式、送达地址、银行卡号、委托代理手续等信息及资料。相反,对于法院作出的确认债权的裁判结果,如果允许或者要求债权人重新向管理人申报债权,则可能产生裁判效力受到影响的局面。如,债权人请求未经法院支持,此时允许债权人再向管理人申报债权,则管理人只能作出与裁判结果一致的结果,如若作出不一致的处理,则置原裁决于何地,因此管理人审核程序已无任何意义。再如,若法院支持债权人请求,依法确认了债权人拥有的债权金额,此时若要求管理人申报债权,则在经债权人会议核查后,债权人本人或其债权人、债务人是否可对该结果提出异议,如若允许,则原裁决效力也必然受到影响。因此,比较可行的做法是,管理人直接按照判决结果登记并将其纳入无异议债权之列。而对于其他类型的裁判结果,则需要及时向管理人进行债权申报,并经债权人会议进行核查。

53. 境外债权人如何申报债权?

阅读提示:2023 年 3 月 8 日,我国加入《取消外国公文书认证要求的公约》。该公约于 2023 年 11 月 7 日在我国生效实施。《取消外国公文书认证要求的公约》是海牙国际私法会议框架下适用范围最广、缔约成员最多的国际条约,旨在简化公文书跨国流转程序。境外主体如何适用《取消外国公文书认证要求的公约》简化在我国内地债权申报的流程,并更有效地参与我国内地破产程序,保护好自身的权利呢?

答:根据我国加入的《取消外国公文书认证要求的公约》,境外债权人可结合当地人民政府外事办公室以及部分市人民政府外事办公室为本行政区域内出具的公文书签发的附加证明书,依据法院和管理人的要求提交相关材料来进行债权申报。

理由与依据:

我国内地破产程序涉及债权申报、债权审查、债权人会议召开、债权分配和衍生诉讼等各个环节及方面。其中,债权经申报、审查后确认是整个破产程序后续涉及债权人权益环节必不可少的首要步骤,是相关主体得以行使债权人权利的基础。因破产管理人需要对申报债权的真实性、合法性进行调查与判断,故在债权申报和审查实务中,破产管理人通常需要参照适用《民事诉讼法》等相关规则,要求相应主体在进行债权申报时提交相关主体资格、委托授权及债权成立的证据材料等。根据《民事诉讼法》第二百七十一条之规定,在我国领域内没有住所的外国人、无国籍人、外国企业和组织委托我国律师或者其他人代理诉讼,从我国领域外寄交或者托交的授权委托书,应当经所在国公证机关证明,并经我国驻该国使领馆认证,或者履行我国与该所在国订立的有关条约中规定的证明手续后,才具有效力。此外,根据《最高人民法院关于民事诉讼证据的若干规定》第十六条第二款与第三款之规定,当事人提供的公文书证系在我国领域外形成的,该证据应当经所在国公证机关证明,或者履行我国与该所在国订立的有关条约中规定的证明手续。我国领域外形成的涉及身份关系的证据,应当经所在国公证机关证明并经我国驻该国使领馆认证,或者履行我国与该所在国订立的有关条约中规定的证明手续。

根据《民事诉讼法》的要求,境外债权人申报债权需要的程序比较烦琐,耗费时间比较多,《取消外国公文书认证要求的公约》在中国生效实施后,中国送往其他缔约国使用的公文书,仅需办理《取消外国公文书认证要求的公约》规定的附加证明书(Apostille),即可送其他缔约国使用,无须办理中国和缔约国驻华使领馆的领事认证。其他缔约国公文书送中国内地使用,只需办理该国附加证明书,无须办理该国和中国驻当地使领馆的领事认证。中国外交部是《取消外国公文书认证要求的公约》规定的附加证明书主管机关,并为本国境内出具的公文书签发附加证明书。受外交部委托,中国相关省、自治区、直辖市人民政府外事办公室以及部分市人民政府外事办公室可为本行政区域内出具的公文书签发附加证明书。办理附加证明书的具体程序和要求可登录中国领事服务网或各相关地方外办网站查询。境外债权人需要申报债权的,可按照最新的规定与要求提交申报材料。

第六章

债权审查

54. 退休返聘职工的工资是否属于职工债权?

阅读指引:企业进入破产程序后,职工安置是一项重要工作,直接关系职工利益和社会稳定。破产管理人在认定职工债权时,往往会涉及退休返聘人员的债权认定问题,退休返聘人员的债权属于职工债权还是普通债权,是否需要支付经济补偿金,这些问题在职工债权认定过程中经常会存在争议。在分析这一问题时,首先应先界定何为退休返聘人员,在此基础上,依据现有法律规定和司法裁判观点,可以分析出退休返聘人员的债权应属于普通债权。

答:我国的法定退休年龄为男性职工年满 60 周岁,管理岗的女性职工年满 55 周岁,非管理岗的女性职工年满 50 周岁,达到法定退休年龄的人员再就业的为退休返聘人员,其与用人单位之间系劳务关系,对其所欠的薪酬不能认定为《企业破产法》第一百一十三条第一款所规定的"破产人所欠职工的工资",即不应纳入第一清偿顺序在破产债权分配时优先受偿。

理由与依据:

劳动和社会保障部在《劳动部关于实行劳动合同制度若干问题的通知》(劳部发〔1996〕354 号)第十三条规定:"已享受养老保险待遇的离退休人员被再次聘用

时,用人单位应与其签订书面协议,明确聘用期内的工作内容、报酬、医疗、劳动待遇等权利和义务。"这一规定说明我国并不禁止退休人员再就业。关于退休返聘人员的范围,根据《中华人民共和国劳动合同法》第四十四条规定"有下列情形之一的,劳动合同终止:……(二)劳动者开始依法享受基本养老保险待遇的。"《中华人民共和国劳动合同法实施条例》(国务院令第535号)第二十一条规定:"劳动者达到法定退休年龄的,劳动合同终止。"根据上述规定可知,退休返聘人员应当是达到法定退休年龄并已享受养老保险待遇的离退休人员。关于法定退休年龄,我国先后出台过多个规定,如《国务院关于工人退休、退职的暂行办法》(国发〔1978〕104号)、《关于贯彻执行〈中华人民共和国劳动法〉若干意见》(劳部发〔1995〕309号)、《国务院办公厅关于进一步做好国有企业下岗职工基本生活保障和社会离退休人员养老金发放工作有关问题的通知》(国办发〔1999〕10号)、《关于制止和纠正违反国家规定办理企业职工提前退休有关问题的通知》(劳社部发〔1999〕8号)、《劳动和社会保障部办公厅关于企业职工"法定退休年龄"涵义的复函》(劳社厅函〔2001〕125号)(现已失效)、《国家经济贸易委员会、人社部、劳动和社会保障部关于深化国有企业内部人事、劳动、分配制度改革的意见》(国经贸企改〔2001〕230号)。根据最新规定,我国法定退休年龄为:男性职工年满60周岁,女性职工的法定退休年龄根据岗位决定,管理岗55周岁退休,非管理岗50周岁退休。根据《国务院关于工人退休、退职的暂行办法》(国发〔1978〕104号)第一条规定符合退休条件的人是"应该退休"。换句话说,达到法定退休年龄的人员就应该属于"退休人员",不以是否享受养老保险待遇为构成要件。因此,我们可将退休返聘界定为:达到法定退休年龄(男性职工年满60周岁,管理岗的女性职工年满55周岁,非管理岗的女性职工年满50周岁)后,继续在原用人单位工作,或被其他用人单位聘用,为用人单位提供劳务并领取报酬的行为。这类人员界定为"退休返聘人员"。

　　一般认为,劳动者享受基本养老保险待遇退休,虽然法律并不禁止其再就业,但其已不是《中华人民共和国劳动合同法》意义上的劳动者,这一观点在相关司法解释中可以看出,如《最高人民法院关于审理劳动争议案件适用法律问题的解释(一)》(法释〔2020〕26号)第三十二条规定,"用人单位与其招用的已经依法享受养老保险待遇或者领取退休金的人员发生用工争议而提起诉讼的,人民法院应当按劳务关系处理"。也就是说,退休返聘人员与用人单位之间的关系为劳务关系,因此,破产管理人在审查职工债权时便有了依据。上述观点在多个案例中均有所体现,如湖北省荆门市中级人民法院"(2023)鄂08民终370号"破产债权确认纠纷民事二审案,法院的裁判要旨为:职工工资应以双方形成劳动关系为前提,《最高人民法院关于审理企业破产案件若干问题的规定》第五十七条"债务人所欠非正式职工(含短期劳动工)的劳动报酬,参照《企业破产法》第三十七条第二款第一项规定的顺序清偿"中的"非正式职工(含短期劳动工),也应当是与债务人形成劳动关系的人员。《保障农民工工资支付条例》虽然规定了相关单位对农民工工资的支付责任,但农民工工资并不因此变成相关单位的职工工资"。再如,江苏省泰州市中级人民法院"(2021)苏12民终1293号"职工破产债权确认纠纷二审案裁判要旨为:基于劳务关系产生的业务费并非基于劳动关系产生,不属于依据国家有关规定应当认定为职工工资的情形,其性质显然难以认定为《企业破产法》第一百一十三条第一款所规定的"破产人所欠职工的工资",依法不应纳入第一清偿顺序在破产债权分配时优先受偿。

案例索引:

(2021)苏12民终1293号

55. 房地产企业破产受理前产生的人防异地建设费属于什么性质的债权?

阅读指引:破产房企中通常存在开发商未建设人防工程且拖欠向政府人防办公室缴纳人防工程异地建设费的情形,常常出现无法确认其债权性质的问题,实务中有作为建设工程价款优先受偿权进行申报的、有直接作为优先受偿权申报的,也有作为普通债权进行申报的,我国现有法律法规对此并无明确规定,为厘清实务中对人防工程异地建设费的性质界定,作者将根据现有规定及案例进行探讨。

答:对于设立人防工程资金托管专户内托管的资金已经符合设立金钱质押的要件,质权已经设立,人防办作为质权人对托管账户内的资金享有优先受偿权。关于未进行人防工程资金托管又实际拖欠人防异地建设费的,应根据《全国法院破产审判工作会议纪要》第二十八条的规定,基于国不与民争利的原则,将人防工程异地建设费认定为劣后债权;至于人防主管部门因破产企业未依法配建人防地下室或者未依法缴纳人防异地建设费而课以罚款的债权,应根据《最高人民法院关于审理企业破产案件若干问题的规定》第六十一条之规定,作不属于破产债权的认定。

理由与依据：

人防工程异地建设费是指建设单位在民用建筑项目中确因地质、地形、施工等客观条件限制,不能按照《中华人民共和国人民防空法》及相关规定同步建设防空地下室,报经人民防空主管部门批准并按照相关标准向其缴纳的人防工程异地建设费,人防工程异地建设费涉及国家安全和公共利益,具有行政事业性收费性质。根据《中共中央、国务院、中央军委关于加强人民防空工作的决定》,确因地质条件限制不能修建人防工程的项目,由人民防空主管部门审核批准后,按规定缴纳异地建设费。那么,破产程序中,债务人欠付的人防工程异地建设费如何定性呢? 在回答这一问题之前,需要先明确债的分类,以是否具备公益目的可将债划分为公法债权和私法债权。公法债权须由公法人实施,依据公法法律规定,经其明确授权,为公共利益而实施,我国的公法债权包括行政性收费与事业性收费。从人防工程异地建设费的性质来看,其属于由税务部门统一征收的非税收入。人防工程异地建设费虽由税收部门统一征收,但从性质上而言并不属于税款,清偿顺位亦不能与税款债权一致。从人防工程异地建设费的立法原则、收费标准综合分析,其属公法债权。若以《全国法院破产审判工作会议纪要》第二十八条为依据,则可直接将人防工程异地建设费认定为劣后债权,在"(2018)青 0124 民初 3179 号"民事判决中,法院将人防工程异地建设费认定为劣后债权;在平阴县人民防空办公室与济南某置业有限公司破产债权确认纠纷一案中,平阴县人民法院依据《企业破产法》第一百一十三条之规定,并结合《全国法院破产审判工作会议纪要》的相关规定,裁判认为对于法律没有明确规定清偿顺序的债权,人民法院可以按照私法债权优先于公法债权等原则合理确定清偿顺序,故对涉案的人防工程异地建设费认定劣后于普通债权清偿。实务中,也有部分法院将人防工程异地建设费认定为普通债权,如"(2019)鄂 2827 民初 1806 号"判决书中就认定为普通债权。

关于人防工程异地建设费的性质,笔者认为应区分不同情况进行分析。实践中,存在一些企业分期建设,人防主管部门也会根据企业申请允许企业前期未依法配建的人民防空地下室在后期建设时予以补建,并要求企业缴存一定数额的人防工程异地建设保证金,在此种情形下,人防办一般会要求企业签订人防工程资金托管协议,并在合同中约定,企业应在后续工程的开发建设中按照人防面积、标准补建应建的人民防空地下室。对于此类情形,人防工程资金托管专户内托管的资金已经符合设立金钱质押的要件,这三个要件分别为要式合同、质押财产特定化、转移占有,因此,质权已经设立,人防办作为质权人对托管账户内的资金享有优先受偿权。关于未进行人防工程资金托管又实际拖欠人防工程异地建设费的,笔者认为应根据《全国法院破产审判工作会议纪要》第二十八条的规定,基于国不与民争利的原则,将人防工程异地建设费认定为劣后债权;至于人防主管部门因破产企业未依法配建人民防空地下室或者未依法缴纳人防工程异地建设费而课以罚款的债权,应根据《最高人民法院关于审理企业破产案件若干问题的规定》第六十一条之规定,作不属于破产债权的认定。

案例索引:

(2018)青 0124 民初 3179 号

56. 房地产企业破产受理前产生的城市建设配套费及滞纳金属于什么性质的债权?

阅读指引:在房地产企业破产案件中,住建委等政府职能部门就城市基础设施配套费及延期缴纳的滞纳金申报债权的情况比比皆是,而《企业破产法》及相关司法解释中对于城市基础设施配套费的债权清偿顺位并无明确规定,实务中,住建委在申报此类债权时,有比照税收债权申报的,也有按照共益债进行申报的,此类债权的认定往往会引起破产衍生诉讼,实践亟须一个统一处理标准。

答:城市建设配套费属于城市人民政府强制征收的政府性基金,不属于法律规定的税种,实务中,将城市建设配套费认定为普通债权较为常见,逾期缴纳配套费产生的滞纳金应属于劣后债权,应劣后于普通债权予以清偿。

理由与依据:

城市基础设施配套费也叫城市配套费,是指由市政府及其所属部门依照国家有关规定强制征收,用于城市供水、排水、污水处理、道路、桥梁、燃气、公共交通、供热、园林绿化、路灯、环境卫生、公共消防、交通标志、地铁等市政公用设施建设和维护的专项资金,配套费征收主体与征收对象之间不存在直接的服务与被服务关系。此外,城市基础设施配套费也被归类为政府性基金收费,旨在筹集城市市政公用基础设施建设所需资金。

关于城市基础设施配套费的性质认定问题,首先需要明确的是配套费并不属于税款。根据《中华人民共和国立法法》第八条的规定，"下列事项只能制定法律：……（六）税种的设立、税率的确定和税收征收管理等税收基本制度"；《中华人民共和国预算法》第九条"政府性基金预算是对依照法律、行政法规的规定在一定期限内向特定对象征收、收取或者以其他方式筹集的资金，专项用于特定公共事业发展的收支预算"的规定，结合《财政部关于城市基础设施配套费性质的批复》[财综函（2002）3号]第二条"城市基础设施配套费是城市人民政府有关部门强制征收用于城市基础设施建设的专项资金……城市基础设施配套费在性质上不属于行政事业性收费，而属于政府性基金"的内容，城市建设配套费属于城市人民政府强制征收的政府性基金，不属于法律规定的税种。因此，欠缴城市设施配套费形成的债权，不能按照《企业破产法》第一百一十三条第一款第（二）项所规定的"税款"债权予以清偿，而将其认定为普通债权较为合适，重庆市第五中级人民法院"（2021）渝05民初3959号"民事判决书亦将城市基础设施配套费认定为普通债权。

关于逾期缴纳配套费产生的滞纳金的性质问题，根据《中华人民共和国行政强制法》第四十五条的规定，"行政机关依法作出金钱给付义务的行政决定，当事人逾期不履行的，行政机关可以依法加处罚款或滞纳金。加处罚款或者滞纳金的标准应当告知当事人"，由此可以看出，加处罚款和滞纳金属于执行罚，目的在于通过征收高标准的滞纳金或处以高额的罚款以促使当事人尽快履行金钱给付义务，属于惩罚性措施。根据《全国法院破产审判工作会议纪要》第二十八条"破产债权的清偿原则和顺序。对于法律没有明确规定清偿顺序的债权，人民法院可以按照人身损害赔偿债权优先于财产性债权、私法债权优先于公法债权、补偿性债权优先于惩罚性债权的原则合理确定清偿顺序。因债务人侵权行为造成的人身损害赔偿，可以参照企业破产法第一百一十三条第一款第一项规定的顺序清偿，但其中涉及的惩罚性赔偿除外。破产财产依照企业破产法第一百一十三条规定的顺序清偿后仍有剩余的，可依次用于清偿破产受理前产生的民事惩罚性赔偿金、行政罚款、刑事罚金等惩罚性债权"之规定，逾期缴纳配套费产生的滞纳金应属于劣后债权，劣后于普通债权予以清偿。

需要注意的是，最高人民法院《关于税务机关就破产企业欠缴税款产生的滞纳金提起的债权确认之诉应否受理问题的批复》（法释〔2012〕9号）中明确将破产受理前的税收滞纳金归为普通债权，该答复主要内容为："税务机关就破产企业欠缴税款产生的滞纳金提起的债权确认之诉，人民法院应依法受理。依照企业破产法、税收征收管理法的有关规定，破产企业在破产案件受理前因欠缴税款产生的滞纳金属于普通破产债权。对于破产案件受理后因欠缴税款产生的滞纳金，人民法院应当依照《最高人民法院关于审理企业破产案件若干问题的规定》第六十一条规定处理。"该规定将破产企业在破产案件受理前因欠缴税款产生的滞纳金认定为普通债权。税款滞纳金与配套费滞纳金的清偿顺位不同,主要原因为城市建设配套费等政府强制征收的政府性基金类债权不同于一般公共预算收入类的税收债权。

案例索引:

(2021)渝05民初3959号

57. 超过过渡期限未能交付安置房的,安置户是否可主张逾期交付的违约责任? 双倍支付的临时安置费属于什么性质?

阅读提示:一般情形下,征收人与被征收人之间签订的《房屋拆迁安置补偿协议》均会约定过渡期限,常见的过渡期限有24个月和36个月。那么超过过渡期限后,征收人未能交付安置房的,安置户是否可主张逾期交付的违约责任? 双倍支付的临时安置费又属于什么性质?

答:在拆迁安置纠纷中,对于超过过渡期限未能交付安置房的,安置户当然可以主张逾期交付的违约责任,但不能及时交付安置房而给被拆迁人造成的损失主要是过渡期间的租房损失,而临时安置费就是为了解决被拆迁人的周转住房问题。因此,最高人民法院和各省高级人民法院普遍支持被拆迁人的违约金诉求,但又以临时安置费已足以弥补被征收人损失为由而最终驳回具体的违约金赔偿金额。

理由与依据:

在拆迁安置项目中,临时安置费仅向自行解决过渡用房的被拆迁人支付,对于拆迁人提供过渡周转房的,不再向被拆迁人支付临时安置费。结合多地的房屋征迁安置补偿办法,均设定有类似于"临时安置补助"的条款,如选择产权调换期房安置的(不含提供过渡周转房),在过渡期限内,按被征收房屋合法有效补偿面积每平方米每月补助××元。过渡期限按补偿安置协议约定的时间确定。实际过渡期限超过补偿安置协议约定的过渡期限的,按上述标准双倍支付超过约定过渡期限的临时安置费。临时安置补助费是为了满足被征收人的基本居住条件,确保被征收人平稳过渡,各地政府根据当地房屋租赁市场的实际情况制定不同的临时安置费标准。征收人与被征收人签订房屋拆迁安置补偿协议后,若征收人在超过过渡期限后不能交付安置房的,当然应当依法承担违约责任。无论协议中是否约定逾期交付房屋的违约赔偿标准,被征收人均有权向征收人主张逾期交付房屋的违约责任。但是,在拆迁安置纠纷中,不能及时交付安置房而给被拆迁人造成的损失主要是过渡期间的租房损失,而临时安置费就是解决被拆迁人的周转住房问题。因此,参考现有典型案例,最高人民法院和各省高级人民法院普遍支持被拆迁人的违约金诉求,但又以临时安置费已足以弥补被征收人损失为由而最终驳回具体的违约金赔偿金额。从这个角度看,双倍支付的临时安置费具有违约金的性质。

案例索引:

(2019)豫行终 1514 号

(2019)最高法行申 12575 号

(2020)豫行再 51 号

58. 破产程序中,惩罚性债权应如何认定和清偿?

阅读指引:惩罚性债权是我国民商事活动中的常见债权类型,通常包含因企业违规、违法而产生的民事惩罚性赔偿、行政或司法机关对债务人的罚款、罚金等。惩罚性债权在破产程序中如何定性,又处于何种清偿顺位? 企业重整或和解成功之后惩罚性债权又当如何处理? 这些均是理论界和实务界尚未厘定的问题。

答:惩罚性债权并非法律专有名词,其包含多个种类的债权。关于行政罚款,可以作为破产债权进行申报,只不过属于劣后债权;关于税款滞纳金,与普通债权逾期利息或滞纳金不同,当前我国法律规定和司法实践更倾向于将税款滞纳金认定为普通破产债权,而非劣后债权。关于加倍支付迟延利息的认定,须区分迟延利息发生在破产受理前还是受理后。对于迟延利息发生在破产受理前的,司法实践中有不同的处理方式:部分法院明确承认惩罚性债权在破产程序中的劣后清偿地位,部分法院认为惩罚性债权不属于破产债权,更有一些法院将惩罚性债权金额进行剥离,分段认定为普通债权与劣后债权;对于迟延利息发生在破产受理后的,不应认定为债权,但对于清偿负债后仍有剩余财产的案件,应优先清偿债权人停止计息的利息损失,而非直接退回给公司股东,只有在清偿停止计息的利息损失后还有剩余,才退回给股东。

理由与依据:

惩罚性债权并非我国法律上的专有名词,而是一系列债权的统称,其涵盖了民法、行政法、刑法三大领域,范围分布十分广泛。民事上主要体现在《民法典》的合同编和侵权责任编;在刑法领域,我国的惩罚性债权主要体现为罚金刑;行政法上,罚款是我国行政机关最常见的处罚方式,从《行政处罚法》到《治安管理处罚法》均有规定,且海关、公安、税务、工商等多个行政部门也均享有罚款的行政职权。在破产程序中,关于惩罚性债权的法律依据主要体现在《最高人民法院关于审理企业破产案件若干问题的规定》第六十一条、《破产法司法解释三》第三条及《全国法院破产审批工作会议纪要》(法〔2018〕53 号)第二十八条。

关于行政罚款是否属于破产债权的问题。《最高人民法院关于审理企业破产案件若干问题的规定》第六十一条第一款(一)规定,行政、司法机关对破产企业的罚款、罚金以及其他有关费用不属于破产债权。但是,《全国法院破产审批工作会议纪要》第二十八条规定:"破产债权的清偿原则和顺序。对于法律没有明确规定清偿顺序的债权,人民法院可以按照人身损害赔偿债权优先于财产性债权、私法债权优先于公法债权、补偿性债权优先于惩罚性债权的原则合理确定清偿顺序。……破产财产依照企业破产法第一百一十三条规定的顺序清偿后仍有剩余的,可依次用于清偿破产受理前产生的民事惩罚性赔偿金、行政罚款、刑事罚金等惩罚性债权。"根据该纪要,行政罚款应认定为破产债权,只不过性质上为劣后债权。这一规定是为了避免出现债务人破产清算后仍有剩余财产,只能分配给股东,而对罚款等惩罚性债权不能清偿的不合理现象。上述两个规定均现行有效,意见却截然不同,这也就导致实务中出现不同的处理方式。针对行政罚款是否属于破产债权这一问题,笔者认为,破产程序不影响对企业先前违反法律法规、扰乱市场秩序行为性质的认定,若企业的行为损害社会管理秩序,则应当对其进行认定、惩戒;若不对破产企业的违规行为进行处罚,则破产将成为企业免于受罚的金牌,这将严重损害社会管理秩序,不利于市场经济的发展,不利于社会稳定发展,因此,即使企业进入破产程序,行政机关也应当依法对其违法行为进行认定,也就是说,行政罚款可以作为破产债权进行申报,只不过属于劣后债权。

关于加倍支付迟延利息的认定,须区分迟延利息发生在破产受理前还是受理后。对于迟延利息发生在破产受理前的,司法实践中有不同的处理方式:部分法院明确承认惩罚性债权在破产程序中的劣后清偿地位,如广东省高级人民法院"(2020)粤民终2803号"破产债权确认纠纷案中,该案裁判要旨为"用人单位因部履行生效法律文书而应加倍支付的迟延利息,应以用人单位破产申请受理时间为时点进行区分。破产申请受理后产生的加倍支付迟延利息依法不予支持,破产申请受理前产生的加倍支付迟延利息应认定为劣后债权,其清偿顺序要次于职工债权和普通债权。"此种认定的法律依据为《全国法院破产审批工作会议纪要》(法〔2018〕53号)第二十八条;部分法院认为惩罚性债权不属于破产债权,如安徽省合肥市中级人民法院"(2020)皖01民初10号"破产债权确认纠纷一案,法院认为"破产程序是公平清理债权债务的特殊程序,在破产程序中,债务人的全部资产不足以清偿全部债务,债务人在客观上已不具备清偿债务的能力。依照破产法公平保护全体债权人的立法精神,本案债权人申报的债权能否确认,不仅关系其单个债权人的合法权益,也影响破产企业所有债权人能否清偿。故在企业进入破产程序后,破产财产不足以清偿全部债务,债权人仍主张加倍支付迟延履行期间债务利息这一惩罚性债权,与破产法公平保护全体债权人的立法精神相悖,对原告的该项主张本院不予支持"。更有一些法院将惩罚性债权金额进行剥离,分段认定为普通债权与劣后债权。对于迟延利息发生在破产受理前的,如河南省高级人民法院在"(2019)豫民终1609号"判决中,法院认为"《中华人民共和国合同法》所规定的违约金系以补偿为主、惩罚为辅的双重性质,远东公司所主张列入普通债权的违约金中,按照中国人民银行同期贷款利率标准计算的部分仍应列入普通债权,对于该标准以外的过高部分违约金因其具有惩罚性,则应按照《破产审判会议纪要》的规定精神,作为劣后债权清偿"。对于迟延利息发生在破产受理后的,根据《破产法司法解释三》第三条"破产申请受理后,债务人欠缴款项产生的滞纳金,包括债务人未履行生效法律文书应当加倍支付的迟延利息和劳动保险金的滞纳金,债权人作为破产债权申报的,人民法院不予确认"之规定,发生在破产受理后的迟延利息不属于破产债权,这在资不抵债的破产企业中并无不妥,但对于清偿全部破产债权后,破产企业仍有剩余财产的,此时,是否能将剩余财产向股东分配?对于此问题,重庆市沙坪坝区人民法院在"(2014)沙法民破字第3号"判决中认为,"破产申请受理后停止给付的利息虽不属于破产债权,但仍属于破产企业应当偿付的债务。在清偿全部破产债权后,破产企业仍有剩余财产时,应优先清偿债权人停止计息的利息损失,而非直接退回给公司股东,只有在清偿停止计息的利息损失后还有剩余,才退回给股东"。

关于破产企业欠缴税款产生的滞纳金的认定,与普通债权逾期利息或滞纳金不同,当前我国法律规定和司法实践更倾向于将税款滞纳金认定为普通破产债权,而非劣后债权。这一观点在《最高人民法院关于税务机关就破产企业欠缴税款产生的滞纳金提起的债权确认之诉应否受理问题的批复》(法释〔2012〕9号)中有明确答复,"税务机关就破产企业欠缴税款产生的滞纳金提起的债权确认之诉,人民法院应依法受理。依照企业破产法、税收征收管理法的有关规定,破产企业在破产案件受理前因欠缴税款产生的滞纳金属于普通破产债权。对于破产案件受理后因欠缴税款产生的滞纳金,人民法院应当依照《最高人民法院关于审理企业破产案件若干问题的规定》第六十一条规定处理"。该规定将破产企业在破产案件受理前因欠缴税款产生的滞纳金认定为普通债权。虽然实践中多将破产企业在破产案件受理前因欠缴税款产生的滞纳金认定为普通破产债权,但学界对于税收滞纳金债权属于普通债权还是劣后债权争议较大,一些学者认为,《企业破产法》的宗旨是公平保护全体债权人以及弥补债权人实际损失。在债务人破产清算的情况下,其已无法全额清偿债务,故债权人获得的清偿具有补偿性质,此时破产企业的财产本质上应属于全体债权人所有,应由全体债权人公平分配。若将税收滞纳金认定为普通债权的清偿顺序,将降低处于同一清偿顺序的其他普通债权的清偿率,导致将多债务人的惩罚转嫁给其他普通债权人,从而违反《企业破产法》规定的公平受偿原则,也超出了破产程序弥补债权人实际损失的目的。

关于企业重整或和解后惩罚性债权人能否继续要求追偿的问题,笔者认为,此时的惩罚性债权人无权继续主张其惩罚性债权。企业能够重整或和解成功,一方面需要依赖于债权人作出极大的牺牲,另一方面也需要管理人充分运用破产规则吸引更多的投资人对破产企业进行投资。投资人的目的就是通过投资来获取自身收益,此时,如果允许惩罚性债权人继续追索债权,虽然有一定的合理性,但无疑将极大地增加困境企业的生存压力,甚至使其再度陷入破产困境,潜在的投资者也将为了规避风险拒绝投资,使困境企业陷入恶性循环,这也是对《企业破产法》重整、和解初衷的违背。

案例索引:

(2020)皖01民初10号

59. 如何确定建设工程优先受偿权的行使期限？

阅读指引：工程价款给付请求权是建筑工程承包人在建筑合同中所享有的最基本的权利。为保障承包人的工程价款债权实现，《合同法》第二百八十六条创设了建设工程价款优先受偿制度，《民法典》第八百零七条基本延续了《合同法》该条内容。为了督促承包人积极行使优先受偿权，最高人民法院相继出台规定确定优先权的期限及起算时间，2020 年公布的《最高人民法院关于审理建设工程施工合同纠纷案件适用法律问题的解释（一）》（以下简称《建工司法解释一》）第四十一条规定："承包人应当在合理期限内行使建设工程价款优先受偿权，但最长不得超过 18 个月，自发包人应当给付建设工程价款之日起算。"实务中关于如何确定"应当给付建设工程价款之日"一直存在争议。

答：建设工程优先受偿权的行使期限最长不得超过 18 个月，自发包人应当给付建设工程价款之日起。关于应当给付建设工程价款之日的起算，双方在建设工程施工合同对付款时间及方式有约定的从其约定；无约定的，区分不同情况处理：建设工程实际交付的，以建设工程交付之日为应付款时间；建设工程未交付，建设工程价款也未结算时，以起诉之日为应付款时间；建设工程施工合同解除或终止履行，且工程未经竣工结算，如果发包人与承包人就合同解除后的工程价款的支付事宜达成合意，应当以该协议确定工程款的支付时间作为优先受偿权的起算时间，如发包人与承包人未达成上述合意，可参照前述标准处理。

理由与依据：

通常情况下，在建设工程合同的实际履行过程中，工程通常要经过竣工、验收、结算之后才能付款，工程竣工、验收、结算、付款期限届满是四个不同的时间。在建设工程施工合同正常履行完毕，双方经过竣工、验收、结算对工程款进行了确定的情况下，发包人在工程款数额确定后支付工程价款，对应付工程款的日期不存在争议。但实践中，建设工程案件情况非常复杂，如施工合同未对付款时间及方式作出约定、承发包方在施工合同外另行就工程款支付问题进行约定等，应当从何时确定应付工程款之日，各级法院认识不统一，掌握的标准也不统一。如何确定发包人应付工程款之日，最高人民法院提出以下观点：首先，建设工程施工合同对付款时间及方式有明确约定且合同已正常履行完毕,应当遵从当事人约定。在建设工程施工合同及补充协议系当事人真实意思表示的情况下,应当充分尊重当事人的约定,这也是合同应当全面实际履行原则的体现。也就是说,在合同有明确约定的情况下,发包人依约支付工程款的时间即为应付工程款之日,也即行使建设工程价款优先受偿权的起算时间。其次,承、发包方对付款时间没有约定或约定不明的,双方未进行结算,工程价款尚不确定的情况下,应以何标准作为认定应付工程款之日,社会各界存在诸多观点,无法达成一致,对于此问题,最高人民法院认为:建设工程施工合同履行周期长,履行事实复杂,审判中通常难以直接、准确认定应当付款的时间。此类合同大多约定按照建设工程施工的形象进度款支付工程款,如合同约定施工到完成地基基础工程或者主体结构的时间点作为支付工程款的时间,由于施工资料不完善、施工中存在工期顺延、设计变更等多种原因造成合同约定的付款时间点很难确定,绝大多数合同在履行中难以按照原合同约定确定实际付款时间。因此,在建设工程施工合同未约定或约定不明的情况下,需要依照《建工司法解释一》第二十七条的规定,划分几种情况分别确定大体公平的时间点作为行使优先受偿权的起算时间:

建设工程实际交付的,以建设工程交付之日为应付款时间。此时,发包人已经实际控制了诉争建设工程,可以行使占有、使用、收益甚至处分的权利。在这种情况下,发包人已经受益,但承包人仍未收到全部或部分工程价款,从此时开始,承包人可以向发包人主张欠付工程款并行使优先受偿权。

建设工程未交付,建设工程价款也未结算时,以起诉之日为应付款时间。此种大多数为工程未完工或者完工后未经验收,俗称"半拉子"工程或"烂尾"工程,合同约定的工程价款结算条件尚未成就,无法确定应付工程价款之日,应当规定一个拟制的应付款时间,并以此时间点作为计息时间。以起诉时间作为应付款时间,主要考虑起诉为权利人向司法机关正式主张权利的时间点,由于合同约定的工程价款结算条件未成就,找不到起诉前的应付款时间点。因此,以一审原告起诉时间作为应付款时间是适当的。承包人诉发包人索要工程款时,通常会同时请求法院确认其就案涉工程享有优先受偿权,以起诉之日作为行使优先受偿权的起算时间,有助于提高司法效率。

建设工程施工合同解除或终止履行,且工程未经竣工结算,应区分情况认定应付工程款之日。如果发包人与承包人就合同解除后的工程价款的支付事宜达成合意,应当以该协议确定工程款的支付时间作为优先受偿权的起算时间。如发包人与承包人未达成上述合意,可参照前述标准处理。

关于新旧解释行使期限衔接问题,根据《最高人民法院关于适用〈中华人民共和国民法典〉时间效力的若干规定》第一条、第二十条规定之精神,一般应从优先受偿权履行的情况确定是否适用《建工司法解释一》。具体而言,对于《建工司法解释一》施行前签订的施工合同,如果根据《最高人民法院关于审理建设工程施工合同纠纷案件适用法律问题的解释(二)》(法释〔2018〕20 号)的规定,6 个月的优先受偿权行使期限已经届满,则优先受偿权的履行并未持续至《建工司法解释一》施行后,优先权行使期限仍适用 2018 年建设工程司法解释的规定,为 6 个月;如果《建工司法解释一》施行后,优先受偿权未满 6 个月的行使期限,承包人仍有权主张优先受偿权,权利还在履行期间,则可适用《建工司法解释一》关于行使优先受偿权最长 18 个月期限的规定。

案例索引:

(2021)最高法民申 4069 号

(2020)最高法民终 1192 号

60. 房地产企业破产前,履行期限届满前达成的以房抵债协议在破产程序中应如何认定?

阅读指引:实践中,以房抵债协议具有相当的复杂性,特别是在债务人进入破产程序后,以房抵账协议的处理面临诸多困境,由于以房抵债协议涉及诸多问题,囿于篇幅限制,在此仅讨论履行期限届满前达成的以房抵债协议的认定问题。

答:履行期限届满前达成的以房抵债协议,以最为典型的买卖型担保协议为例,如已完成物权变动公示,则构成让与担保,债权人在破产程序中可主张别除权;如未完成物权变动公示,则应推定当事人之间并无设立担保的合意,以物抵债协议仅是在原协议的基础上增加了一种履行方式,以督促债务人履行协议义务,债权人在破产程序中享有的仍是普通债权,此时,债权人可以依法选择履行旧债还是新的抵债协议。

理由与依据:

履行期限届满前达成的以房抵债协议最典型的是买卖型担保协议。所谓买卖型担保,是指债务人与借款人在签订民间借贷合同的同时又签订房屋买卖合同,约定债务人不能偿还债款本息时,则将债务人的房屋出卖给出借人,以履行房屋买卖合同作为双方权利义务的终结,以此担保借款人债权的实现。《最高人民法院关于审理民间借贷案件适用法律若干问题的规定》第二十三条采取穿透式思维,将当事人之间的法律关系定性为借贷关系。就买卖型担保而言,应区分债务人是否已将抵债房屋的所有权转移给债权人。

双方已完成物权变动公示的,应依据《民法典担保制度解释》第六十三条、第六十八条的规定认定当事人之间设立了让与担保。我国此前严守物权法定的原则,不承认让与担保等非典型担保,但是《中华人民共和国民法典》第三百八十八条明确规定,"担保合同包括抵押合同、质押合同和其他具有担保功能的合同"。让与担保有以下特征:一是转移担保标的物权利;二是在双方之间的债权债务关系基础上成立;三是为保障债权的实现而设立;四是在债务履行完毕之时需返还财产权利。根据《民法典担保制度解释》相关规定,结合让与担保的法理,让与担保具有物权效力的前提是当事人根据合同约定已经完成财产权利变动的公示,形式上已将财产转让至债权人名下,此种情形下,虽然当事人已办理所有权变更登记,但当事人之间并未形成买卖交易的合意,双方不存在买卖法律关系,同时,在担保设立的方式符合让与担保的法律特征及形式要件的情形下,若债务人到期不清偿债务的,可以就该抵债房屋优先受偿。需要注意的是,此种情形并非将标的物所有权转让给债权人,债权人仅仅是有权对财产折价或者以拍卖、变卖该财产所得价款偿还债务。也就是说,在让与担保法律关系中,虽然抵债房屋登记在债权人名下,但其目的在于担保债权实现而非由债权人实际取得抵债房屋所有权,因此,抵债房屋仍属债务人财产,债权人享有的仅是形式上的所有权,其权利实质仍是有财产担保的债权,应当在破产程序中就抵债房屋优先受偿,抵债房屋的拍卖、变卖价款与应偿还借款本息之间的差额,借款人或出借人有权主张返还或补偿。

双方未完成物权变动公示的,鉴于立法对于不动产担保的设立规定了物权法定原则,在此情形下,作为社会经济活动中的理性经济人,如其希望通过设立担保以使自身利益最大化,自应按照法律规定完成公示动作,以使其利益获得充分的法律保障。换句话说,如果双方未能依照法律规定完成相应的形式要求,则应认定当事人签订协议仅是为了使债权人可以在债务人到期不履行债务时依据该抵债协议取得房屋所有权,而不是以该所有权担保债权的实现,因为当事人之间并无设立担保的意思表示,至少是放任担保未能有效设立这一结果的发生。那么,此种情形对债权人将会产生以下影响:一是债务人可擅自处分标的物,即便未经债权人同意而擅自处置,债务人也仅仅至多承担违约责任;二是该债权人无法对抗在抵账房屋上设立抵押权的其他债权人,若该抵账房屋上有其他抵押权人,则该抵账房屋在被拍卖时,抵押债权将优先于无财产担保的债权受偿。

根据上述分析,既然未经物权变动公示的抵债协议不属于担保合同,那么其性质究竟如何。从当事人之间的约定来看,如果债务人不履行到期债务,则其应依据买卖协议转移房屋所有权。这一约定系在现金清偿的基础上增加了一种新的清偿方式,将以物抵债作为一种备位清偿方式,但原债内容并未变更。这一安排在客观上可以起到一定的担保作用,但并不具有规范层面上的担保效力,有学者将这种泛化的担保作用成为督促作用,可以在当事人之间起到督促债务人还款的作用。根据《最高人民法院关于适用〈中华人民共和国民法典〉合同编通则若干问题的解释》第二十七条之规定,在债务人或第三人未按照约定履行以物抵账协议的,债权人有权选择请求履行原债务或以物抵债协议,该条款实质上明确了债权人有权请求履行新债或旧债,并无清偿顺序的要求。但是,当债务人进入破产程序后,破产企业无力清偿旧债,新债也将基于禁止个别清偿的规定而不能继续履行,虽然《最高人民法院关于适用〈中华人民共和国民法典〉合同编通则若干问题的解释》赋予债权人对新债和旧债履行的选择权,但债权的实现往往需要债务人的配合,因此,决定清偿方式的主动权往往掌握在债务人手中。在破产程序中,管理人可从债务人财产价值最大化及保护债权人整体利益的角度选择依据新债或旧债确定债权金额,即便选择新债,因以房抵债约定系事后达成,抵债物的价值和债权的数额已经确定,一般也不会存在利益失衡问题。

案例索引:

(2021)最高法民申 4628 号

(2020)最高法民申 1407 号

61. 房地产企业破产前,履行期限届满后达成的以房抵债协议在破产程序中应如何认定?

阅读提示:以房抵债问题属于房地产企业破产中常见疑难复杂问题之一,前文分析了履行期限届满前达成的以房抵债协议的性质问题,而对于履行期届满后的以房抵债协议则更加复杂,履行期届满后以物抵债的性质有新债与旧债并存说、新债偿还旧债说等学说观点;实务中处理中,有继续履行以物抵债协议、解除以物抵债协议、撤销以物抵债协议等多种做法,总体认为,以物抵债协议在未交付房屋的情形下,协议并未履行完毕,权利人的权利并不具有优先性。

答:履行期限届满后达成的以物抵债协议,产生新债与旧债并存的法律效果,债权人有选择权,既可以要求债务人履行新债,也可以要求债务人履行旧债。而在破产程序中,对于尚未交付房屋、尚未办理产权过户手续的,管理人则有拒绝继续履行抵债协议的权利,且主流观点认为管理人选择继续履行以房抵债协议则属于个别清偿行为。以房抵债协议无法履行的,因债权人不符合消费性购房认定标准,亦不可根据《最高人民法院关于人民法院办理执行异议和复议案件若干问题的规定》第二十八、二十九条规定排除执行,故对于无法履行以房抵债协议产生的损害赔偿责任应按照普通债权或者原始债权性质处理。同时,对于价格不合理的"以房抵债协议",管理人则可直接行使撤销权予以撤销。

理由与依据:

房地产企业破产中,购房户的权利保护问题一直备受关注,基于对购房者生存权的保护,最高人民法院多次发布司法解释对该问题予以明确。现行有效的规定主要有《最高人民法院关于商品房消费者权利保护问题的批复》(法释〔2023〕1号)以及《最高人民法院关于人民法院办理执行异议和复议案件若干问题的规定》(法释〔2020〕21号)等规范。从上述规定中不难看出,符合一定条件的购房者可以得到较为充分的保护,而房地产企业破产中较为复杂的问题是关于以房抵账的处理。关于以物抵债的性质问题,"最高人民法院(2011)民提字第210号"观点认为,代物清偿协议系实践性合同,未实际履行该协议,债权人与债务人之间的原金钱债务并不消灭,往后的案例则认为以物抵债协议属于诺成性协议。而最新观点认为,以物抵债性质是属于债的变更(不能再要求旧债)还是旧债新债并存,问题的核心仍然是一个意思表示解释规则,意思表示不明确时,应当作出有利于债权人的解释,即推定为旧债新债并存。对此,《民法典》第五百一十五条规定了选择之债,债务人有选择履行的权利,债务人不履行的,选择权转移至对方,《最高人民法院关于适用〈中华人民共和国民法典〉合同编通则若干问题的解释》第二十七条对此观点进行了进一步明确。

具体到破产实务中,对于破产受理前,履行期限届满后达成的以房抵债协议的处理,实践中的做法不一,主流观点认为管理人继续履行以房抵账协议构成个别清偿,应当解除以房抵账协议,同时,债权人非消费性购房者,亦不可根据《最高人民法院关于人民法院办理执行异议和复议案件若干问题的规定》第二十八、二十九条规定排除执行,而应根据原债权关系申报债权。相关案例有,"(2019)最高法民申3582号"裁判要点:抵债房屋并未交付也未办理产权登记手续,虽不属于破产法规定的双方均未履行完毕的合同,但企业已经破产,继续履行一方抵债协议会使得一般债权人取得所有权,从而造成个别清偿,故管理人解除以房抵债协议并无不当,协议解除后,债权人可依据原债权关系申报债权。再如"(2021)最高法民申1966号"裁判要点:本案《商品房买卖合同》实质为以房抵债合同,天成公司并非房屋消费者,也并未占有案涉房屋,亦未办理产权变更登记手续,故案涉房屋仍属于中登投资公司的破产财产。如继续履行《商品房买卖合同》将导致作为一般债权人的天成公司取得房屋所有权,无疑将损害中登投资公司其他债权人利益,对于其他债权人不公。"(2021)最高法民申948号"裁判要点:破产程序的目的在于集中公平清理破产企业的债权债务关系,债务人进入破产程序后,除法律规定或者管理人根据《企业破产法》第十八条规定决定继续履行合同之外,债权人对债务人根据合同享有的履行请求权,应当统一转化为金钱债权,由债权人通过申报债权并根据法定顺位获得清偿。张某峰与祥泰公司存在借贷关系,在祥泰公司无力偿还其借款的情况下,双方为了结清之前的债务,先后签订了四份《房屋定购协议》,购买四套房屋,用于清偿张某峰借给祥泰公司的相关债务。《房屋定购协议》虽然约定张某峰应在合同签订时向祥泰公司全额交纳房款,但张某峰并未按照合同约定向祥泰公司支付购房款,而是以祥泰公司欠其借款本息抵顶案涉购房款。综合本案事实,祥泰公司与张某峰之间的借款行为,以房抵债行为,房屋买卖行为,相互关联、密不可分,其实质是实现以物抵债的交易目的,张某峰签订《房屋定购协议》的目的并非用于居住。因此,原审法院驳回其要求在破产程序中获得优先于普通债权受偿的诉讼请求,并无不当。"(2021)最高法民终846号"裁判要点:基于保护消费者生存权的考虑,《执行异议和复议规定》第二十九条规定符合条件的商品房消费者可排除金钱债权甚至是享有抵押权等优先受偿权的金钱债权的执行。案涉房屋系抵顶工程监理费的办公用房,不属于消费者生存权的保护范畴,不能参照适用执行异议和复议规定第二十九条的规定。"(2021)最高法民终969号"裁判要点:王某鹏与润红公司之间并不具备直接的债权债务关系,案涉房屋所抵的债务是倪某东个人与周某强之间的股权转让款及周某强与王某鹏之间的借款,相关的受益者为倪某东个人以及周某强,案涉房屋所抵款项并没有转化为本应由润红公司收取的案涉房屋的房款。王某鹏主张的其已经通过以物抵债的方式支付了案涉房屋的全部购房款的依据不足,不能认定其已经支付了案涉房屋的购房款,《执行异议和复议规定》第二十九条规定所要保护的是商品房消费者的居住权,而本案所涉以物抵债的目的是消灭王某鹏与周某强之间的金钱之债,并不是为了居住而购买房屋。因此,王某鹏并不属于《执行异议和复议规定》第二十九条规定所要保护的"商品房消费者"。另,所涉金钱之债为普通债权,根据债的平等性原则,不应优于另外一个具有法定优先权的金钱债权的实现。少量案例认为,以房抵债协议不属于破产法规定的双方均未履行完毕的合同,故管理人不得依据《企业破产法》第十八条规定行使任意解除权。如"(2020)最高法民申 4265 号"裁判要点:本案所涉《商品房购销合同》依法进行了合同备案登记,刘某莲作为买受人,以其对腾峰公司所享借款债权本息充抵购房款,且刘某莲的债权本息经腾峰公司债权人会议审查确认,尚略高于案涉《商品房购销合同》约定的房屋价款,刘某莲履行了《商品房购销合同》主要义务具有事实基础。《企业破产法》第十八条的适用前提是双方当事人均未履行完合同义务,在刘某莲履行了合同主要义务的情况下,腾峰公司主张解除案涉《商品房购销合同》于法无据。

案例索引:

(2019)最高法民申 3582 号

(2021)最高法民申 1966 号

(2021)最高法民申 948 号

(2021)最高法民终 846 号

(2021)最高法民终 969 号

(2020)最高法民申 4265 号

62. 公司被裁定受理破产后,投资人依据对赌协议申报债权的,应如何处理?

阅读提示: 在私募股权投资中,投资人与其他各方约定股权回购的对赌协议是常见的商业安排,通常情形下,对赌协议会对目标公司的业绩、完不成业绩的补偿及股权回购进行约定。实务中,当目标公司无法完成对赌协议约定的业绩指标时,投资人通常会提出业绩补偿及回购股权的诉求,此时,目标公司为避免承担对赌失败的后果,可能会提出对赌协议无效、投资人未在回购时间内行权已尚失权利等理由。那么,当目标公司经营不善被裁定进入破产程序时,投资人申报的债权应该如何认定呢?

答:投资人与目标公司的对赌协议是否有效,首先须审查协议内容是否符合公司法关于出资的利润分配的强制性规定,若无违反《公司法》效力性强制性规定的内容,应当认可对赌协议有效,不能仅以目标公司系一方合同主体而直接认定为无效。关于投资人股权回购权的行权时间,司法裁判的标准把握不一,但总体要求应及时行使股权回购请求权。

理由与依据:

因对赌协议而申报的债权该如何认定的问题,应先明确对赌协议的效力。关于对赌协议的效力,《全国法院民商事审判工作会议纪要》(法〔2019〕254号)第二部分作出规定,即:对于投资方与目标公司的股东或实际控制人订立的对赌协议,如无其他无效事由,认定有效并支持实际履行;投资方与目标公司订立的对赌协议在不存在法定无效事由的情况下,目标公司仅以存在股权回购或者金钱补偿约定为由,主张对赌协议无效的,人民法院不予支持,但投资方主张实际履行的,人民法院应当审查是否符合公司法关于"股东不得抽逃出资"及股份回购的强制性规定,判决是否支持其诉讼请求。自《全国法院民商事审判工作会议纪要》公布以来,关于投资方与股东的对赌协议,该类纠纷一般不存在因违反公司法强制性规定而导致协议无效的问题;但投资方与目标公司的对赌协议,由于涉及股东不得抽逃出资以及公司回购股权等公司法强制性规定,该类纠纷对协议的效力认定长期以来争议不断,这也是司法实务中的审查难点,笔者认为,与目标公司的对赌协议是否有效,首先须审查协议内容是否符合公司法关于出资的利润分配的强制性规定,若无违反《公司法》效力性强制性规定的内容,应当认可对赌协议有效,不能仅以目标公司系一方合同主体而直接认定为无效。

关于投资人可能提出的股权回购诉求,在破产案件中,管理人需重点审查目标公司是否完成减资程序,如此前已完成减资程序,仅仅是未支付股权回购款,则可审查确认股权回购款的金额;若目标公司在破产受理前未完成减资程序,则管理人不宜在破产程序中再履行对赌协议的约定,也就无法认定投资人申报的股权回购金额。

关于投资人股权回购权的行权时间,司法裁判的标准把握不一,但经案例梳理,可总结以下裁判思路:

第一种:协议明确约定回购权行权期限,对于此类协议,可能约定为"投资人在一定期限内有权/应当要求回购"。对于约定为有权要求回购的协议,裁判机构倾向于将行权期限认定为权利而非义务,故逾期后仍有权主张回购,参考案例"(2015)苏中商终字第00200号";当然,也有裁判机构将行权期限认定为回购窗口期,认为逾期则失权,参考案例"(2019)沪仲案字第2727号"仲裁案。对于约定为应当在一定期限内主张回购的协议,裁判机构倾向于将行权期限认定为投资人义务,逾期则失权,参考案例"(2019)京01民终8440号"。

第二种:未明确约定回购权行权期限,对于此类协议,部分裁判认为应适用诉讼时效的相关规定,参考案例"(2020)浙04民终2275号";部分法院认为应基于行权可行性、时间间隔、股价波动、合同目的、条款内容和性质、履行情况、市场变化等诸多因素综合确定合理的行权期限,而非适用诉讼时效,参考案例"(2020)京民终549号"。

案例索引:

(2019)京01民终8440号

(2015)苏中商终字第00200号

(2019)沪仲案字第2727号

(2020)浙04民终2275号

(2020)京民终549号

63. 破产程序中,税款债权如何进行审查?

阅读提示:通常情况下,破产企业欠缴的税款包括增值税及附加、土地增值税、房地产税、车船使用税、印花税、企业所得税等。根据税款产生的时间,可分为破产受理前产生的税款及破产受理后产生的税款。

答:破产申请受理前产生的上述税款较之普通债权具有优先性,破产财产在优先清偿破产费用和共益债务后,应清偿破产人欠缴的社会保险费用和破产人所欠税款,其次清偿普通债权。关于应税行为发生在破产案件受理后的行为税税款,如何认定具有一定争议,目前大部分观点认为,属于破产费用随时清偿。

理由与依据：

（一）破产申请受理前产生的税款的处理

该项税款应当由税务机关向管理人申报。债权人应当在人民法院确定的债权申报期限内向管理人申报债权，税务机关应在申报期限内，向管理人申报企业所欠税款（含教育费附加、地方教育附加）、滞纳金及罚款。因特别纳税调整产生的利息，也应一并申报。附利息的债权自破产申请受理时起停止计息，企业所欠税款、滞纳金、罚款，以及因特别纳税调整产生的利息，以人民法院裁定受理破产申请之日为截止日计算确定。

1. 与普通债权的关系

破产申请受理前产生的上述税款较之普通债权具有优先性，破产财产在优先清偿破产费用和共益债务后，应清偿破产人欠缴的社会保险费用和破产人所欠税款，其次清偿普通债权。其中，教育费附加、地方教育附加是否属于有优先权的税款具有争议。有观点认为，因教育费附加、地方教育附加依附于增值税、营业税、消费税征收，属于税收收入，又根据《关于税收征管若干事项的公告》规定，税务机关应申报企业所欠税款（含教育费附加、地方教育附加），故教育费附加、地方教育附加与增值税等具有同样的优先性。相反观点认为，因教育费附加和地方教育附加不属于现行法律规定的税款收入，而属于规费，从而被认定属于普通债权。根据国务院《征收教育费附加的暂行规定》以及财政部《关于统一地方教育附加政策有关问题的通知》中的规定，一个正常运转和处于健康的持续经营状态下的企业需要向税务机关缴纳教育费附加和地方教育附加这两项财政性教育经费（意同下文"两费"），其中教育费附加的征收标准为企业实际缴纳的增值税、营业税、消费税额的3%，地方教育附加的征收标准为企业实际缴纳的增值税、营业税、消费税额的2%，并应当与增值税、消费税同时缴纳。根据《立法法》的规定，税种的设立、税率的确定，需要法律规定，或税收行政法规确定，教育费附加和地方教育附加系的法律渊源不是法律或者税收行政法规。故"两费"不是法定税款，而是政府性基金一类的政策性非税收入，不应按照税款性质优先清偿，而属于普通债权。

2. 与抵押权的关系

《税收征收管理法》第四十五条规定："纳税人欠缴的税款发生在纳税人以其财产设定抵押、质押或者纳税人的财产被留置之前的，税收应当优先于抵押权、质权、留置权执行。"故有观点认为，税款债权与抵押权的关系应考虑抵押权设立的时间。《企业破产法》第一百零九条规定,对破产人的特定财产享有担保权的权利人,对该特定财产享有优先受偿的权利。《中华人民共和国立法法》第九十二条规定,同一机关制定的法律,特别规定与一般规定不一致的,适用特别规定。《税收征收管理法》与《企业破产法》均由全国人大常委会制定,两部法律的位阶相同。从调整对象来看,《税收征收管理法》调整的是全体纳税人的税款征缴事项,《税收征收管理法》第四十五条规定涉及任何状态下企业的税收债权与有担保债权的清偿顺序问题;而《企业破产法》调整的是进入破产程序的非正常状态企业债权债务概括公平清偿程序,该特定程序中破产企业及破产债权人等相关主体的权利均将受到限制,属于特别规定。因此,根据特别法优于一般法的规定,应优先适用《企业破产法》规定,抵押权人就抵押物而言,应优先于税款债权清偿。

(二)破产申请受理后产生的税款

关于应税行为发生在破产案件受理后的行为税税款如何认定,具有一定争议。目前大部分观点认为,属于破产费用随时清偿。例如,河南省高级人民法院、河南省税务局联合发布《企业破产程序涉税问题处理的实施意见》【豫高法(2021)368号】规定,人民法院指定管理人之日起,管理人应当按照《企业破产法》第二十五条的规定,代表债务人办理全部涉税事宜。管理人经人民法院许可,为债权人利益继续营业,或者在使用、处置债务人财产过程中产生的应当由债务人缴纳的税(费),属于《企业破产法》第四十一条破产费用中的"管理、变价和分配债务人财产的费用",由管理人按期进行纳税申报,并依法由债务人的财产随时清偿。有观点提出,破产程序期间产生的税款,应当确定为与受理前税款债权同顺位受偿,不应视为破产费用。理由为:(1)《企业破产法》第四十一条、四十二条规定的破产费用、共益债务不包括税款,且税款并非变现、处置资产的"费用";(2)共益债务的本意只为了保障为破产财产的增值或者避免减损而发生的债务,税款并不包含在破产财产的价值中,优先支付税款无益于破产财产的增值或者避免减损;(3)目前的分配方法导致该部分税款优先于破产费用、职工债权、担保物权、建筑工程优先权及船舶优先权,使该部分税款变成了"超级优先权"。我国破产法对受理破产后的应税行为产生的税款的分配顺位未做明确规定。鉴于税务部门的规定,破产程序中通常须变现的资产主要是不动产,不缴纳税款开具发票无法办理过户,实务中管理人均是即时支付税款。但这确实导致破产财产变现产生的税款绝对优先于其他所有破产费用、共益债务、职工债权及担保物权。

(三)税款滞纳金的处理

根据《税收征收管理法》第三十二条的规定,纳税人未按照规定期限缴纳税款的,从滞纳税款之日起,按日加收滞纳税款万分之五的滞纳金。根据《国家税务总局关于税收征管若干事项的公告》规定,企业所欠税款、滞纳金、因特别纳税调整产生的利息,税务机关按照企业破产法相关规定进行申报,其中,企业所欠的滞纳金、因特别纳税调整产生的利息按照普通破产债权申报。破产申请受理前,滞纳金不属于税款债权,不能具有同等优先性,属于普通债权,已是税务部门和人民法院的共识。但有观点认为,破产申请受理后的税款作为"破产费用"随时清偿,则因此产生的滞纳金也应随时清偿。《破产法司法解释三》第三条规定:"破产申请受理后,债务人欠缴款项产生的滞纳金,包括债务人未履行生效法律文书应当加倍支付的迟延利息和劳动保险金的滞纳金,债权人作为破产债权申报的,人民法院不予确认。"如前所述,破产受理前的税款滞纳金作为普通债权处理,若将新生税款滞纳金作为破产费用处理,则在逻辑上存在冲突,也不符合破产法司法解释的规定。因此,以破产受理为节点,破产受理后因欠缴税款产生的滞纳金不属于破产债权。

（四）税务机关罚款的处理

税收罚款是税务机关对税收违法行为进行的行政处罚,根据《税收征收管理法》规定,包括未按期申报、虚假申报、不申报纳税,偷、骗、抗税等违法行为。企业在陷入困境时常有不规范的违法经营行为,行政机关对该类违反管理秩序的行为可予以惩戒,即行政处罚。以房地产企业为例,在资金链断裂的情况下,常常出现未取得预售许可证的情况下违规销售的情形,而根据相关法律规定,行政机关可对该类行为进行行政处罚。对若对破产企业取消行政处罚,不符合法律公平公正的原则,也不利于行政机关对市场秩序的管理。破产企业也应遵守相关法律规定,企业进入破产程序不影响行政机关查处其违法行为,因此行政机关有权对破产企业作出具有惩戒性质的行政处罚。而行政罚款则是行政机关对违反市场秩序的企业作出的限期缴纳罚款的行为,是典型的行政处罚方式之一,行政罚款是否可作为破产债权甚至随时清偿具有争议。《全国法院破产审判工作会议纪要》第二十八条规定了破产债权的清偿原则和顺序,破产财产依照《企业破产法》第一百一十三条规定的顺序清偿后仍有剩余的,可依次用于清偿破产受理前产生的民事惩罚性赔偿金、行政罚款、刑事罚金等惩罚性债权。据此,大部分观点认为,税收罚款作为行政性质的罚款,属于劣后债权。不过,在实务中,管理人据此不缴纳行政罚款,仍具有较大实践难度。

案例索引:

(2020)湘 10 民终 1585 号

64. 破产程序中,税收债权与担保债权哪个优先?

阅读提示:在破产实务中税收债权与担保债权哪个优先经常存在争议,《税收征收管理法》以担保的设立时间为区分,规定了担保设立之前产生的纳税义务应优先于担保债权的实现,然而《企业破产法》仅笼统规定了担保债权可在破产程序中优先实现,而未进行更加细化的规定。这也导致了税收债权与担保债权哪个优先的问题之争论在实务中屡见不鲜。

答:相较于《税收征收管理法》,《企业破产法》属于特别法,且位阶上高于《税收征收管理法》,因此两者冲突时,应优先适用《企业破产法》。当破产程序中同时存在税收债权以及抵押担保债权时,应根据《企业破产法》的规定,在特定担保物价值范围内,担保债权优先于税收债权。

理由与依据:

《税收征收管理法》第四十五条规定纳税人欠缴的税款发生在纳税人以其财产设定抵押、质押或者纳税人的财产被留置之前的,税收应当先于抵押权、质权、留置权执行。即以税款和抵押权的发生时间为界来区分税收债权和抵押权的优先顺位。《企业破产法》第一百零九条和一百一十三条规定破产程序中抵押权人享有别除权,抵押权优先于税收债权和普通债权获得清偿。两个法律规定得不一致,导致在破产实务中对此问题存在两种截然相反的观点。第一种观点认为,根据《民法典》第三百八十六条规定,担保物权人在债务人不履行到期债务或者发生当事人约定的实现担保物权的情形,依法享有就担保财产优先受偿的权利,但是法律另有规定的除外。《税收征收管理法》第四十五条的规定应当为《民法典》第三百八十六条规定的例外情形。另外《企业破产法》第一百零九条和一百一十三条也没有排除适用《税收征收管理法》第四十五条的规定。因此,应当适用《税收征收管理法》第四十五条的规定。第二种观点认为,《税收征收管理法》第四十五条调整的是全体纳税人的税收征缴事项,属于一般规定;而《企业破产法》第一百零九条、一百一十三条仅调整破产情形下债权的清偿顺序问题,属于特别规定,而其并没有采用《税收征收管理法》第四十五条对税收债权采用二分法的方式规定清偿顺序。按照特别规定优先于一般规定的法律适用原则,应当适用《企业破产法》第一百零九条和第一百一十三条的规定,担保债权应当无条件优先于税收债权。第二种观点较为合理,除上述特别规定优先于一般规定的理由之外,还有以下理由支持第二种观点:

(1)现行《企业破产法》和现行《税收征收管理法》都是由全国人大常委会制定,法律位阶相同。但立法现行《企业破产法》2006 年 8 月 27 日通过,自 2007 年 6 月 1 日起施行。现行《税收征收管理法》2001 年 4 月 28 日修订通过,自 2001 年 5 月 1 日起施行。虽然《税收征收管理法》分别于 2013 和 2015 年进行过两次修正,但第四十五条自 2001 年以来一直未予变更。因此从时间上来看,虽然 2015 年修正的《税收征收管理法》新于 2007 年施行的《企业破产法》,但是单纯从《企业破产法》第一百零九条、一百一十三条和《税收征收管理法》第四十五条两条款的新旧来看,《企业破产法》第一百零九条、第一百一十三条是新规范,《税收征收管理法》第四十五条是旧规范。依照新法优先旧法的适用原则,应当按照《企业破产法》第一百零九条、第一百一十三条的规定执行。

(2)在企业破产情况下适用《税收征收管理法》第四十五条会造成破产清偿体系的混乱。若税收债权金额大于抵押物变现金额,以抵押物变现金额为限的税收债权优先于破产费用、共益债务和职工债权清偿,抵押权将被消灭,有抵押担保的债权变为普通债权,超出抵押物变现金额部分的税收债权则将劣后于破产费用、共益债务和职工债权清偿;税收债权的有无在很大程度上决定了有抵押担保的债权能否优先清偿,同时对破产费用、共益债务、职工债权的清偿均产生重大影响;破产财产是否设立抵押,在抵押物范围内将决定税收债权的清偿顺序,抵押权设立最大受益人将是税务机关而非抵押权人。上述情形缺乏合理性,《税收征收管理法》第四十五条与《企业破产法》确立的破产清偿体系存在根本性的逻辑冲突。

相反,若选择在破产程序中适用《企业破产法》,则依照特别规定与一般规定的关系,《企业破产法》与《税收征收管理法》可以在破产程序内外并行不悖。具体而言:在破产程序中,按照《企业破产法》,抵押权优先于税收债权;而在破产程序之外,税收债权与抵押权的优先性依据《税收征收管理法》的规则确定。因此,从法律体系的逻辑性来看,在破产程序下适用《企业破产法》更为合理。

65. 金融债权利息、罚息、复利如何审查？是否适用"4 倍 LPR"上限规定？

阅读提示：金融机构在破产程序中申报的债权，一般分为两种类型。第一种是"未到期债权"，即贷款合同约定的债务履行期尚未届满的债权。根据《企业破产法》的特别规定，未到期债权加速到期，金融机构申报的此类债权范围通常包括贷款本金余额、因贷款本金余额产生的贷款期限内的利息。第二种是"逾期债权"，即贷款合同约定的债务履行期已经届满但未被偿付的债权，也是在金融债权申报中较为复杂的情形，包括贷款本金余额、贷款期限内产生的利息、逾期偿还本金产生的罚息、贷款期限内的复利、贷款逾期后的复利（如涉及）等。

答：根据《最高人民法院关于进一步加强金融审判工作的若干意见》的规定，对于金融机构的金融借款利率的司法保护上限为年利率24%，即便目前民间借贷利息标准上限已改为 4 倍 LPR，金融债权利息、罚息、逾期付款利息、复利、实现债权的费用等计算上限为以本金为基数，不超过年利率24%计算。

理由与依据：

目前，金融机构的内涵和外延没有统一明确的规定，最高人民法院、中国人民银行、国家金融监督管理总局对此均有不同的解释。通常，银行作为出借人的借贷，属于狭义的金融债权，企业作为出借人的则属于民间借贷。介于二者之间的是非银行金融机构如信托公司、证券公司从事的实质上意义上的借贷，以及类金融机构如保理公司、融资租赁公司从事的借贷。根据《最高人民法院关于民间借贷若干问题的解释》，类金融机构包括小额贷款公司、融资担保公司、区域性股权市场、典当行、融资租赁公司、商业保理公司、地方资产管理公司共七类地方金融机构。以上主体作为出借人的借贷，可作为金融债权审查。

金融债权一般为本金、利息、罚息、逾期付款利息、复利组成。本金容易理解，利息通常指的是贷款本金的期内利息，计算方式为本金×贷款合同利率×时间。《人民币利率管理规定》规定，对于逾期贷款或挤占挪用贷款计收罚息，对不能按时支付的利息计收复利。罚息和逾期付款利息是借款人违约后应承担的违约责任。罚息的适用情形既包括债务人违反资金约定使用时间，也包括违反资金约定用途。因此逾期利息是罚息的一种,计算方式为本金×罚息利率×时间。罚息利率通常采用贷款利率上浮百分比的调整方式。复利通常指的是贷款期内利息的利息,是借款人给出借人造成的利息损失而承担的赔偿责任,计算方式为期内利息×复利利率×时间。复利利率通常采用贷款利率或罚息利率。

罚息的审查。罚息是当借款人存在违约时,增加出借人的资金风险,需承担惩罚性赔偿,计算基数仅限于不能按时支付(或挪用)的贷款本金,不包括期内利息。《中国人民银行关于人民币贷款利率有关问题的通知》规定逾期贷款的罚息利率可上调30%~50%;挪用贷款的罚息利率可上调50%~100%。借款人既挪用借款又逾期的,罚息利率应择其重处之,不能叠加适用。

复利的审查。复利的计算基数为不能按时支付的利息,包括贷款期内不能按季支付的期内利息和贷款逾期后还未还清的期内利息。前者按合同利率计收复利,后者按罚息利率计收复利。罚息能否作为计算复利的基数,存在争议。有观点认为,这属于当事人意思自治范围,不超过法定上限即可;否定者认为,《人民币利率管理规定》未明确罚息可以计收复利。根据最高人民法院相关判例,我们认为,复利应以期内利息为基数。罚息是对借款人违约的惩罚,复利是对出借人利息损失的补偿,若对罚息加收复利,有失公平。

格式条款的审查。金融机构借贷合同的格式条款亦是审查的重点。《中国人民银行金融消费者权益保护实施办法》第二十一条指出,金融产品或者服务的数量、利率、费用、履行期限和方式、注意事项、风险提示、纠纷解决等属于与金融消费者有重大利害关系的内容。首先,金融借贷合同对于罚息、复利的计收未约定明确的情况下法院应作出不利于金融机构的解释。其次,即使相应条款约定明确,金融机构也应当以合理方式尽到提示说明义务,否则相关条款应从合同中排除。最后,过分减轻金融机构责任、加重借款人责任或排除其主要权利的条款应认定无效。

金融债权利息、罚息、逾期付款利息、复利计算上限的审查。2017年8月4日,《最高人民法院关于进一步加强金融审判工作的若干意见》提出,金融债权利息、复利、罚息、违约金和其他费用过高,背离实际损失的,借款人可申请对超过年利率24%的部分予以调减。2020年8月18日,《最高人民法院关于审理民间借贷案件适用法律若干问题的规定》将民间借贷最高利率调整为一年期贷款市场报价利率(LPR)的4倍。根据《最高人民法院关于进一步加强金融审判工作的若干意见》的规定,对于金融机构的金融借款利率的司法保护上限为年利率24%,即便目前民间借贷利息标准上限已改为4倍LPR,似乎不应再以年利率24%作为判定金融债权息费是否过高的标准,但金融借款合同纠纷不适用一般借款合同的法律规定,金融借贷与民间借贷利率实行双轨制,金融债权不同于民间借贷的司法审查规则与利率标准。故金融债权利息、罚息、逾期付款利息、复利计算上限为以本金为基数,按年利率24%计算。

非金融机构受让金融债权后能否计收利息、罚息、复利。2009年4月3日《最高人民法院关于审理涉及金融不良债权转让案件工作座谈会纪要》(以下简称《海南会议纪要》)第九条规定,"受让人向国有企业债务人主张不良债权受让日之后发生的利息的,人民法院不予支持"。2009年9月25日最高人民法院"(2009)民二他字第21号"函答复云南省高级人民法院,明确:涉及非国有企业债务人的金融不良债权转让纠纷案件,亦应参照适用《海南会议纪要》的规定。2013年11月26日,最高人民法院"(2013)执他字第4号"函答复湖北省高级人民法院,明确:执行中涉及金融不良债权,应当参照《海南会议纪要》精神处理;《海南会议纪要》发布后,非金融资产管理公司的机构或个人受让金融不良债权的,受让日之后不再计付利息,利息包括迟延履行利息。该函答复内容系经最高人民法院审判委员会讨论决定。应特别注意的是,目前大多数受让人取得金融债权后,会与债务人签订新的《债务重组协议》,双方就本金、利息、罚息、复利、债权实现费用等计算标准作出新的约定,基于此,受让人要求债务人承担继续支付利息、罚息、复利的要求具有法律基础。

非金融机构受让金融机构的债权后,与债务人重新签订《债务重组协议》,该债权的性质是否仍属于金融债权。目前,金融债权利息、罚息、逾期付款利息、复利计算上限与民间借贷存在根本差别,判断债权性质是否属于金融债权具有重要意义。非金融机构受让金融机构的债权后,如果没有与债务人重新签订《债务重组协议》,根据《海南会议纪要》的规定,不应计算转让后的利息、罚息、复利。如果非金融机构与债务人重新签订了《债务重组协议》,那么该笔债权性质是否属于金融债权?笔者认为,此种类型的债权性质不属于金融债权,应以民间借贷处理。首先,因双方重新签订了《债务重组协议》,借款合同主体已不存在金融机构。其次,允许金融机构加收复利、罚息等息费,并设定与民间借贷不一样的保护上限,有可能是出于对国家金融行业的保护,但即便《债务重组协议》来源于金融债权,受让人已向金融机构支付转让对价,此时已非金融债权之本质。但是,部分人民法院仍认为此种类型债权属于金融债权,笔者认为有待商榷。

案例索引:

(2023)豫01民初398号

66.仅办理建筑物抵押登记,建筑物占用范围之债权如何审查?

阅读提示:在破产案件中,经常出现抵押债权,如何准确认定抵押财产范围是较为复杂的问题。特别是出现以建筑物办理抵押登记,未办理土地使用权抵押登记,建筑物占用范围内的土地一并抵押,该"占用范围"如何认定,是实务中存在较大争议的问题。

答:建筑物抵押权效力所及的建设用地使用权应以抵押建筑物面积占规划建设总面积的比例予以分摊确定。

理由与依据:

"房地一体"原则。建筑物及其占用范围内的建设用地使用权虽各为独立的不动产(权利),但基于"房"与"地"之间的天然联系,为使建筑物取得使用土地的正当权源,并合于建设用地使用权的设立目的,《民法典》上明确规定,建筑物处分时,占用范围内的建设用地使用权一并处分;建设用地使用权处分时,其地上建筑物亦一并处分。此即所谓"房地一体处分原则",俗称"房随地走""地随房走"。就房地一体抵押而言,《民法典》第三百九十七条规定:"以建筑物抵押的,该建筑物占用范围内的建设用地使用权一并抵押。以建设用地使用权抵押的,该土地上的建筑物一并抵押。"(第一款)"抵押人未依照前款规定一并抵押的,未抵押的财产视为一并抵押。"(第二款)当事人同时以建筑物及其占用范围内的建设用地使用权抵押的,即属一并抵押的情形,在不动产统一登记前后的解释论并无不同。但是,抵押人如仅以其中之一设定抵押权,其效力所及的范围如何? 如将两者分别抵押给不同的债权人,其法律效果如何? 司法实践中存在不少分歧。《全国法院民商事审判工作会议纪要》第六十一条仅解决了房地分别抵押之时抵押权之间的顺位问题。在此基础上,《最高人民法院关于适用〈中华人民共和国民法典〉有关担保制度的解释》解决了部分争议问题,也搁置了部分争议较大的问题。

如何认定"占用范围"? 第一种观点认为,建筑物抵押权所及之范围仅限于建筑物物理范围(建筑物垂直投影面积)内的建设用地使用权,对于此范围之外的建设用地使用权则不享有抵押权。第二种观点认为,建筑物抵押权所及之范围包括整宗土地之建设用地使用权,而非限于地上建筑物的物理范围所占建设用地使用权。如宗地上有数栋建筑物,且该建筑物不属于区分所有,权利人以其中部分建筑物设定抵押的,建筑物抵押权效力所及的建设用地使用权应以抵押建筑物面积占规划建设总面积的比例予以分摊确定。

(一)"占用范围"的具体认定应结合规划条件

建设用地规划许可和规划条件是城乡规划主管部门对土地利用进行宏观调控和指导的主要手段。《城乡规划法》第三十八条规定:"在城市、镇规划区内以出让方式提供国有土地使用权的,在国有土地使用权出让前,城市、县人民政府城乡规划主管部门应当依据控制性详细规划,提出出让地块的位置、使用性质、开发强度等规划条件,作为国有土地使用权出让合同的组成部分。未确定规划条件的地块,不得出让国有土地使用权。以出让方式取得国有土地使用权的建设项目,建设单位在取得建设项目的批准、核准、备案文件和签订国有土地使用权出让合同后,向城市、县人民政府城乡规划主管部门领取建设用地规划许可证。城市、县人民政府城乡规划主管部门不得在建设用地规划许可证中,擅自改变作为国有土地使用权出让合同组成部分的规划条件。"可见,规划条件不仅是建设用地规划许可证的重要内容,而且是建设用地使用权出让合同的必备内容(《民法典》第三百四十八条第二款新增的内容)。建设单位的建造行为受到规划条件的约束,由此规划条件决定了建设用地使用权的商业价值。作为《城乡规划法》的配套规章,《城市国有土地使用权出让转让规划管理办法》明确指出,"城市国有土地使用权出让、转让合同必须附具规划设计条件及附图"。规划设计条件应当包括:地块面积,土地使用性质,容积率,建筑密度,建筑高度,停车泊位,主要出入口,绿地比例,须配置的公共设施、工程设施,建筑界线,开发期限以及其他要求。附图应当包括:地块区位和现状,地块坐标、标高,道路红线坐标、标高,出入口位置,建筑界线以及地块周围地区环境与基础设施条件。虽然供地实践中,并未要求每一建设用地规划均包括如上规划条件,但《城乡规划法》第三十八条第一款所称的地块的位置、使用性质、开发强度均属必备内容。

(二)"占用范围"的具体认定应结合不动产登记规则

按照《不动产登记暂行条例》及其实施细则的规定,不动产以不动产单元为基本单位进行登记。不动产单元指权属界线封闭且具有独立使用价值的空间。没有建筑物、构筑物以及森林、林木定着物的,以土地、海域权属界线封闭的空间为不动产单元。不动产权利即以不动产单元为单位而登记、指称。依不可分性原则,建设用地使用权抵押权的效力及于建设用地使用权之全部。

综上,前述第一种观点存在诸多缺点,例如,在抵押权实现之时该建筑物及其物理范围内的建设用地使用权的受让人,如何行使其受让取得的权利(如通行等)? 基于拍卖成交裁定书进行建筑物所有权转移登记之时,如何分割建设用地使用权? 如既有建筑物的面积已经达到规划条件中容积率的上线,取得剩余建设用地使用权的权利人,未经规划调整,不得再兴建建筑物,其取得此部分建设用地使用权又有何意义? 笔者赞成第二种观点,但也区分以下情形:第一,一宗地上仅规划并建成了1栋建筑物,且不存在区分所有的情形,权利人以其建筑物抵押的,抵押权的效力自应及于整宗地的建设用地使用权。在规划用途上,该建筑物坐落范围之外的其他土地如用作绿化、停车场等配套设施,并不具有独立的经济效用,应使该栋建筑物与整宗地的建设用地使用权一起作为抵押财产。虽然该建筑物坐落范围之外的建设用地尚能再建其他建筑物,但在规划变更之前仅具可能性。解释上可以认为,此时,整宗地均为正当使用该建筑物所必需,否则建设单位无法取得建设用地规划许可证。第二,一宗地上规划建造10栋建筑物,建成并抵押了其中1栋建筑物,且不存在区分所有的情形,权利人以其建筑物抵押的,抵押权的所占范围如何确认?《民法典》第三百九十七条规定,以建筑物抵押的,该建筑物占用范围内的建设用地使用权一并抵押。由于《民法典》未进一步说明,故对于"所占范围"的认定应结合其他相关法律文件确定。住建部发布的《建设用地容积率管理办法》第三条规定,容积率是指一定地块内,总建筑面积与建筑用地面积的比值,即:容积率=建筑面积÷建筑用地面积。据此,通过《建设用地容积率管理办法》第三条规定的"建筑用地面积"确定《民法典》第三百九十七条中的"所占范围内建设用地使用权"具有合法性和可操作性。根据容积率计算办法,建筑用地面积=建筑面积÷容积率。故,此种情形下,建成并抵押了其中1栋建筑物的,抵押效力当然不能及于其他9栋建筑物,即便这9栋建筑物并未建成。在抵押权实现之时,可就该栋建筑物与整宗地的建设用地使用权一体变价,但抵押权人仅能就该栋建筑物及其规划占比的建设用地使用权的变价款部分优先受偿。

案例索引:

(2024)豫民终211号

第七章

债权异议

67. 对管理人债权初步审核结果提出异议的主体有哪些?

阅读提示:本问题聚焦破产债权确认中异议权行使的主体,即有权对债权初步审核结果提出质疑的各方,旨在深化对破产法中异议权行使主体的理论与实践理解。我国《企业破产法》赋予了债权人、债务人以及其他利害关系人异议权,以维护破产程序的透明度和公正性。首先,债权人作为异议权的主要行使者,有权对债权表记载的事项提出异议,以确保债权的准确性和合理性。其次,债务人同样享有异议权,能够对管理人初步审核的债务金额、性质或优先级提出异议。最后,其他利害关系人,如出资人(股东)、破产企业的职工、对破产财产享有权利的第三人(如租赁权人、抵押权人、质权人等)、潜在的重组方或投资人等,亦有权对管理人的初步审核结果提出异议。这些利害关系人异议权的行使,进一步增强了破产程序的包容性和透明度,确保所有可能受破产影响的主体的权益得到适当考虑。

答:在破产程序中,对管理人债权初步审核结果提出异议的主体主要包括债权人、债务人以及其他具有法律地位的利害相关人,如出资人(股东)、破产企业的职工、对破产财产享有权利的第三人(如租赁权人、抵押权人、质权人等)、潜在的重组方或投资人等。

理由与依据:

(一)债权人作为债权异议主体

根据中国《企业破产法》第五十八条第三款的规定,债权人对债权表记载的债权有异议的,可以向受理破产申请的人民法院提起诉讼。债权人认为债权人会议核查的债权表记载的事项有误的,可以向人民法院提起诉讼,请求予以纠正。债权人异议的主要目的在于保护自身的债权不受不当减损,确保债权得到准确、合理的认定。破产法首先应该关注的是债权人的利益问题。债权人是破产程序中的关键参与者,他们有权对管理人的初步审核结果提出异议。在面对自己的债权时,由于债权确认的结果直接影响着债权人与债务人的法律关系,债权人当然可行使异议权以维护自身的合法权益。而在面对他人的债权时,若债务人财产足以清偿所有债务,债权人之间自然不存在竞争。但在债务人陷入破产境地时,债权顺位的差别、同一债权顺位下债权金额的不同都会对他人债权的实现形成冲击,因此,在破产债权确认中,债权人间的利益也是对立的。基于此,承认债权人对本人债权及他人债权享有异议权并无争议。

(二)债务人债权异议主体

根据中国《企业破产法》第五十八条第三款的规定,债务人同样有权对管理人初步审核的结果提出异议。理由如下:在破产程序中,债务人可能对管理人认定的债务金额、性质或者优先级有不同看法,在民法中,债权人与债务人是债的法律关系的当事人,当然享有异议权,而在破产程序中,根据尊重非破产法规范原则之规定,债权人与债务人同样应为地位平等的当事人,且同样享有异议权,这样有助于营造两造平衡的局面,也可以使债权确认主体借助债务人更为优越的举证能力,快速准确地确认。

(三)其他利害关系人债权异议主体

《企业破产法》第五十七条规定:"管理人收到债权申报材料后,应当登记造册,对申报的债权进行审查,并编制债权表。债权表和债权申报材料由管理人保存,供利害关系人查阅。"《破产法司法解释三》第六条第三款规定:"债权表、债权申报登记册及债权申报材料在破产期间由管理人保管,债权人、债务人、债务人职工及其他利害关系人有权查阅。"依据上述规定可知,除债权人、债务人外,对管理人债权初步审核结果提出异议的主体还有其他利害关系人,如出资人(股东)、破产企业的职工、对破产财产享有权利的第三人(如租赁权人、抵押权人、质权人等)、潜在的重组方或投资人等,亦有权对管理人的初步审核结果进行查阅并可以提出异议。

在某些情况下,管理人在审核过程中发现先前的初步审核结果存在错误或遗漏,也有责任主动提出更正,并向破产法院和相关利害关系人报告。

案例索引:

(2020)最高法民再 294 号

68. 对管理人审核的债权提出异议后,管理人调整与否,是否均应当重新提交下次债权人会议核查?

阅读提示:在破产程序中,债权审核是核心环节,确保了债权人的合法权益得以准确确认和保护。管理人负责初步审核债权人申报的债权,检查债权的真实、合法及有效性,建立债权清单,为后续分配奠定基础。面对异议,管理人须复核并可能调整债权信息,再由债权人会议审议确认,确保过程公正透明。即使异议未改变审核结果,管理人也要向债权人会议通报,保障其知情权。为维护程序效率,未被采纳的异议无须再次审议。管理人应确保债权人了解最终决定,体现对债权人权益的尊重和程序的正当性。

答:对管理人审核的债权提出异议后,对于管理人调整的债权,应当提交债权人会议核查,若管理人的调整有利于其他债权人的利益或管理人不予调整的,则不需要提交债权人会议核查,但应当进行公示告知所有债权人。

理由与依据:

在破产程序中,债权审核是一项至关重要的任务,它直接关系债权人的合法权益能否得到合理确认与保护。管理人作为破产程序中的执行者,承担着对债权人申报的债权进行初步审核的责任。这一审核过程不仅需要细致检查债权申报的文件和证据,还需要确保每笔债权的真实性、合法性和有效性,从而奠定后续债权分配的基础。债权审核的初步阶段,管理人须细致审阅债权人提交的所有文件和证据,这包括但不限于合同、发票、往来函件以及任何可以证明债权存在的文档。通过这一系列的审查,管理人旨在建立一个基于事实的债权清单,为后续的债权分配提供坚实的基础。

当债权人、债务人或其他利害关系人对管理人初步审核的债权结果持有异议时，管理人必须依据异议的具体内容和相关证据进行复核。复核的目的在于纠正可能存在的错误或遗漏，确保债权确认的准确性与公正性。这一环节要求管理人对异议进行深入分析，必要时可能需要额外的调查或证据收集，以形成全面的判断。如果管理人在复核过程中发现异议确有其合理性，导致对债权的初步审核结果需要进行调整，那么调整后的债权依据是否对其他债权人造成影响采取不同的方式，若是不利于其他债权人利益，则需要重新提交给债权人会议进行核查。债权人会议，作为全体债权人共同意志的体现，有权审议调整后的债权信息，并通过表决来确认债权的最终状态。这一过程对于确保债权确认的公正性和透明度至关重要，因为债权的调整可能会影响每个债权人的权益分配比例，进而影响破产财产的分配格局。若是有利于其他债权人的利益，则不需要提交债权人会议核查，但应当进行公示告知所有债权人。

即便异议未能得到支持，管理人也有义务向债权人会议通报异议的情况及其处理结果，确保债权人对整个债权审核过程的知情权和监督权得到充分保障。然而，在实际操作中，是否需要为此专门召开债权人会议，往往取决于具体破产程序的规定和案件管理的实际需求。在不影响债权总额实质性变化或债权人会议已频繁召开的情况下，管理人可通过书面通知或在下次会议中简要报告异议处理结果，避免不必要的程序拖延和成本增加。值得注意的是，对于那些经复核后异议未被采纳的债权，无须在债权人会议中再次核查，债权人也不得就同一笔债权重复提出异议。这一规则旨在维护破产程序的高效运行，防止无限循环的争议拖累整个破产进程。

简言之，管理人在实务操作中具体有以下几种做法：（1）管理人对债权表中记载债权的调整，调整不利于其他债权人利益的，例如增加异议人债权金额，或者将异议人普通债权调整为优先受偿债权的，该债权调整应当提交以后的债权人会议重新核查；（2）调整有利于其他债权人利益的，例如减少债权金额，或者将优先受偿债权调整为普通债权的，该债权调整可以不提交债权人会议重新核查，但应当及时披露给其他债权人；（3）对于债权不予调整的，但为了维护破产程序的公正性和效率，应及时披露给其他债权人，这种做法既体现了对债权人权益的尊重，也符合破产法关于透明度和程序正当性的要求。

69. 债权人或债务人对审核的债权提出异议的期限是多少?

阅读提示:在破产实务中,债权异议程序对于保障债权人的合法权益至关重要。鉴于《企业破产法》第五十八条的规定较为原则化,实践中管理人和债权人对债权异议的理解和操作存在分歧。具体实操中,管理人应在债权人会议召开前,分批次向债权人和债务人发送债权审核确认表,并明确告知异议期限,以此建立有效的沟通机制,提前解决潜在争议。这种做法不仅有助于构建和谐的沟通环境,还能为管理人留出更多时间处理异议,减少不必要的诉讼,进而降低破产程序的成本和复杂性。

答:现行法律并未明确债权人或债务人对审核的债权提出异议的期限。实操中,在债权人会议召开前,管理人可分批次向债权人和债务人发送债权审核确认表,并明确告知若对债权审核结果有异议的,在一定期限内可以向管理人提出异议申请,否则视为对债权审核无异议。

理由与依据:

在破产实务中,由于利益诉求及立场不同,在债权申报和确认的过程中,管理人、债权人及债务人三者之间难免会产生争议和冲突,因此有必要从立法上赋予债权异议人救济的途径,并对其异议权利的行使给予立法和司法的保障。我国《企业破产法》第五十八条第三款规定,"债务人、债权人对债权表记载的债权有异议的,可以向受理破产申请的人民法院提起诉讼"。该条款是破产异议诉讼的破产法渊源,其赋予了债权异议人,包括债权人和债务人采用诉讼程序进行司法救济的权利。由于该条规定过于笼统,为了更好地保障债权异议权的行使,最高人民法院和各地方法院都进行了许多有益的探索,但在实践操作中,管理人或债权人对债权异议在理解和操作上非常不统一,许多具体问题现行法律规范未作出明确规定,或者现行法律规定不尽合理。

无论从立法层面还是实务层面,都要重视和加强债权异议诉讼的前置程序,即异议和反馈程序的设置。首先,管理人应充分告知债权申报人债权申报的条件和要求,从而避免因异议人和管理人因沟通不充分而对债权事实及法律适用产生认识上的偏差,从而导致异议产生。管理人在债权审核过程中,应充分履行告知义务,督促并指导债权人进行规范申报,并对债权人或债务人提出的疑问,给予充分及时的解释,这种沟通反馈的过程应贯穿于债权初审、债权复审、债权表编制的整个过程。而非等到管理人编制完成债权表后,再通过书面通知征求债权人和债务人意见。实践中债权审核的时间非常紧迫,往往债权表编制完毕后,时间上已经临近第一次债权人会议,债权人和债务人没有充分的时间反馈意见。

在实务中,管理人对债务人或债权人对债权审核结果提出异议的期限的设置主要有以下几种做法:(1)在债权人会议召开前,分批次向债权人和债务人发送债权审核确认表,并明确告知若对债权审核结果有异议的,在一定期限内可以向管理人提出异议申请,否则视为对债权审核无异议。譬如四川省自贡市中级人民法院《关于办理破产案件流程标准化管理工作指引》第六十一条规定:"管理人应当将审查结果书面通知债权人,并给予债权人不少于七日的异议期。"(2)在债权人会议召开后,向债权人和债务人发送债权审核确认表,并明确告知若对债权审核结果有异议的,在一定期限内(少于十五天)可以向管理人提出异议申请,否则视为对债权审核无异议。(3)在债权人会议中,对债权审核确认表进行特别提示,规定十五天的异议期限。笔者认同第一种做法,理由如下:在破产会议召开前,对债权人和债务人告知债权审核结果,可以提前与债权人或债务人构成良好的沟通机制,把矛盾和纠纷解决在债权人会议召开前。其次,也可适当延长管理人对提出异议的债权重新复核的时间,避免异议人不得不提起异议诉讼,否则面临逾期失权的风险。最后,在一定程度上可以尽可能地减少不必要的异议诉讼,节约各方的诉讼参与成本,减少破产衍生诉讼对破产程序的影响。

70. 管理人对债权异议的审查期限如何确定?

阅读提示:在破产程序中,管理人对债权异议的审查期限虽无具体法律规定,但应遵循及时性和合理性原则。依据《企业破产法》及相关司法解释,债权人和债务人可在债权表提交核查后十五日内提起诉讼。管理人在收到异议后应迅速启动审查流程,包括初步审查、深入调查、形成书面意见,并在法院规定的期限内提交审查结果。实践中,各地法院通过指导意见强调管理人审查工作的时效性,法院在判决时会考虑管理人审查异议的时效性。因此,管理人需在确保异议得到公正、快速处理的同时,紧跟法院及地方司法机关的最新规定,以适应法律环境的变化,保障破产程序的顺利进行。

答:虽然法律未明确规定管理人审查异议的具体期限,但在实践中,管理人应尽量在合理时间内完成审查,避免拖延破产程序。

理由与依据:

在破产程序中,管理人对债权异议的审查期限是一个关键环节,直接关系到破产程序的效率与公正。《企业破产法》第五十八条规定:"债权人会议对管理人编制的债权表进行核查,提出异议。债权人、债务人对债权表记载的债权有异议的,可以自债权表提交债权人会议核查之日起十五日内,向受理破产申请的人民法院提起诉讼。"《破产法司法解释三》第八条指出:"债权人、债务人对债权表记载的债权有异议的,可以自债权表提交债权人会议核查之日起十五日内,向受理破产申请的人民法院提起诉讼。人民法院应当在立案之日起三十日内作出裁定。"虽然上述规定主要针对债权人、债务人提起异议后的诉讼期限,但实践中,管理人在收到异议后也应尽快启动审查程序。管理人对债权异议的审查并非一个独立的法定期限概念,而是基于其职责的履行,通常包括但不限于以下步骤:(1)接收异议。管理人应记录收到异议的时间,作为审查流程的起点。(2)初步审查。管理人需对异议内容进行初步评估,判断异议是否成立,可能需要收集额外证据或与相关方沟通。(3)深入调查。若初步审查显示异议有合理依据,管理人应进行更详细的调查,这可能涉及查阅原始合同、财务记录等。(4)出具意见。完成调查后,管理人应形成书面意见,阐述对异议的处理建议,可能支持、驳回或部分支持异议。(5)提交法院。管理人须在法院规定的期限内提交其审查意见,通常应在债权人、债务人提起诉讼前完成。

虽然法律未明确规定管理人审查异议的具体期限,但在实践中,管理人应尽量在合理时间内完成审查,避免拖延破产程序。部分地方法院通过发布指导意见、操作规程等方式,对管理人审查异议的时限提出了具体要求,如四川省自贡市中级人民法院《关于办理破产案件流程标准化管理工作指引》第六十二条规定:"债权人在异议期内向管理人提出异议的,管理人应当对异议债权予以复核,并在五日内将复核结论书面告知异议人,异议人不服复核结论的,管理人应提交债权人会议核查。债权人对管理人的复核结果不服或者对债权人会议核查的债权不服的,最迟应于核查债权的债权人会议结束后十五日内向受理破产案件的人民法院提起债权确认诉讼,并将案件受理情况通知管理人。"强调了管理人审查工作的时效性。

管理人对债权异议的审查期限虽无明确法律规定,但基于其在破产程序中的重要地位及效率原则,实践中应遵循"及时性"与"合理性"的原则。管理人须在收到异议后迅速响应,通过有效的内部流程,确保异议得到公正、快速的处理,同时,应密切关注法院及地方司法机关的最新规定,以适应不断变化的法律环境,保证破产程序的顺利推进。

71. 债权异议人未在规定期限内提起债权确认之诉,是否丧失权利?

阅读提示:在债权人会议核查债权结束后,管理人应及时向债权人、债务人送达审查意见,并注明起诉期间及逾期后果。债权人及债务人对债权有异议应当尽快向管理人提出,管理人不予解释和调整的,或者对债权调整不服的,应当及时向人民法院起诉,逾期起诉的,视为其同意债权人会议核查结果,破产程序按债权人会议核查并经人民法院裁定确认的结果继续进行,给异议人财产分配和行使表决权等带来的不利后果,由其自行承担。

答:《破产法司法解释三》第八条规定的十五日期间并非诉讼时效、除斥期间或起诉期限,该十五日期间届满并不导致异议人实体权利或诉权消灭的法律后果。异议人未在该十五日内提起债权确认的诉讼,视为其同意债权人会议核查结果,破产程序按债权人会议核查并经人民法院裁定确认的结果继续进行,给异议人财产分配和行使表决权等带来的不利后果,由其自行承担。

理由与依据:

《企业破产法》第五十八条第三款规定:"债务人、债权人对债权表记载的债权有异议的,可以向受理破产申请的人民法院提起诉讼。"《破产法司法解释三》第八条规定:"债务人、债权人对债权表记载的债权有异议的,应当说明理由和法律依据。经管理人解释或调整后,异议人仍然不服的,或者管理人不予解释或调整的,异议人应当在债权人会议核查结束后十五日内向人民法院提起债权确认的诉讼。当事人之间在破产申请受理前订立有仲裁条款或仲裁协议的,应当向选定的仲裁机构申请确认债权债务关系。"其明确了债务人及债权人对管理人记载的债权表中有异议的债权的救济渠道,但由于条文中未对"十五日"的期限以及法律性质予以明确,导致在司法实践中产生了不同的理解。

　　根据《破产司法解释三》第八条的有关规定,管理人编制债权表后,提交债权人会议核查,如有异议,管理人应当说明理由和法律依据,债权人对此不服的,或者管理人不予解释或调整的,债权人可以自债权人会议核查结束后十五日内向人民法院提起诉讼。虽然法律规定了十五天的时间,但是对于债权人向管理人提出异议需要时间,管理人向债权人进行解释并提出书面回复亦需要一定时间,上述情况都在无形中消耗了债权人提起诉讼的时间,从而不利于对债权人权益的保护。关于逾期起诉的法律后果的争议焦点主要体现在学者对十五日的法律性质的理解不同。根据我国传统民法理论和相关法律规定,诉讼时效与除斥期间是我们熟知的主要法定期间。诉讼时效与除斥期间的设置均有时间因素参与,分别从不同角度影响着民事主体的权利义务。诉讼时效专门指向请求权,超过诉讼时效将受到抗辩权限制,但对权利自身并不产生影响。除斥期间主要指向形成权,权利人在法定期间内应当以一定方式行使权利,否则超过期间将导致权利消灭。《破产法司法解释三》第八条规定的"十五日内"期间到底是诉讼时效还是除斥期间,又或是其他性质,在理论和实务界引发热议,各种解读观点纷纷涌现。

　　第一种观点认为,债权人对自己债权确认结果有异议的,其提起债权确认诉讼的时效适用有关诉讼时效的一般规定。将"十五日"期间的性质认定为诉讼时效方能保护债权人利益,否则会引发实体不公。比如,江苏省高级人民法院民二庭《破产案件审理指南(修订版)》第六条第四款规定:"债权表经债权人会议核查,债权人对他人债权有异议的,可以再管理人确定的合理期限内向管理人提出异议,由管理人予以复核,异议成立的,应予采纳,异议不成立的,债权人可以自收到书面复核通知书之日起十五日内提起债权确认诉讼,债权人也可不经复核程序,自收到债权表之日起十五日内,以债务人及该他人为被告提起债权确认诉讼。"第二种观点认为,债权人未在规定的起诉期限内提起破产债权确认诉讼将丧失异议权。破产程序不仅仅要关注债权人利益保护问题,还应当追求效率价值,否则将对其他债权人带来不公。比如《深圳市中级人民法院破产案件债权审核认定指引》第三十条规定:"债权人和债务人对债权表记载的内容有异议的,管理人应告知其自债权人会议核查债权之日或收到债权表之日起十五日内向本院提起诉讼。逾期不起诉的,管理人应当申请本院裁定确认。"《北京市高级人民法院企业破产案件审理规程》第一百七十四条第一款规定:"债务人、债权人对债权表记载的债权有异议的,应当说明理由和法律依据。经管理人解释或者调整后,仍有异议的,按照以下原则处理:(1)债务人、对他人债权有异议的债权人,可以在核查债权之债权人会

议结束后十五日内,向受理破产案件的人民法院提起债权确认诉讼。逾期未起诉
的,该债权确定。(2)对本人债权有异议的债权人,可以向受理破产案件的人民法
院提起债权确认诉讼。人民法院可以依照企业破产法第五十九条第二款之规
定,为其行使表决权而临时确定债权额。破产财产分配时,该债权确认诉讼案件尚
未作出生效裁判的,应当根据该债权人申报债权额和破产案件清偿率计算其分配
额并提存。"《重庆市高级人民法院关于审理破产案件法律适用问题的解答》第九
点的规定与其有异曲同工之处,均设置了异议人逾期起诉则丧失异议权的制度。
第三种观点认为,十五日期间规定是与企业破产法债权申报期限相同性质的附不
利后果承担的引导性规定,而不能理解为诉讼时效或是除斥期间。[①] 主要理由有:
诉讼时效和除斥期间均会导致异议人丧失债权确认诉权;司法解释是否有权设置
诉讼时效或除斥期间值得推敲;逾期申报债权者立法都未剥夺其权利,司法解释更
无权规定剥夺债权人提起债权确认诉讼权利的特别时效。尤其是在重整与和解程
序中,未超过诉讼时效的逾期申报债权在重整计划与和解协议执行完毕后仍可获
得清偿,仅逾十五天期限未提起债权确认诉讼就被剥夺受偿权利,这显然是不
妥的。

　　在审判实践中,有法院认为债权人的起诉超过法定期限,依法应当驳回起诉。
例如在中冶天工集团有限公司因与被申请人优派能源(阜康)煤焦化有限公司破
产债权确认纠纷一案[参见(2020)最高法民申 68 号]中,最高人民法院认为:中冶
公司在优派公司重整期间申报了债权并主张建设工程价款优先受偿权。第一次债
权人会议对申报的债权进行了核查,中冶公司代理人参加了会议并签收了债权表。
中冶公司的债权在债权表中被确认为无担保的普通债权,该公司在会议上未对债
权性质提出异议。债权表首页明确告知:"债务人、债权人如对债权表记载的债权
有异议,自第一次债权人会议结束后 15 日内向昌吉州中级人民法院提起诉讼,逾
期视为放弃权利",但中冶公司在会议后未依照《企业破产法》第五十八条的规定
提起诉讼主张权利,因此不予支持。又比如在张家口德泰全特种钢铁团有限公司
与张家口名郡鑫泰旅游开发有限责任公司债权确认纠纷案件[参见(2021)冀民终
158 号]中,湖北省高院认为关于名郡鑫泰公司的起诉是否超过法定期限问题,《破
产法司法解释(三)》第八条规定:"债务人、债权人对债权表记载的债权有异议
的,应当说明理由和法律依据。经管理人解释或调整后,异议人仍然不服的,或者

[①] 王新欣:《〈破产法司法解释三〉第八条之解读》,载《人民法院报》2019 年 8 月 15 日,
第 007 版。

管理人不予解释或调整的,异议人应当在债权人会议核查结束后十五日内向人民法院提起债权确认的诉讼。"本院审理中,名郡鑫泰公司提交证据证明,名郡鑫泰公司以德泰全公司为被告于2019年7月6日申请了网上立案,德泰全公司认可该公司与名郡鑫泰公司无其他纠纷产生诉讼,故可以认定名郡鑫泰公司2019年7月6日申请网上立案系因本案产生的纠纷。名郡鑫泰公司2019年6月21日收到债权不予认定通知书,2019年7月6日申请网上立案,应认定该公司在债权人会议核查结束后十五日内向人民法院提起了债权确认的诉讼。德泰全公司关于名郡鑫泰公司的起诉已超过法定期限,依法应驳回该公司起诉的理由不能成立,其该主张本院不予支持。

同时,也有法院认为《破产法司法解释三》并未明确十五日的法律性质,对于逾期起诉的予以受理。在安徽马鞍山农村商业银行股份有限公司与沭阳宝龙置业有限公司关于破产债权确认纠纷案件[参见(2019)苏1322民初1776号]中,江苏省沭阳县法院认为:《企业破产法》第五十八条第三款规定,债务人、债权人对债权有异议的,可以向受理破产申请的人民法院提起诉讼。《破产法司法解释三》第八条规定,债务人、债权人对债权表记载的债权有异议的,应当说明理由和法律依据。经管理人解释或调整后,异议人仍然不服的,或者管理人不予解释或调整的,异议人应当在债权人会议核查结束后十五日内向人民法院提起债权确认的诉讼。2018年3月23日,本院召开被告宝龙公司破产清算第一次债权人会议并宣读了关于债权申报人如何核查债权的权利义务告知书。告知书第三项规定,债权人对债权表记载的债权有异议的,应当在2018年4月15日前向管理人书面提出,请求对异议债权进行复核,债权人也可不经管理人复核,直接向本院提起诉讼,提起诉讼的期限为2018年4月30日,逾期本院不予受理。告知书规定债权人提出异议及提起诉讼的具体期限目的是督促债权人及时履行债权核查义务,及时推进破产程序的进行,而《破产法》未对债权人对债权有异议向人民法院提起诉讼的期限作出明确规定,《破产法司法解释三》虽对此作出了规定,但对逾期提起诉讼的相关后果未作出明确规定,故上述告知书中提起诉讼的期限及逾期不予受理的相关内容无法律依据。另外,《破产法司法解释三》第九条规定,债权人对债权表记载的他人债权有异议的,应将被异议债权人列为被告。综上,原告有权提起本案诉讼,本院应予以受理。

最后,关于异议债权人逾期起诉的完善建议:(1)十五日的时间从债权人会议核查结束为起始点较为不妥。债权人从了解自己的债权审核情况到提出异议以及管理人解释调整,最后到债权人收到异议回复通知书,这期间都要消耗大量的时间,《破产法司法解释三》第八条规定中的自债权人会议核查结束后"十五日"的时间较短,从而不利于对债权人权益的保护。笔者建议应当以债权人收到异议回复通知书之日起为起始点更为适宜。(2)关于逾期起诉的法律后果应当予以明确,《破产法司法解释三》第八条规定的十五日期间系附不利后果的引导性规定,目的是督促异议人及时主张权利、提高破产程序的效率,并非起诉期限、诉讼时效或除斥期间。该十五日期间届满后,破产程序按债权人会议核查并经人民法院裁定确认的结果继续进行,由此给异议人行使表决权和财产分配等带来的不利后果,由其自行承担,但并不导致异议人实体权利或诉权消灭的法律后果。

案例索引:

最高人民法院(2022)最高法民申 233 号

(2020)最高法民申 38 号

(2021)冀民终 158 号

(2019)苏 1322 民初 1776 号

72. 破产债权确认之诉中适格当事人有哪些,应如何列明相关诉讼主体?

阅读提示: 在破产债权确认诉讼中,确定适格的诉讼当事人是关键。一般来说,债务人和债权人是主要的适格当事人,而管理人不应直接成为诉讼主体。这是因为破产债权确认诉讼本质上是确认之诉,债务人作为债权争议的实质主体,而管理人尽管有管理和处分破产财产的职责,但在债权人或债务人存在的情况下,不应代替其诉讼地位。管理人自主诉讼的权利主要体现在直接涉及破产财产价值变动的情形,而在债权确认诉讼中,这种直接关联性较弱,管理人的角色更多是债权表的编制者和债务人的诉讼代表人。债务人及债权人对管理人审核的债权有异议并起诉时,原、被告的确认存在明显不同。

答:破产债权确认之诉中适格当事人主要为债权人及债务人。当债权人对自己的债权提出异议并起诉时,提请诉讼的债权人自然成为原告,而债务人应作为被告,管理人作为债务人的诉讼代表参与。若债权人对其他债权人的债权提出异议,被异议的债权人成为被告,债务人则作为利害关系人以第三人身份加入诉讼,管理人继续担任其诉讼代表。当债务人对管理人审核的债权有异议并起诉时,被异议的债权人成为被告,债务人的法定代表人或股东会另行委托代理人参加诉讼。

理由与依据:

诉讼主体是指参与诉讼活动的所有主体,既包括诉讼当事人、诉讼参与人,也包括法院等。对于诉讼参与人及法院,因其在破产债权确认诉讼中的定位与其他民事诉讼一致,故不纳入讨论范围。鉴于司法实务中的争议主要系围绕着诉讼当事人而展开,故在此仅限于在破产债权确认之诉中讨论如何确定适格的当事人以及具体情况下的当事人列明。

(一)确定适格当事人身份

所谓诉讼当事人,顾名思义,即是诉讼中的起诉与被诉者。鉴于司法资源的稀缺有限性,为了防止当事人滥诉或无意义诉讼的发生,理论及实务中引入当事人适格理论,以避免司法资源的无端浪费。当事人适格是指当事人在进行具体诉讼中依法应具有的法律关系资格或权利义务地位,简言之,即有诉讼实施权之当事人资格。在破产债权确认诉讼中,主要存在有债务人、债权人以及管理人三方主体,笔者认为确认债权人及债务人为适格当事人身份在理论界与实务界并无争议,针对管理人的诉讼地位,笔者认为其不应成为适格当事人。具体理由:一是由于破产债权确认诉讼的性质为确认之诉,债务人才是案涉争议债权的主体,系实质上的当事人,管理人虽然基于对破产财产的管理和处分权而获得形式上当事人的资格,但在实质当事人并不缺位的情况下,不能由管理人直接取代债务人的诉讼地位。二是通过考察破产法规定管理人可直接以自己名义诉讼的情形,无论是撤销、确认处分行为无效还是追回债务人财产,其均是直接指向破产财产且债务人及相关当事人一般缺乏起诉的动因,为保持破产财产增值或避免不当减损,基于管理人对破产财产的代表管理职责,立法不得不赋予管理人自主起诉的权利。但这并不适用于破产债权确认诉讼,因为管理人作为债权表的编制主体,其意志已在编制债权表的过程中予以充分体现,提出异议或起诉的责任往往被抛向债权人或债务人,同时,债权确认虽然客观上可能通过减少负债的方式而提高破产财产的清偿率,但其并不会对破产财产产生直接影响,由管理人直接作为适格当事人也与管理人作为破产财产代表的定位不符。

(二)相关诉讼主体的列明

1.债权人有异议并起诉的情形

一是当债权人针对自身债权提出异议并起诉时,如前所述,此时该债权人作为该异议债权的权利人,由其作为原告并无争议。而关于债务人和管理人谁是适格被告,因前文已详细阐明了基于破产债权确认诉讼的性质以及债务人在该诉讼的独立利益诉求并结合管理人的诉讼代表人身份,此时债务人应为被告,管理人作为债务人的诉讼代表人。《破产法司法解释三》第九条即采用了该观点,其在第九条即明确规定"债权人对债权表记载的本人债权有异议的,应将债务人列为被告"。二是债权人对他人债权提出异议并起诉时,鉴于该起诉讼系由该债权人启动,故理应由该债权人作为原告,受异议的债权人作为被告。此时,债务人的身份该如何列明,《破产法司法解释三》第九条对此并没有明确规定,理论中有观点主张将债务人列为共同被告,也有主张将债务人列为第三人,笔者认同将债务人列为利害关系人的第三人(管理人为诉讼代表人)参加诉讼。另外,对同一笔债权存在多个异议人,其他异议人申请参加诉讼的,应当列为共同原告。

2. 债务人有异议并起诉的情形

在债务人对某项债权提出异议并起诉时,将债务人列为原告,受异议的债权人列为被告。此时,如依然允许管理人代表债务人参与诉讼,则既可能会出现管理人自己否定自己确认的债权的情形,同时债务人独立诉讼意志也难以保证,故此时应对管理人的诉讼代表权进行限制,具体可由债务人的法定代表人或股东会另行委托代理人参加诉讼。同样,对同一笔债权存在多个异议人,其他异议人申请参加诉讼的,应当列为共同原告。

案例索引:

(2012)深中法破初字 27 号

(2013)粤高法民二破终字第 11 号

73. 破产债权确认诉讼案件的诉讼费收取方式标准如何确定?

阅读提示:破产债权确认诉讼在不同法院间存在诉讼费收取标准不一的现象,主要表现为按件收费或按标的收费。这一差异源于对诉讼性质认知的分歧及诉讼请求类型的多样性。有观点强调此类诉讼的公益属性,主张降低费用以鼓励异议提出;另一些则担忧费用过低会导致滥诉,消耗司法资源。鉴于破产债权确认诉讼的特殊性,应参照《最高人民法院关于适用〈中华人民共和国民事诉讼法〉的解释》(以下简称《民事诉讼法司法解释》)和地方司法实践,如北京市和广东省的审理规程,将诉讼费基于争议部分的债权金额计算,以平衡其公益性质和防止滥诉的目标。这既保证了诉讼费用的合理性,也维护了破产程序的效率。

答:破产债权确认诉讼案件中,关于诉讼费的收取标准应依据《民事诉讼法司法解释》第二百条的规定"破产程序中有关债务人的民事诉讼案件,按照财产案件标准交纳诉讼费,但劳动争议案件除外"确定。

理由与依据:

诉讼费是指当事人向法院起诉时由法院依照规定收取的费用。诉讼费的收取一方面是防止当事人滥诉,另一方面是减少国家财政支出,消除全社会为少数人诉讼买单的不合理现象。破产债权确认诉讼作为破产程序中的衍生诉讼,现行《民事诉讼法司法解释》第二百条规定:"破产程序中有关债务人的民事诉讼案件,按照财产案件标准交纳诉讼费,但劳动争议案件除外。"但在笔者接触的破产案件中,各法院关于破产债权确认诉讼案件中诉讼费收费标准存在不同的做法。既有以按件收费为主的,也有按标的收费为主的。分析收费不统一的原因,既有前述提及的对于破产债权确认诉讼性质认识不一致的因素,也与破产债权确认诉讼所涉及的诉讼请求类型多样化有关,该诉讼中,当事人既可以主张对相应债权是否存在从根本上予以否定,也可以对相应的债权金额予以认定,还可以对债权性质即债权清偿顺位、有无优先权等内容进行主张。

有观点认为,破产债权确认诉讼虽然系针对单个债权所提的异议,但异议的效果可能会因否定或减少破产债权而提高破产案件的整体受偿率,进而使全体债权人受益,即该类案件具有一定的公益性质。若严格按照财产案件标准以诉讼标的收费,则异议人为此将会支付一大笔诉讼费,鉴于实务中破产案件的清偿率往往较低,异议人基于诉讼预期收益和成本之间的综合考虑,则往往会选择放弃起诉,进而影响到破产债权确认诉讼功能的发挥。也有观点认为,若严格按照确认之诉的标准按件收费,则由于起诉成本过低,不仅难以发挥诉讼费过滤滥诉行为的功能,还可能导致大量异议涌入法院,造成有限司法资源的过渡耗费,影响破产程序的进程。

笔者认为,确认之诉、给付之诉和变更之诉是民事诉讼法学在理论上的划分,在破产程序中,破产债权确认之诉并非与之相对应,在实践中不应以此作为缴纳诉讼费用的标准。另外,目前已有明确司法解释予以规定,应当严格遵守司法解

释所确定的收费规定,对于该司法解释是否合理属于立法层面的问题,在现行法律
未被修改前,应严格遵守。但可以参考实务中其他法院的做法,在确定诉讼标的
时,可以按照有争议部分(金额或者性质)的债权金额计算诉讼费,如此既兼顾了
该类诉讼的公益性质,也有利于诉讼费调节过滤功能的发挥。譬如,《北京市高级
人民法院企业破产案件审理规程》第一百七十五条规定:"异议债权确认诉讼案件
受理费按照《诉讼费用缴纳办法》规定的财产案件受理费标准收取。对债权数额
无异议,但对债权的清偿顺序或者是否具有优先权争议而提起的诉讼,应按照争议
涉及的金额计案件受理费。"《广东省高级人民法院关于审理企业破产案件若干问
题的指引》第七十九条第二款规定:"异议债权确认诉讼案件的诉讼费按照有异议
部分的数额根据财产案件受理标准收取。对债权数额无异议,但对债权的清偿顺
序有异议而提起诉讼的,按照争议所涉及债权的金额计算受理费。"

案例索引:

(2019)豫 01 民初 2223 号

(2019)湘 01 民初 3321 号

(2019)鲁 10 民初 237 号

(2019)浙 01 民初 3907 号

74. 破产债权确认之诉是否具有前置程序?

　　阅读提示:破产债权确认之诉的前置程序,强调债权申报、管理人审查与公示、
异议处理与诉讼衔接三个关键阶段。首先,债权申报是提起诉讼的必备条件,未申
报债权不得直接起诉。其次,管理人对申报债权的审查与公示是前置程序的核
心,未经此环节的债权不得直接提起诉讼,且该观点得到最高人民法院判例支持。
最后,异议处理是诉讼前置要件,债权人应在向管理人提出异议且对处理结果不满
时提起诉讼。实践中,对异议处理结果的审查应适度宽松,同时建议明确异议处理
流程的规范性规定。

　　答:债权申报、管理人审查与公示、向管理人提出异议可以作为破产债权确认
之诉的前置程序。

理由与依据：

破产债权确认之诉的前置程序是破产程序中一个至关重要的环节，它确保了债权的有效性和准确性，为后续的破产财产分配奠定了基础。在中国法律体系下，破产债权确认之诉的前置程序主要包括以下几个阶段：

（一）已经债权申报

依据《企业破产法》第四十八条第一款之规定，债权人应当在人民法院确定的债权申报期限内向管理人申报债权。这是破产债权确认之诉的起点，债权人未申报债权的，不得行使相应的权利，故将申报作为提起诉讼的前置要件已成为共识。当然，破产法明确规定不需要进行申报的除外，具体如职工债权等。同时，实务中还存在债权人就其尚未经申报的债权直接提起诉讼的，对此，笔者认为因该债权未经申报，缺乏相应的起诉要件，故应裁定不予受理，已经受理的应驳回其起诉。

（二）已经管理人调查并公示或审查后编入债权表

基于管理人地位的中立性和专业性，破产法赋予了管理人对申报债权的审查权和对职工债权的主动调查权，这既有利于保护债权人和债务人的利益，也符合破产效率的要求。因此，已经申报但尚未经过管理人审查、调查的债权，因此时债权人、债务人与管理人有关该债权的争议尚未产生，故不能直接提起诉讼。实践中，存在有债权人、债务人在管理人公示之前或编制正式债权表之前即直接向法院起诉，对此，笔者认为，管理人编制的债权表及职工债权公示清单是管理人行使审查职权的最终成果，在此之前的程序则仍然属于管理人尚在履行法定的债权审查阶段，故此时债权人和债务人不能起诉。该观点也得到了最高人民法院相关判例的支持。

（三）已向管理人提出异议，且对管理人的异议处理不予认可

针对起诉之前是否需要先向管理人提出异议，基于破产效率原则的考虑，若该异议经管理人审查后即可得到解决，则实在无通过诉讼予以解决的必要。另外，依据《破产法司法解释三》第八条："债务人、债权人对债权表记载的债权有异议的，应当说明理由和法律依据。经管理人解释或调整后，异议人仍然不服的，或者管理人不予解释或调整的，异议人应当在债权人会议核查结束后十五日内向人民法院提起债权确认的诉讼。当事人之间在破产申请受理前订立有仲裁条款或仲裁协议的，应当向选定的仲裁机构申请确认债权债务关系。"提起债权确认之诉需要以向管理人提出异议，管理人不予解释或调整，又或者对调整不服为前提。值得注

意的是,虽然基于效率考虑,将该异议先行处置程序作为诉讼前置要件,但实践中,由于管理人自身工作规范性的差异,对于相关异议处理结果并不总是具有规范的形式,故司法实务中对该要件的审查不应过严,即只要经征询管理人意见后能够确认该异议已经管理人进行处理或未在合理时间内处理即可。当然,规范的做法还是应对异议的提起、管理人对异议的回复及回复期限等均作出明确规定。

案例索引:

(2023)辽 08 民终 602 号

(2019)粤 08 民初 353 号

(2019)最高法民申 2852 号

75. 管理人是否可对债权确认之诉与异议人达成庭外或庭内和解?

阅读提示: 在破产程序中,管理人与债权异议人通过庭外和解或庭内和解解决债权异议体现了破产法在处理债权确认争议时的灵活性与效率。根据《企业破产法》及相关司法解释,虽然异议可通过诉讼解决,但法律并未禁止和解方式的运用。和解分为庭外和解和庭内和解,前者在诉讼前达成,后者在诉讼过程中由法院主持完成,均能有效避免冗长诉讼,节省资源。和解协议经法院确认后具有法律效力,影响破产财产分配。然而,和解须遵守公平性、透明度、法院批准及诚信原则,确保不损害其他债权人的权益,维护破产程序的公正与合法。

答: 法律并未明确禁止管理人与异议债权人之间达成和解,但和解应遵循相关法律法规,确保和解的公平性、透明度以及合法性,以维护所有债权人的整体利益。

理由与依据:

在破产程序中,管理人与债权异议人之间达成庭外和解或庭内和解是常见的解决债权异议的方式之一,这体现了破产法在处理债权确认争议时的灵活性与效率原则。管理人作为破产程序中的关键角色,负责债权的审查、确认以及破产财产的管理与分配,其与债权人之间的沟通与协调对于顺利推进破产程序至关重要。下面将从法律依据、和解的类型、和解的法律效果以及和解的限制等方面来探讨管理人与债权异议人进行和解的可能性与合理性。

（一）法律依据

破产法及相关司法解释并未禁止管理人与债权异议人之间达成和解。《企业破产法》第五十八条第三款规定："债务人、债权人对债权表记载的债权有异议的，可以向受理破产申请的人民法院提起诉讼。"这表明，当债权人或债务人对债权确认有异议时，可以通过提起诉讼的方式来解决争议。然而，该条款并没有排除通过和解方式解决争议的可能性。实际上，根据《民事诉讼法》以及最高人民法院的相关司法解释，和解是解决民事争议的重要途径之一，同样适用于破产程序中的债权异议争议。

（二）和解的类型

1. 庭外和解

庭外和解是指在诉讼程序正式开始前，管理人与异议人之间就债权确认争议达成协议的过程。庭外和解有助于避免冗长的诉讼程序，节省司法资源，同时也为双方提供了更多的协商空间，以寻求双方都能接受的解决方案。

2. 庭内和解

庭内和解则是在诉讼程序已经启动后，双方在法院的主持下达成和解协议。这种和解通常会在法院的调解书或和解协议中得到确认，具有法律约束力。

（三）和解的法律效果

无论是庭外和解还是庭内和解，一旦达成，都将产生相应的法律效果。具体而言，和解协议一旦被法院确认，将对双方具有约束力，管理人与异议人应按照和解协议的内容执行，这包括但不限于债权金额的调整、支付时间的重新安排或债务的部分免除等。和解协议的执行情况将直接影响破产财产的分配，因此，管理人在达成和解时应谨慎考虑，确保和解内容不会损害其他债权人的合法权益。

（四）和解的限制

尽管和解在解决债权异议争议中具有积极作用，但管理人在与异议人进行和解时，仍须遵守一系列限制与原则。

1. 公平性原则

管理人在与异议人和解时，应确保和解协议的达成不会对其他债权人造成不公平的影响。这意味着和解协议不应导致某一类债权人的债权优先级或回收比例不当提高。

2. 透明度原则

和解过程应保持一定的透明度,管理人应向债权人会议通报和解的基本情况,包括和解的理由、和解的条件等,以保障债权人的知情权。

3. 法院批准

在某些情况下,特别是当和解协议涉及重大债权调整时,可能需要获得法院的批准,以确保和解的合法性和有效性。

4. 诚信原则

管理人与异议人达成和解时,双方均应遵循诚信原则,不得利用和解过程从事欺诈或隐瞒重要信息的行为。

总之,管理人与异议债权人之间的和解是破产程序中解决债权争议的有效途径之一,但和解的达成应遵循相关法律法规,确保和解的公平性、透明度以及合法性,以维护所有债权人的整体利益。

76. 如何处理债权确认之诉期间的破产财产分配问题?

阅读提示:根据《企业破产法》的规定,即便债权处于诉讼或仲裁未决状态,债权人仍可申报债权并参与破产程序,包括参加债权人会议表决和破产财产分配。然而,这类未决债权的不确定性意味着最终结果可能影响债权的有效性。因此,在破产财产分配时,对未决债权采取提存措施,即管理人将相应分配额预先留存,待诉讼或仲裁结果确定后再作分配。

答:对于债权确认之诉期间的破产财产分配问题,在实务中可以采取提存的方法,由管理人将其分配额提存。在诉讼结果出来后,根据结果的不同将提存的分配额分配给作为诉讼一方的债权人或者将其归入破产财产分配给其他债权人。

理由与依据:

根据《企业破产法》的规定,诉讼或者仲裁未决的债权可以进行申报,并且在破产程序进行过程中,债权人、债务人对债权表记载的债权有异议的,也可以向受理破产案件的人民法院提起确认债权的诉讼。但是,这些诉讼和仲裁的进行并不影响债权人在破产程序中权利的行使,其可以人民法院为其确定的债权额参加债权人会议的表决,也可以其主张的债权参加破产财产的分配。但是,诉讼或者仲裁未决的债权,毕竟不是确定的债权,诉讼或者仲裁的结果可能会使债权人丧失其破产债权人的身份,使某一债权成为不存在的债权。因此,在对诉讼或者仲裁未决的债权进行破产分配时,也应同对一般破产债权的分配有所不同。

《企业破产法》第一百一十九条规定,在进行破产财产分配时,对于诉讼或者仲裁未决的债权,也是采取提存的方法,由管理人将其分配额提存。在诉讼或者仲裁结果出来后,根据结果的不同将提存的分配额分配给作为诉讼或者仲裁一方的债权人或者将其归入破产财产分配给其他债权人。

需要注意的是,提存是需要费用的,不能够长期存在下去,而诉讼或者仲裁要等到最后的结果出来可能需要很长的时间。因此,《企业破产法》第一百一十九条规定,自破产程序终结之日起满二年,债权人仍不能受领分配的,也不管其不能受领是因为诉讼或者仲裁的结果没有出来还是其他什么原因,人民法院都应当将提存的分配额重新归入破产财产,实施追加分配,分配给其他破产债权人。

77. 债权人提起的债权确认之诉获得法院支持后,是否需要重新交由债权人会议核查?

阅读提示: 债权确认之诉是破产程序中解决债权争议的关键机制,允许债权人或债务人就债权表中的记载向法院提起诉讼,请求调整债权性质、金额或有效性。在中国破产法框架下,债权确认经历债权人会议核查和法院裁定两个阶段。若债权确认之诉成功,法院判决成为债权确认的最终依据,具有法律约束力,原则上无须再由债权人会议核查。然而,为保证程序完整性和透明度,可在债权人会议中予以公示,此举并非质疑法院判决,而是确保所有债权人了解最新债权状态。

答:债权确认之诉获得法院支持后,应当在债权人会议中进行公示,但无须再次提交债权人会议核查。

理由与依据:

债权确认之诉是破产程序中解决债权争议的一种法律途径。当债权人或债务人对债权表中记载的某项债权有异议时,可以向受理破产案件的人民法院提起诉讼,请求法院确认或调整债权的性质、金额或有效性。一旦债权确认之诉获得法院的支持,这意味着原债权表中的记载需要依据法院的判决进行相应的修正。

根据《企业破产法》的相关规定,债权的确认经过了三个主要阶段:一是管理人审查,二是债权人会议的核查,三是法院的裁定确认。债权人会议核查是债权确认的第二步,其主要职能在于初步审查债权申报的合法性与合理性。如果债权人会议对债权无异议,或虽有异议但未在规定期限内提起诉讼,那么法院将依据债权表进行裁定确认。但是,如果债权确认之诉获得法院支持,这表明债权表的原始记载与实际情况不符,法院的判决具有法律效力,应当成为债权确认的最终依据。

因此,当债权确认之诉获得法院支持后,理论上不需要再重新交由债权人会议核查。法院的判决本身就是对债权最终状态的权威认定,具有法律约束力,债权人会议无权改变或推翻法院的判决结果。不过,这并不排除在某些情况下,管理人或法院可能要求债权人会议再次审查更新后的债权表,以确保所有债权人了解最新情况并有机会表达意见。这种复核更多的是出于程序完整性和透明度的考虑,而不是对法院判决的质疑或复审。

总之,债权确认之诉获得法院支持后,法院的判决是债权确认的决定性文件,无须再次提交债权人会议核查,但应当在债权人会议中进行公示,以确保债权人会议或债权人能够了解债权的最终结果,以维护破产程序的公正性和效率。

78. 对法院已经裁定确认的无异议债权是否还能提出异议?

阅读提示: 法院裁定确认破产管理人提交的债权表,在破产债权分配前,破产企业债权人对债权表有异议能够以破产企业为被告提起诉讼,即在破产债权分配前,债权人是否可以向破产申请法院提出债权确认异议之诉?如若允许,则法院的无异议裁定效力是否受到影响?如若不允许再提出债权异议之诉,则若存在证据证明该债权确为错误的,应如何纠正?

答:《企业破产法》并未对已经法院裁定确认的无异议债权是否仍可提出异议或异议之诉作出具体规定,破产程序中,受理破产法院裁定确认破产管理人所交债权表,若债权人对债权表记载的债权有异议并有确切理由和依据的,应当允许其向受理破产申请的人民法院提起债权异议诉讼。

理由与依据:

债权人对经法院裁定的登记表记载内容有异议能否继续诉讼在我国《企业破

产法》中并未有明文规定。司法实践对此存在两种观点，第一种观点认为，经法院裁定确认的债权表具有既判力，其内容已经生效。《民事诉讼法》第一百二十四条第五款规定："对判决、裁定、调解书已经发生法律效力的案件，当事人又起诉的，告知原告申请再审，但人民法院准许撤诉的裁定除外。"《民事诉讼法司法解释》第三百八十一条规定："当事人认为发生法律效力的不予受理、驳回起诉的裁定错误的，可以申请再审。"综上，法院作出的债权确认裁定既不可以上诉，也不可以申请再审。第二种观点认为，根据《企业破产法》第五十八条第三款之规定，"认定债权人依然可以向受理申请法院提起诉讼"，法条并未排除债权人对已经法院裁定确认的债权提出异议诉讼的权利，因此债权人仍然可以提出债权异议之诉。并且根据现实实际情况，若仅因错过诉讼期限未提起诉讼而排除债权人提出异议之诉的权利，不利于社会稳定，经法院确认的债权表的裁定，债权人对其有异议的仍然可以向受理申请破产的法院提出异议之诉。由于《企业破产法》第五十八条第三款之规定过于简单，在适用时仍须进行解释。

第一，破产债权确认裁定非诉讼程序性裁定，且《企业破产法》中并未有援引规范，并没有明确文字规定为前提，因此不宜适用《民事诉讼法》相关规定及司法解释。退一步，假使能够适用《民事诉讼法》之规范，认定经法院裁定的债权表即生效不可再诉，则与《企业破产法》第五十八条第三款规范含义相悖，因此不可直接套用民事诉讼法之规范。

第二，从《企业破产法》本身规范上看，《企业破产法》只规定人民法院不受理破产申请裁定和驳回申请裁定可以提起上诉，根据反向推理可以解释为"其他破产裁定均不能提起上诉或再审"，因此为保障债权人之权益，应当认定债权人对法院债权确认裁定有异议的仍然可以提起异议之诉。

第三，2019年3月28日颁布的《破产法司法解释三》第八条规定："债务人、债权人对债权表记载的债权有异议的，应当说明理由和法律依据。经管理人解释或调整后，异议人仍然不服的，或者管理人不予解释或调整的，异议人应当在债权人会议核查结束后十五日内向人民法院提起债权确认的诉讼。"该规定明确自3月28日开始后，债权确认之诉多了一个前置条件，即"管理人解释或调整后"仍不服或其"不予解释或调整时"，异议人方可提起诉讼。该条款同时规定了一个期限，即15日。有人认为此为法院债权确认裁定存在既判力之依据。笔者认为这是一种误解，首先，既判力是对债权人权利义务的确定而言的，如果存在既判力时，所有当事人包括法院都应当受到相应判决的拘束，当事人在其他诉讼中提出的与该判决效力相反主张时法院不予支持，法院也不得作出与该判决冲突的裁判。然该解释允许异议人在一定期限内继续对法院的债权确认裁定提出债权确认诉讼,显然表明该裁定不具有既判力。

综上所述,应当认为法院的债权确认裁定并不具有既判力,债权人对已经法院裁定确认的债权登记表登记内容有异议的,仍然可以向受理人民法院提起诉讼符合破产法规定。此与《企业破产法》第五十八条规定对债权表存有异议即可提出诉讼立法本意相符,对裁定确认的债权表存有异议提出诉讼仍然符合法律规定。

案例索引:

(2017)粤民终 648 号

(2018)鄂 09 民终 1212 号

(2017)苏 02 民终 3448 号

79. 在跨境破产案件中,涉及不同国家法律体系的债权异议如何协调处理?

阅读提示:处理跨境破产中不同国家法律体系下的债权异议涉及一系列复杂步骤。首要任务是确定适用法律,通常以破产地法律为主导,辅以国际私法原则解决法律冲突。债权的国际承认与执行可通过《纽约公约》、双边或多边条约以及联合国国际贸易法委员会的示范法实现。国际协调包括法院间的沟通、联合听证或调解,同时债权人委员会和国际律师在大型破产案中扮演重要角色。遵循国际标准,如透明度和公正性,以及利用国际组织资源,如国际破产协会,对于有效解决异议至关重要。法律改革与国际合作推动国家法律与国际破产法的协调,促进跨法域合作,实现公平解决方案。整个过程需跨法域法律专家协作,确保遵循国际法律框架和最佳实践。

答:处理跨境破产中的债权异议,需要跨法域的法律专家密切合作,遵循国际法律框架和最佳实践,以实现公平和有效的解决方案。

理由与依据:

在跨境破产中,处理涉及不同国家法律体系的债权异议是一项复杂且挑战性的任务。不同国家的法律体系在债权的确认、优先级、清偿顺序等方面可能存在显

著差异,这为债权异议的协调处理带来了困难。以下是一些通用的原则和步骤,可用于处理此类情况:

(一)识别和适用相关法律

(1)确定适用法律。首先要确定哪些国家的法律适用于债权异议。这可能涉及破产地法律或债权人所在国法律。通常,破产程序主要遵循破产地的法律,但某些特定债权的确认和执行可能需要参照债权人的本地法律。

(2)法律冲突解决方案。如果存在法律冲突,需要根据国际私法原则(如冲突法规则)来解决。这可能涉及识别哪个国家的法律在特定问题上具有更强的连接点或更应适用。

(二)债权的国际承认与执行

(1)《纽约公约》。对于通过仲裁裁决确认的债权,可以依据《纽约公约》在多数国家获得承认和执行。

(2)国家间可能有双边或多边条约,规定了债权的相互承认和执行机制。

(3)示范法与国际惯例。例如,联合国国际贸易法委员会的《跨境破产示范法》提供了一个框架,鼓励国家间的合作和债权的相互承认。

(三)国际协调与合作

(1)法院间的沟通。破产地法院可能需要与外国法院进行沟通,以协调债权异议的处理。这可能包括请求外国法院提供信息、证据或采取某些行动。

(2)联合听证或调解。有时不同国家的法院可能举行联合听证会,或通过调解机制来解决跨国债权异议。

(四)债权人的国际代表

债权人委员会。在大型跨境破产案中,可能成立债权人委员会,代表所有债权人的利益,包括国际债权人。这有助于统一立场,协调行动。

(五)国际法律服务

聘请国际律师。债权人和债务人可能需要聘请熟悉国际破产法的律师,以确保在不同法律体系下的权益得到妥善处理。

(六)遵守国际标准

(1)透明度和公正性。整个破产程序应遵循透明、公正的原则,确保所有债权人都有机会提出异议并得到公正对待。

(2)处理跨境破产中的债权异议,需要跨法域的法律专家密切合作,遵循国际法律框架和最佳实践,以实现公平和有效的解决方案。

第八章

债权人会议

80. 如何区分事务决策(具有表决性)与事实判断 (不具有表决性)?

阅读提示:《企业破产法》第六十一条第一款对债权人会议行使的职权进行了"列举+概括"式的规定,前十项都指向了具体的职能,实践中,该列举式规定并不能涵盖遇到的所有问题。而第十一项则采取了兜底性规定"人民法院认为应当由债权人会议行使的其他职权"。那么对于该项规定中的"其他职权"应做何种解释,实践中有哪些事项可以适用《企业破产法》第六十一条第一款第十一项的规定,由债权人会议决定。

答:对《企业破产法》第六十一条第一款第十一项中"其他职权"的解释和适用,应当秉持法律条文的整体性原则,将"其他职权"限制在事务性事项之内,而不宜做扩大解释和适用。区分事务决策(具有表决性)与事实判断(不具有表决性)的区别。既往已经发生的,属于事实判断,债权审核属于事实判断(债权的金额、性质等属于法定的)而非实务决策,不应具有表决性。再如,两个企业人格混同,是否合并破产,属于事实判断,因此是否合并破产不具有表决性。管理人按照会议决议处置财产,拍卖成交买方未付余款,管理人具有解除权,此为事实判断,管理人是否行使解除权属于事务决策,须债权人会议决策。除此之外,债权人会议不得违反法律规定作出减损债权人利益的决议,除非债权人本人同意。

理由与依据：

《企业破产法》第六十一条第一款规定："债权人会议行使下列职权：（一）核查债权；（二）申请人民法院更换管理人，审查管理人的费用和报酬；（三）监督管理人；（四）选任和更换债权人委员会成员；（五）决定继续或者停止债务人的营业；（六）通过重整计划；（七）通过和解协议；（八）通过债务人财产的管理方案；（九）通过破产财产的变价方案；（十）通过破产财产的分配方案；（十一）人民法院认为应当由债权人会议行使的其他职权。"从法律条文的列举来看，大致可以将债权人会议的职权分为三大类：一是对管理人履行职务的监督权，二是对债权人委员会成员的"任免"权，三是对破产程序中一些事务的决策权。对于第十一项中"其他职权"的解释和适用，应当秉持法律条文的整体性原则，将"其他职权"也限制在事务性事项之内，而不宜做扩大解释，否则会导致债权人会议的职权无限放大，极有可能损害部分债权人利益，造成"多数人的暴政"，背离破产法立法本意。实践中，除法律明文规定的债权人会议的职权外，涉及破产程序的合并、转换，延长重整期限、破产费用的大额支出等事项，管理人也会提请债权人会议审议表决。需要着重强调的是，涉及减损债权人利益的事项，不能通过债权人会议决议的形式决定，如果迫于案件实际情况，需要通过债权人会议决议的形式作出，也应当采取"全数决"的表决规则，即由全体债权人表决同意方可执行，或谁同意对谁发生效力，而不能采取一般的"半数决"表决规则。

案例索引：

（2022）沪 03 破 386 号

（2022）沪 03 破 30 号之七

（2022）沪 03 破 252 号之五

（2017）豫 0323 破 3 号

（2019）浙 0411 破 7 号

（2016）琼 01 民破 4 号

81. 职工债权人是否享有参加债权人会议并行使表决权的权利?

阅读提示:除重整计划草案的分组表决外,破产法及其司法解释对职工债权人的表决权并没有作明确规定,只是赋予了职工代表和工会代表参加债权人会议,并对有关事项发表意见的权利。实践中对于职工债权人是否有权参加债权人会议并享有表决权,观点做法并不一致。

答:职工债权人享有参加债权人会议并行使表决权的权利,但其是否在债权人会议中行使表决权应当视具体情况而定。如职工债权人的权益在破产程序中或表决事项中已经得到充分的保障,待表决事项不会减损职工权益或对职工权益造成不利影响的情况下,出于破产程序效率的考虑,职工债权人可以不参加债权人会议进行表决。反之,则应当通知职工债权人参加债权人会议并行使表决权。

理由与依据:

首先,职工债权人应当然地享有参加债权人会议并行使表决权的权利。《企业破产法》第四十八条第二款规定,职工债权不用申报,由管理人调查后列出清单予以公示。同时第五十九条规定,依法申报债权的债权人为债权人会议的成员,有权参加债权人会议,享有表决权。债权人会议应当有债务人的职工和工会的代表参加,对有关事项发表意见。因此,有观点认为除法律规定的重整计划草案分组表决的情况外,职工债权人无权参加债权人会议并行使表决权,因其债权没有向管理人申报而是由管理人直接调查公示,职工债权人参加债权人会议的方式是通过职工和工会代表,且只是对有关事项发表意见并不具有表决权。笔者认为此观点不能成立。破产法关于职工债权无须申报的规定,立法本意是考虑职工权益的最大程度保护,因为关于职工债权的相关证据凭证都是由债务人企业掌握保管,职工债权人处于证据弱势一方,由职工债权人提供证据申报债权难度较大,故将职工债权的调查职责交由管理人。且在立法过程中也充分考虑了职工债权的优先清偿问题,故未明确赋予职工债权人以表决权,但不能据此认为职工债权人没有参加债权人会议并表决的权利。在破产财产价值较低,职工债权无法得到全额清偿或无财产可供清偿职工债权的情况下,应当保证职工债权人参与破产程序中,赋予其参加债权人会议并行使表决权的权利。

其次,在职工权益能够得到充分保障的情形下,职工债权人可以不参加债权人会议,由职工和工会代表列席会议对与职工有关的事项发表意见。反之,如果债权人会议的表决事项中有关于职工权益减损的事项,则应当通知职工债权人参加债权人会议并行使表决权。所谓职工权益能够得到充分保障,即职工债权在破产程序中能够得到一次性全额现金清偿,即使是对于重整计划草案的表决亦是如此。《企业破产法》第八十二条规定:"下列各类债权的债权人参加讨论重整计划草案的债权人会议,依照下列债权分类,分组对重整计划草案进行表决:……(二)债务人所欠职工的工资和医疗、伤残补助、抚恤费用,所欠的应当划入职工个人账户的基本养老保险、基本医疗保险费用,以及法律、行政法规规定应当支付给职工的补偿金……"《破产法司法解释三》第十一条第二款规定:"根据企业破产法第八十二条规定,对重整计划草案进行分组表决时,权益因重整计划草案受到调整或者影响的债权人或者股东,有权参加表决;权益未受到调整或者影响的债权人或者股东,参照企业破产法第八十三条的规定(重整计划不得规定减免债务人欠缴的本法第八十二条第一款第二项规定以外的社会保险费用;该项费用的债权人不参加重整计划草案的表决),不参加重整计划草案的表决。"故依据上述法律规定,如果重整计划草案未对职工权益作出调整或影响,职工债权人可以不参加重整计划草案的表决。如北京中电华通信息科技有限公司破产重整案中,法院认为,重整中权益未受调整或影响的债权人不参加表决,将有利于在制定重整计划草案时管理人和债务人明确谈判对象和谈判重点,同时也防止权益未受调整或影响的债权人滥用表决权、阻碍重整计划制定和通过,进而提升重整成功率。广州市梅山机动车驾驶员培训有限公司破产清算转重整案中,因职工债权将在重整计划草案获批后将立即得到全额清偿,税款债权已经提前全额清偿,重整计划草案没有调整职工债权、税款债权的权益,依据《破产法司法解释三》第十一条的规定,职工债权、税款债权未参加重整计划草案表决。反之,如果破产程序中职工债权得不到全额清偿或无法清偿职工债权,或是重整计划草案、财产分配方案对职工债权的清偿方案采取的是分期或延期或非现金方式清偿,对职工权益有所影响,则根据"谁的权益谁做主"的原则,应当征求所有职工债权人的意见,赋予职工债权人参会并表决的权利,而不能仅有职工代表或工会代表参加。

案例索引:

最高人民法院发布优化营商环境十大破产典型案例之九:北京中电华通信息

科技有限公司破产重整案——适用重整计划草案表决新机制,权益未受调整或影响的债权人不参与表决

广东省广州市中级人民法院发布广州法院 2022 年"三精品"典型案例之四:广州市梅山机动车驾驶员培训有限公司破产清算转重整案

82. 人民法院如何确定临时表决权?

阅读提示:《企业破产法》第五十九条第二款规定了临时表决权应当由人民法院赋予,但在实务操作过程中如何确定临时表决权缺乏详细的规定,如申请临时表决权的主体、如何确定临时表决权的金额和性质,及申报债权最终不被确认情况下,依临时表决权已经行使权利的破产程序是否需要纠正等问题。

答:债权尚未确定的债权人,其表决权金额及性质以管理人初步审查确认或债权人申报的为准,由管理人统一向人民法院提交确定临时表决权的申请,人民法院以决定书形式确认是否赋予相关债权临时表决权。临时确定的债权数额,仅用于相应债权人在第一次债权人会议上就相关表决事项行使表决权。临时表决权对应的债权金额与管理人最终审查确认或人民法院裁定确认的债权金额有差异的,依临时表决权已经行使权利的债权人,不能以此为由对已进行的破产程序提出异议。

理由与依据:

《企业破产法》第五十九条第二款规定,债权尚未确定的债权人,除人民法院能够为其行使表决权而临时确定债权额的外,不得行使表决权。因该条规定较为笼统,实务中各地法院在制定相关指引时对临时表决权的规定各不一致,导致该制度在适用方面显得较为混乱。例如,《云南省高级人民法院关于印发〈破产案件审判指引(试行)〉的通知》第九十二条规定,尚未确认债权的债权申报人或管理人申请人民法院临时确定债权额的,应当提交基础证据。人民法院经初步审查证据,再结合利害关系人意见及给予临时表决权对破产程序的影响等因素,能基本确定债权数额及债权性质的,可以作出临时确定债权额的决定书,向该债权申报人、债务人、管理人及异议人送达。债权人按照人民法院临时确定的债权性质和债权数额,在债权人会议上行使表决权。如果最终被确认不属于破产债权,则不得继续参加破产分配,已按临时债权额行使的表决权不再纠正。如果被确认属于破产债

权,则按最终确定的债权性质和数额参加分配。《四川省高级人民法院关于印发〈关于审理破产案件若干问题的解答〉的通知》规定:"3. 在召开债权人会议前,人民法院如何为债权尚未确定的债权人临时确认债权额,以便于其行使表决权? 答:在召开债权人会议前,为保障适格债权人的参会权、表决权,针对已经提交债权申报材料,但债权尚未确定的债权人,可以自己申请或通过管理人申请人民法院为其行使表决权而临时确定其债权额。管理人应根据债权申报资料及前期审查的基本情况向人民法院提出确定临时债权额的意见,同时说明相关事实和理由。必要时,人民法院可要求管理人作出合理解释,也可以通知异议双方到庭陈述并举证,经过听证程序后,临时确认债权的数额,并作出决定,以临时确认的数额为这些债权参与行使表决权的数额。"《北京市高级人民法院关于印发〈北京市高级人民法院企业破产案件审理规程〉的通知》第一百八十六条(临时债权额的确定)规定,债权尚未确定的债权人,可以申请人民法院为其行使表决权而临时确定其债权额。人民法院应当根据申请人提交的证据材料进行形式审查,确定申请人的临时债权额。《成都市中级人民法院破产案件管理人工作规范(试行)》第五十八条规定,债权人申报债权属于《企业破产法》第五十九条规定的尚未确定的债权的,由管理人负责提请本院确定其临时债权额。《江苏省破产管理人债权申报及审查业务操作指引(试行)》第六十二条规定,对于债权是否存在,债权性质如何以及债权数额多少等内容有一项或多项内容没有得到证实的债权,管理人可以在第一次债权人会议前向人民法院提出书面意见,由人民法院决定是否给予其临时表决权,债权人按照人民法院临时确定的债权性质和数额参加债权人会议,行使投票表决权。

　　从上述地方性规定来看,各地对于申请临时表决权的主体做法不一致,有的将申请主体限定为管理人,有的则规定申请主体可以是债权人/债权申报人或管理人。对于依临时表决权行使权利的破产程序的不可逆性基本上达成了共识。对于如何确定临时表决权的性质及金额尚无明确具体的操作指引。实践中可按如下进行操作:

　　第一,申请临时表决权的主体应为管理人。因管理人处于接收债权申报、审查确认债权的一线位置,对债权情况更为了解,能够及时对债权的真实性作出判断。债权人申报的债权在第一次债权人会议前无法确定,大部分原因是双方对债权金额、债权性质的认定存在较大争议,或需要债权人进一步补充提供证据,或是诉讼未决。在此情况下,为了充分保障债权人的权利,特赋予其临时表决权。且在一个案件中,需要申请临时表决权的债权有可能是单笔,有可能存在多笔,如果允许单个债权人自行向法院申请临时表决权,难免会造成司法诉累,降低工作效率。而管理人掌握全部债权情况,由管理人统一向法院申请临时表决权更为合理。管理人提出申请后,法院可以根据管理人提交的债权申报材料及管理人初步的书面审查意见,以决定书的形式确认是否给予相关债权人临时表决权。法院的审查只是形式审查,而非对债权的实质审查。

第二,依据人民法院赋予的临时表决权已经行使过权利的破产程序具有不可逆性。临时表决权对应的债权金额与最终审核、核查确认的债权金额有差异的,不能推翻已进行的破产程序,这是为了彰显破产程序的公信力。如果允许推翻先前的表决事项,将会造成破产程序的混乱,临时表决权的制度价值将无法实现。

第三,对于临时表决权性质及金额的确定,可以区分不同情况予以处理。关于临时表决权性质的确定,管理人可以根据债权人申报情况作出初步审查判断,以管理人的初步审查结果为依据向人民法院申请。如该笔债权在诉讼或仲裁程序中的,则以诉讼或仲裁请求性质为依据向人民法院申请临时债权性质。关于临时表决权对应的债权额的确定,如果在债权人会议前管理人已经作出初步的审查结果,但因其他原因无法在债权人会议前确定的,则按照管理人审查确认的金额申请临时表决权。对于无法出具审查结果或暂缓确认的债权,可以相关债权人的申报金额作为申请确认临时表决权的标准和依据。如果临时表决权对应的债权最终被确认不属于破产债权,则不得继续参加破产分配,已按临时债权额行使的表决权不再纠正。如果被确认属于破产债权,则按最终确定的债权性质和金额参加分配。

案例索引:

甘肃高院发布 2020 年度全省法院十大典型案件之六:金塔万晟光电有限公司破产重整案

(2023)黔 01 破 23 号临时确定债权额决定书

(2024)鄂 01 破 9 号临时确定债权额决定书

83. 债权人委员会有哪些职权? 债权人会议的哪些 职权可以授权给债权人委员会?

阅读提示: 破产法规定债权人会议可以决定设立债权人委员会,债权人委员会的职权来源于债权人会议的委托,但是该委托需要限定在特定的事项范围内,不能随意扩大债权人委员会的职权范围。那么,债权人会议的哪些职权可以授权给债权人委员会呢?

答:依据《企业破产法》第六十一条、第六十八条以及《破产法司法解释三》第十三条之规定,债权人委员会可以行使的职权为:监督债务人财产的管理和处分;监督破产财产分配;提议召开债权人会议;更换管理人、审查管理人的费用和报酬;监督管理人;决定继续或者停止债务人的营业。债权人会议不得作出概括性授权,委托债权人委员会行使债权人会议的所有职权。

理由与依据:

《企业破产法》第六十一条第一款规定:"债权人会议行使下列职权:(一)核查债权;(二)申请人民法院更换管理人,审查管理人的费用和报酬;(三)监督管理人;(四)选任和更换债权人委员会成员;(五)决定继续或者停止债务人的营业;(六)通过重整计划;(七)通过和解协议;(八)通过债务人财产的管理方案;(九)通过破产财产的变价方案;(十)通过破产财产的分配方案;(十一)人民法院认为应当由债权人会议行使的其他职权。"第六十八条规定:"债权人委员会行使下列职权:(一)监督债务人财产的管理和处分;(二)监督破产财产分配;(三)提议召开债权人会议;(四)债权人会议委托的其他职权。债权人委员会执行职务时,有权要求管理人、债务人的有关人员对其职权范围内的事务作出说明或者提供有关文件。管理人、债务人的有关人员违反本法规定拒绝接受监督的,债权人委员会有权就监督事项请求人民法院作出决定;人民法院应当在五日内作出决定。"《破产法司法解释三》第十三条规定:"债权人会议可以依照企业破产法第六十八条第一款第四项的规定,委托债权人委员会行使企业破产法第六十一条第一款第二、三、五项规定的债权人会议职权。债权人会议不得作出概括性授权,委托其行使债权人会议所有职权。"

依据上述破产法及司法解释的规定,债权人委员会的职权范围限定在,监督债务人财产的管理和处分,监督破产财产分配,提议召开债权人会议,更换管理人、审查管理人的费用和报酬,监督管理人,决定继续或者停止债务人的营业。核查债权属于每一个债权人会议成员的权利,不能授权债权人委员会代为行使。对于破产财产变价方案、破产财产分配方案、重整计划草案、和解协议等关系到每个债权人切身利益的职权,债权人会议不得授权给债权人委员会行使,必须由债权人会议共同决议。另外,债权人会议不得作出概括性授权,不得委托债权人委员会行使债权人会议的所有职权。同时,《企业破产法》还赋予了债委会要求管理人、债务人有关人员对职权范围内的事务作出说明或提供文件的权利,当管理人或债务人有关人员违反规定拒不接受监督时,债委会可向法院报告,并由法院作出决定。除此之外,《企业破产法》第六十九条规定:"管理人实施下列行为,应当及时报告债权人委员会:(一)涉及土地、房屋等不动产权益的转让;(二)探矿权、采矿权、知识产权等财产权的转让;(三)全部库存或者营业的转让;(四)借款;(五)设定财产担保;(六)债权和有价证券的转让;(七)履行债务人和对方当事人均未履行完毕的合同;(八)放弃权利;(九)担保物的取回;(十)对债权人利益有重大影响的其他财产处分行为。未设立债权人委员会的,管理人实施前款规定的行为应当及时报告人民法院。"该规定是对债权人委员会及债权人知情权的保障,也是债权人委员会行使监督债务人财产管理和处分职能的体现。

由上述规定可见,债权人委员会作为债权人会议的代表机构,主要作用是监督管理人勤勉执行职务,维护全体债权人的利益,并可以参与到具体事务的讨论和决定中。债权人委员会并非必须设立的机构,相较于债权人会议而言,债权人委员会与管理人、债务人企业以及受理法院的联系更为紧密,且能够参与重整具体事务的论证和决定,更能降低沟通成本,提高工作效率。一般来说,组织债权人会议的程序较为复杂、成本较高,尤其是债权人人数众多的破产案件中,设立债权人委员会监督管理人履行职务并参与到具体事务的讨论与决策中是十分有必要的,既可以节约破产费用,又可以提高工作效率,有利于破产案件稳步顺利推进。但在债权人人数较少的破产案件中,组织债权人会议相对容易,可以不设立债权人委员会,直接由债权人会议行使全部职权。

案例索引：

(2020)鄂 1222 民初 2081 号民事判决书

(2020)苏 10 破 2 号批准重整计划草案民事裁定书

(2023)苏 1003 破 65 号通过债务人财产的管理方案民事裁定书

84. 在破产程序中,担保财产价值不足以清偿担保债权时,如何确定担保债权人的表决权?

阅读提示:根据《企业破产法》第五十九条第三款及第六十一条第一款的规定,对债务人的特定财产享有担保权的债权人对和解协议和破产财产分配方案不享有表决权。在和解程序中，和解债权人不包括担保债权人，故其当然不必对和解协议进行表决。在担保财产价值能够全额清偿担保债权时，前述规定对担保债权人的权利也不会产生影响。按照《企业破产法》第一百一十一条之规定，担保财产价值不足以清偿担保债权时，未优先受偿部分应当作为普通债权清偿。《企业破产法》未赋予担保债权人在此情形下的表决权，这对担保债权人来讲显然是有失公平。

答：担保财产价值不足以清偿全部担保债权的情况下，如果优先受偿金额和作为普通债权受偿的金额能够确定，应当允许担保债权人拆分行使表决权，即优先受偿部分作为担保债权行使表决权，未获优先受偿部分作为普通债权行使表决权。

理由与依据：

《企业破产法》第五十九条第三款规定，对债务人的特定财产享有担保权的债权人，未放弃优先受偿权利的，对于本法第六十一条第一款第七项（通过和解协议）、第十项（通过破产财产的分配方案）规定的事项不享有表决权。在重整程序中，重整计划草案的表决规则为，出席会议的同一表决组的债权人过半数同意重整计划草案，并且其所代表的债权额占该组债权总额的三分之二以上的，即为该组通过重整计划草案。和解程序中的表决规则为，债权人会议通过和解协议的决议，由出席会议的有表决权的债权人过半数同意，并且其所代表的债权额占无财产担保债权总额的三分之二以上。除重整计划草案和和解协议，债权人会议对其他一般事项的表决规则为，由出席会议的有表决权的债权人过半数通过，并且其所代表的债权额占无财产担保债权总额的二分之一以上。根据上述法律规定，担保债权人在未放弃优先受偿权利的情况下，对和解协议及破产财产分配方案没有表决权。因破产法对重整计划草案的通过设置的是分组表决方式，故担保债权人对重整计划草案享有完全的表决权。而对于债务人财产的管理方案、破产财产的变价方案，在表决时只计算担保债权人的人数，不计算其债权金额，我们暂且称之为不完全表决权。

《企业破产法》第一百零九条规定，对破产人的特定财产享有担保权的权利人，对该特定财产享有优先受偿的权利。第一百一十条规定，享有本法第一百零九条规定权利的债权人行使优先受偿权利未能完全受偿的，其未受偿的债权作为普通债权；放弃优先受偿权利的，其债权作为普通债权。根据该规定，担保债权在优先范围内不能获得完全受偿时，剩余债权应当作为普通债权。在此情况下，对于债务人财产的管理方案、破产财产的变价方案及破产财产分配方案等事项的表决,担保债权人就普通债权部分与普通债权人应当享受同等权利,但是《企业破产法》却未明确规定,实务中就造成担保债权人无法充分行使表决权的问题,主要表现在债务人财产管理方案、破产财产变价方案、破产财产分配方案的表决。

对债务人财产管理方案、破产财产变价方案的表决。一方面,《全国法院破产审判工作会议纪要》第二十五条规定,在破产清算和破产和解程序中,对债务人特定财产享有担保权的债权人可以随时向管理人主张就该特定财产变价处置行使优先受偿权,管理人应及时变价处置,不得以须经债权人会议决议等为由拒绝。但因单独处置担保财产会降低其他破产财产的价值而应整体处置的除外。《企业破产法》第七十五条规定,在重整期间,对债务人的特定财产享有的担保权暂停行使。但是,担保物有损坏或者价值明显减少的可能,足以危害担保权人权利的,担保权人可以向人民法院请求恢复行使担保权。虽然上述规定担保债权人可以随时就特定财产变价处置行使优先受偿权,但大多数情况下,管理人往往会采取对包括担保物在内的破产财产进行统一管理与变价的方式,担保债权人很少会提前在破产程序中就特定担保物优先变价受偿。而在重整程序中,原则是对债务人的特定财产享有的担保权暂停行使,那么管理人在债权人会议上提请审议表决的债务人财产管理方案、破产财产变价方案必然是包含对担保物的管理和变价,担保债权人对此应当享有完全的表决权,即债权人人数和债权金额均应当计算在内,但是现行破产法采取的是只计算人数,不计算债权金额的做法,这显然未充分保障担保债权人表决权的充分行使,有违破产法的公平原则。另一方面,管理人在提请债权人会议表决债务人财产管理方案、破产财产变价方案前,如果通过评估等方式可以确定担保物价值不足以清偿全部担保债权,必定有部分债权要转为普通债权受偿的情况下,理论上也应当允许担保债权人就普通债权部分行使表决权,但是会面临表决权金额无法确定的问题,因为一般情况下此时担保物还没有变现,能够优先受偿的金额和作为普通债权受偿的金额无法确定。《深圳市中级人民法院关于印发〈审理企业重整案件的工作指引(试行)〉的通知》第九十一条规定,经评估的担保财产价值不足以清偿担保债权,对该财产享有担保权的债权人同意对超出评估值以外的债权按普通债权清偿的,可以将评估值作为该笔债权在担保债权组的表决额,剩余金额作为其在普通债权组的表决额。北京市第一中级人民法院《关于印发〈北京破产法庭破产重整案件办理规范(试行)〉的通知》第一百零六条规定,对特定财产享有担保权的债权人,经评估等方式能够判断其优先受偿权利不能完全受偿的,债权人可以就剩余债权金额在其他组别表决。表决前担保财产价值是否足以清偿担保债权暂不确定的,除人民法院能够为其在其他组别行使表决权而临时确定债权额的以外,该债权人只得以全部债权额在有担保债权组表决。从深圳中级人民法院和北京中级人民法院的规定可以看出,重整程序中法院在处理担保债权人表决权拆分问题时态度较为谨慎,原则上仍是将担保债权金额作为整体来行使表决权。深圳中级人民法院规定只有在担保债权人同意的情况下,才可以将评估值作为该笔债权在担保债权组的表决额,剩余金额作为普通债权,在普通债权组行使表决权。北京中级人民法院则是规定在表决前担保财产价值是否足以清偿担保债权暂不确定的,以全部债权额在有担保债权组表决。破产清算和和解程序中关于该问题的处理,暂未检索到相关文件及案例。

对破产财产分配方案的表决,应当赋予担保债权人就普通债权受偿部分的表决权。首先,从法律规定来看,除担保债权外的一般优先债权和普通债权有权对分配方案进行表决。在担保债权人放弃优先受偿权利时,其债权作为普通债权,则也应当享有对分配方案的表决权。在担保财产价值不足以清偿全部担保债权的情况下,破产法规定剩余未受偿债权作为普通债权,在此情况下,就普通债权部分,应当赋予担保债权人以表决权。因为担保财产价值不能完全覆盖担保债权时,不能优先受偿部分作为普通债权,此时担保债权人同时具备担保债权人和普通债权人两种身份,该普通债权同其他普通债权的性质和地位应当是同等的,同样是基于除担保财产外的其他破产财产受偿,根据"谁的利益谁做主"原则,对其他破产财产的处置与分配事项的表决,担保债权人应享有与其他普通债权人同等的表决权利。其次,在提请债权人会议表决破产财产分配方案时,多数情况下破产财产已经变现处置,担保财产变价款已经确定,担保债权能够受偿的金额和作为普通债权受偿的金额都可以确定,其作为普通债权享有表决权所代表的债权金额也当然确定,不存在无法确定表决权金额的问题。

案例索引:

(2020)鲁 16 民终 1704 号

(2019)鄂 28 民初 1 号

(2019)赣 08 民初 85 号

85. "默示同意"规则在债权人会议表决时应如何适用?

阅读提示:在破产实务中,管理人在提请债权人会议表决议案时,经常会遇到部分债权人参加债权人会议但怠于行使表决权的情况,由此导致表决事项难以表决通过,无法形成有效决议,严重影响了破产程序的推进。在此情形下,部分管理人通过设置"默示同意"规则,一来可以督促债权人行使表决权,二来可以高效推进破产程序的进行。但是,管理人在履行职务过程中,应有条件地适用"默示同意"规则,以免导致债权人会议决议被撤销或招致其他法律责任。

答:管理人在履行职务过程中,不可以直接适用"默示同意"规则,但可以在第一次债权人会议中,通过债权人会议决议的方式确定该规则,并适用于以后的债权人会议表决规则。

理由与依据:

本问题所说的"默示同意"规则,即在债权人会议中,债权人参加会议但逾期未表决或提交空白表决票的,视为同意表决事项的规则。

首先,该规则不可以直接适用。目前的破产法立法中,对于表决规则有明确规定。对于重整计划草案的表决,应由出席会议的同一表决组的债权人过半数同意,并且其所代表的债权额占该组债权总额的三分之二以上的,即为该组通过重整计划草案。各表决组均通过重整计划草案时,重整计划即为通过。对于和解协议的表决,《企业破产法》第九十七条规定,债权人会议通过和解协议的决议,由出席会议的有表决权的债权人过半数同意,并且其所代表的债权额占无财产担保债权总额的三分之二以上。除这类特殊的表决事项外,其他一般表决事项由出席会议的有表决权的债权人过半数通过,并且其所代表的债权额占无财产担保债权总额的二分之一以上。而对于"默示同意"规则,现行破产法及司法解释并没有明确规定,如果直接适用难免会被债权人质疑,严重情况下可能会导致债权人会议决议被撤销的风险,反而影响破产程序的有序进行。

其次,虽然该规则不建议管理人直接适用,但是出于督促债权人积极行使权利,高效推进破产案件的考虑,管理人可以将该规则以债权人会议决议的形式确定下来,进而适用于之后的债权人会议表决规则中。前文提及,《企业破产法》并未明确规定该项表决规则,但对于以默示方式作出意思表示,《民法典》第一百四十条有规定,行为人可以明示或者默示作出意思表示。沉默只有在有法律规定、当事人约定或者符合当事人之间的交易习惯时,才可以视为意思表示。故,"默示"的积极意思表示或消极意思表示是可以通过当事人约定的方式来体现的。而在破产程序中,债权人会议是全体债权人的意思自治机构,可以在不违反法律强制性规定的前提下,共同对管理人提交的表决事项进行讨论协商,并最终形成债权人会议决议,对全体债权人形成约束力。对于该默示同意规则,管理人可以在第一次债权人会议上提请债权人会议审议表决,根据破产法的规定,对于该事项的表决可以采取一般事项的表决通过规则,即人数、债权金额"双过半"。

实践中,一些法院在破产案件审理规程或审理指南中明确规定,债权人在表决相关事项时放弃投票表决的,视为不同意(或不视为同意)。但经对相关案例的检索发现,有些地方法院在法律文书中认可了管理人制定的默示同意规则。这些认可默示同意规则的案例有个共同点,即管理人通过在先的债权人会议决议的形式确定了该规则,并适用于在后的债权人会议表决事项中。如上海市第三中级人民法院发布的上海破产法庭 2023 年度典型案例——上海多鲜乐食品工业有限公司破产清算转重整案,第一次债权人会议表决通过的《非现场方式表决方案》中,对逾期未表决视为同意规则进行了加粗提醒。为促使债权人积极行使权利,重整计划草案表决规则中,再次明确"若表决权人未在投票截止时间前向管理人提交表决票,视为同意重整计划草案"。在该案的典型意义中,法院写道:"本案系运用出售式重整盘活在建工程项目,助力优化区域经济发展的典型案例。……适用重整计划逾期未表决默示同意规则,鼓励债权人积极行权,促使重整计划表决通过……"另,在深圳市特发小额贷款有限公司申请撤销债权人会议决议纠纷民事裁定书中,法院认为:"在不违反法律强制性规定的前提下,债权人通过共同协商形成债权人会议决议的方式,约定就部分事项单个债权人可以以默示方式表达意见,该项约定不构成对法定的债权人会议决议规则的修改,符合《民法典》对于默示方式作出意思表示的形式要件,不损害债权人的利益,依法应予认可。"[见(2018)粤 03 破 378 号之六民事裁定书]

案例索引:

86. 延长重整计划执行期限是否均需要债权人会议 进行表决?

阅读提示: 延长重整计划执行期限实质上属于重整计划的变更,我国破产法目前尚无相关的立法规定。而重整计划是重整程序中最为关键的一个环节,实务中确有重整计划有执行完毕的可能,但是因客观因素导致无法在执行期限届满前执行完毕的情况。为了维护企业重整的成果,避免各方利害关系人的利益受到损害,实务中出现管理人、债务人或利害关系人向人民法院申请延长重整计划执行期限的情况。

答: 延长重整计划执行期限在性质上属于重整计划的变更,实务中应避免滥用。根据最高人民法院出台的相关司法文件精神,申请延长重整计划执行期限的,可申请延长一次,延长的期限一般不得超过六个月。鉴于目前尚无相关立法,如果确有需要继续延长的,应该经债权人会议表决通过,并经人民法院批准。

理由与依据:

关于重整计划变更,最高人民法院于2018年3月14日颁布的《全国法院破产审判工作会议纪要》第十九条规定了重整计划执行中的变更条件和程序。债务人应严格执行重整计划,但因出现国家政策调整、法律修改变化等特殊情况,导致原重整计划无法执行的,债务人或管理人可以申请变更重整计划一次。债权人会议决议同意变更重整计划的,应自决议通过之日起十日内提请人民法院批准。债权人会议决议不同意或者人民法院不批准变更申请的,人民法院经管理人或者利害关系人请求,应当裁定终止重整计划的执行,并宣告债务人破产。第二十条规定了重整计划变更后的重新表决与裁定批准。人民法院裁定同意变更重整计划的,债务人或者管理人应当在六个月内提出新的重整计划。变更后的重整计划应提交因重整计划变更而遭受不利影响的债权人组和出资人组进行表决。表决、申请人民法院批准以及人民法院裁定是否批准的程序与原重整计划相同。

对重整计划的变更次数以一次为限,如果仅涉及延长重整计划执行期限,未对重整计划内容作实质变更,不影响债权人实体利益的,不需要再召开债权人会议表决或者分组表决,可以直接向人民法院申请延期,延长的期限一般不得超过六个月。但鉴于案件实际情况,很多情况下延长一次、延期六个月不足以解决案件遇到的难题。加之一些法院在出台相关指引时,并未明确可以延长的次数和期限,导致实务中出现多次申请延期的情况。如北京破产法庭发布的《破产案件管理人工作指引(试行)》第一百一十五条规定,债务人向人民法院申请延长重整计划执行期限的,管理人应当进行审查,并就重整计划实际执行进度、无法按期执行完毕的原因,以及债务人下一步工作计划的可行性等方面向人民法院提交监督意见,同时申请延长重整计划的监督期限。管理人认为存在需要延长重整计划执行的监督期限情形的,应当向人民法院提交书面报告并说明理由,申请人民法院裁定延长重整计划执行的监督期限。深圳市中级人民法院发布的《审理企业重整案件的工作指引(试行)》第一百零八条规定,重整计划因客观原因未能在规定期限内执行完毕,债务人申请延长重整计划执行期限的,合议庭可以裁定准许。管理人同时申请延长监督期限至重整计划执行期限届满的,合议庭应当一并裁定准许。

针对这种情况,首先,人民法院在审查和批准重整计划执行期限的延期申请时,应当要求申请人着重提供重整计划能够执行完毕的情况说明,应征求主要债权人及利害关系人的意见,确认重整计划确实还具有可执行性,否则应当及时终止重整程序,宣告债务人破产,避免申请人滥用权力,导致重整程序空转。其次,人民法院对于多次申请延期的情况应当予以规制,出台具体的指引加以限制。一则督促重整计划的执行主体积极执行重整计划,二则避免相关主体利用立法漏洞无限期延长重整计划执行期限,拖慢重整进程,浪费司法资源。在重整计划仍具备可执行性的前提下,如果确实需要二次或多次申请延期,应当经债权人会议表决同意方可延长。

案例索引:

福州市中级人民法院发布 2019—2021 年福州法院十大破产典型案例之九:破产重整类案件——福建省宏盛闽侯酒业有限公司破产重整案

2017 年度江苏法院十大破产案例之四:常州永泰丰化工有限公司等三企业合并重整案

(2020)闽 0781 破 1 号延长重整计划执行期限民事裁定书

(2019)川 2002 破 1 号延长重整计划执行期限民事裁定书(之九)

87. 重整计划草案第一次表决未通过，再次表决应注意什么问题？

阅读提示:《企业破产法》第八十七条规定了重整计划草案表决未通过情况下的再次表决制度，但未进一步规定该制度的适用问题，导致实务中对该制度的理解和适用较为混乱。本问题旨在对再次表决制度的完善作相关探讨。

答:重整计划草案的再次表决，首先，应注意两次表决的间隔时间不宜过长，应视案件具体情况将间隔时间控制在合理期限内;其次，为高效推进破产程序，再次表决的债权人范围限定在未通过的表决组内不同意、未参会、未表决、弃权的债权人。

理由与依据:

《企业破产法》第八十七条第一款规定，部分表决组未通过重整计划草案的，债务人或者管理人可以同未通过重整计划草案的表决组协商。该表决组可以在协商后再表决一次。双方协商的结果不得损害其他表决组的利益。由于破产法及相关司法解释没有对该规定中的协商期限和再次表决的时间作进一步规定，导致实务中有些管理人无期限拖延再次表决时间，致使破产程序迟迟得不到有效推进，严重违背了破产法的立法宗旨。对于再次表决的期限，在现行立法没有明确规定的情况下，可以由人民法院根据个案情况予以确定。对于间隔时间在 15 天以内的，可以由管理人自行决定;对于案情复杂，再次表决时间预计需要超出 15 天的，应当向人民法院书面说明情况及原因，人民法院审查后认为合理的，应当准许。依据深圳市中级人民法院《关于优化破产办理机制推进破产案件高效审理的意见》第二十六条【重整计划草案的提交及表决期限】的规定，债务人或者管理人应当在法院裁定重整之日起六个月内提交重整计划草案。期限届满，经债务人或者管理人请求，确有正当理由的，法院可以裁定延期三个月。重整程序中，部分表决组未通过重整计划草案的，债务人或者管理人可以同未通过的表决组进行协商，该表决组可以在协商后再表决一次，但存在以下情形之一的，不得再次进行表决:(1)第一次表决后超过三个月未申请再次表决，且无正当理由的;(2)未通过表决组为债权组的，该组过半数债权人明确拒绝再次表决并且其所代表的债权额超过该组债权总额三分之一的;未通过表决组为出资人组的,超过三分之一表决权的出资人明确拒绝对出资人权益调整事项再次表决;(3)协商后达成的重整计划草案损害已通过表决组的利益。由此可以看出,深圳市中级人民法院对再次表决的期限规定为第一次表决后三个月内。相对于深圳市中级人民法院三个月的具体规定,北京市第一中级人民法院则采取了较为模糊的"合理期限"的规定。《北京破产法庭破产案件管理人工作指引(试行)》第一百零九条规定,部分表决组未通过重整计划草案的,制作重整计划草案的管理人可以同未通过的表决组协商,该表决组可以在协商后再表决一次,但协商结果不得损害其他表决组的利益。在合理期限内,债务人、出资人、重整投资人或债权人拒绝协商,或者拒绝再次表决,且重整计划草案不符合人民法院强制批准条件的,管理人应当及时向人民法院提交书面申请,并附相关材料,请求人民法院裁定终止重整程序,并宣告债务人破产。因个案情况不同,无论是明确的期限限制还是"合理期限"限制,案件情况复杂的情况下应允许适用最长时间限制,对于案情简单的案件,管理人则应当尽快组织再次表决,避免再次表决的期限无限延长。

对于参加再次表决的表决权人范围:首先,根据《企业破产法》第八十七条第一款的规定,债务人或管理人与未通过表决组协商的结果不得损害其他表决组的利益。其次,如果协商结果不涉及对未通过表决组利益的调整,则建议将参加再次表决的债权人范围限定在未通过的表决组内不同意、未参会、未表决、弃权的债权人,该组内第一次表决同意的债权人的表决结果仍然有效,无需参加再次表决。这种做法既巩固了第一次表决同意的成果,避免该部分债权人再次表决时改变表决意见或怠于行使权利,又使管理人或债务人能够更有针对性地与需要再次表决的债权人进行沟通、协商,有利于重整计划草案再次表决时获得通过。最后,如果协商结果涉及对未通过表决组利益的调整,管理人或债务人应当对修改内容进行释明,由该表决组内的所有债权人参加再次表决。

案例索引:

广西奥奇丽股份有限公司破产重整案

河南法院破产审判十大典型案例之一:河南省建设集团有限公司破产重整案

福建省高级人民法院发布福建法院破产审判典型案例之七:厦门市东林电子有限公司执行转破产清算转重整案

山东高级人民法院发布全省十大破产典型案例之九:日照铸福实业公司有限公司、日照现代铸业有限公司合并破产重整案

88. 管理人在哪些情况下主动提议召开债权人会议?

阅读提示:管理人作为破产程序的主导者,在破产程序的推进过程中起着至关重要的作用,破产程序的每个环节和节点都需要管理人进行引导。管理人主动提议召开债权人会议的情形,应当围绕破产法规定的债权人会议的职权进行,但法律规定不能完全覆盖实务过程中遇到的问题。除法律明确规定的情形外,管理人还可以在哪些情况下主动提议召开债权人会议?

答:《企业破产法》规定,第一次债权人会议由人民法院召集,以后的债权人会议,在人民法院认为必要时,或者管理人、债权人委员会、占债权总额四分之一以上的债权人向债权人会议主席提议时召开。实务过程中,管理人作为破产程序的主导者,在核查债权、通过重整计划、通过和解协议、通过债务人财产的管理方案、通过破产财产的变价方案、通过破产财产的分配方案等关键环节,基本上均是由管理人主动提议召开债权人会议,提请债权人会议表决议案。除此之外,管理人在履职过程中涉及债务人财产或破产费用的大额支出、举借共益债、对大额应收账款的处置等会对债权人利益造成重大影响的事项时,均应当主动提议召开债权人会议,由债权人会议共同决议。

理由与依据:

管理人主动提议召开债权人会议的情形,应当主要围绕债权人会议的职权进行。《企业破产法》第六十二条规定,第一次债权人会议由人民法院召集,自债权申报期限届满之日起十五日内召开。以后的债权人会议,在人民法院认为必要时,或者管理人、债权人委员会、占债权总额四分之一以上的债权人向债权人会议主席提议时召开。从法律规定来看,可以提议召开债权人会议的主体有人民法院、管理人、债权人委员会、占债权总额四分之一以上的债权人。人民法院在破产程序中主要起监督和指导作用,并不会过多干预破产案件的办理。由于破产案件的专业性和复杂程度较高,一般情况下债权人委员会和占债权总额四分之一以上的债权人很少主动提议召开债权人会议。而管理人作为专业机构,在破产程序中起着主导作用,在核查债权、通过重整计划、通过和解协议、通过债务人财产的管理方案、通过破产财产的变价方案、通过破产财产的分配方案等关键环节,均会主动提议召开债权人会议,有债权人会议共同审议表决相关议案。除此之外,管理人在履职过程中如出现可能会对债权人利益造成重大影响的事项,也应当主动提议召开债权人会议,由债权人会议形成共同决议后方可执行。

在笔者参与的 M 公司破产清算案中,管理人在履职过程中发现 M 公司在破产受理前与其多个关联公司之间存在大额的银行转账行为,但是在财务凭证中并未发现与大额转账行为对应的交易合同、货物买卖清单等票证,财务人员及公司高管对此未能作出合理解释。基于此,管理人决定对无故转出的款项进行催收追回。管理人通过工商查询、实地走访调查,发现该关联公司均为空壳公司,没有实际经营场所,且都已办理工商注销,追收难度极大。经测算,如通过民事诉讼程序追收,诉讼费用高达上百万,即使胜诉也会面临执行不到的风险,还会导致破产费用大额增加,大大影响债权人的清偿率。本着为全体债权人利益负责的态度,管理人向人民法院及债权人会议主席书面报告说明情况,并提议召开债权人会议,制定清收方案并说明各个方案的利弊,由债权人会议共同决议是否通过诉讼程序追收。

89. 破产程序进行中尚存在少数待核查债权,是否需要召开债权人会议进行核查?

阅读提示:实务中,提请债权人会议核查债权一般会在第一次债权人会议上进行,但第一次债权人会议后难免会存在少数补充申报、债权确认难度大或诉讼未决的情况。尤其是在破产程序平稳推进,不存在需要召开债权人会议决议的事项时,单独为了核查债权召开债权人会议会存在组织召开难度大、债权人参与积极性低、怠于行使权利等问题。那么对于该问题到底应如何处理?

答:核查债权是债权人会议的法定职权之一,经债权人会议核查无异议的债权才能提请人民法院裁定确认,管理人审查确认的每一笔债权都应当经过债权人会议核查。核查债权并非一定要以现场或视频等会议形式召开债权人会议,但要确保将待核查债权提交债权人会议,保障每位债权人会议成员核查债权的权利。具体而言,管理人可以制作待核查债权表发送至债权人群,该债权人群可以是管理人通过网络平台组织建立的微信会议群、钉钉会议群等,或是通过邮件、书面邮寄等确定的送达方式、送达地址将待核查债权表发送给债权人会议成员。在发送待核查债权表的同时,管理人应当对每笔债权情况进行说明,并告知债权人可以依据相关规定对待核查债权提出异议的权利。

理由与依据：

首先，核查债权是债权人会议的一项法定职权，破产程序中的每一笔债权在经过管理人审查确认后都需要经过债权人会议核查。《企业破产法》第五十八条规定，依照本法第五十七条规定编制的债权表，应当提交第一次债权人会议核查。债务人、债权人对债权表记载的债权无异议的，由人民法院裁定确认。债务人、债权人对债权表记载的债权有异议的，可以向受理破产申请的人民法院提起诉讼。根据《企业破产法》第六十一条第一款的规定，债权人会议的第一项职权就是核查债权。《破产法司法解释三》第六条第二款规定，管理人应当依照企业《企业破产法》第五十七条的规定对债权的性质、数额、担保财产、是否超过诉讼时效期间、是否超过强制执行期间等情况进行审查、编制债权表并提交债权人会议核查。第八条规定，债务人、债权人对债权表记载的债权有异议的，应当说明理由和法律依据。经管理人解释或调整后，异议人仍然不服的，或者管理人不予解释或调整的，异议人应当在债权人会议核查结束后十五日内向人民法院提起债权确认的诉讼。由上述法律规定可见，债权人会议不仅有权核查债权，债务人、债权人还有权对提交债权人会议核查的债权提出异议。所以，即使在破产程序中遗留有单笔或少数几笔债权，经管理人审查确认后也应当及时提交债权人会议进行核查。

其次，债权人会议是由依法申报债权的债权人组成的议事机构，而非是某项具体的议事活动。债权人会议核查债权并非必须通过特定的会议形式，只要将待核查债权提交债权人会议组织，保障每位债权人会议成员核查债权的权利即可。《企业破产法》第五十九条规定，依法申报债权的债权人为债权人会议的成员，有权参加债权人会议，享有表决权。债权人会议是由每个依法申报债权的债权人组成，出于节省破产费用和提高工作效率，给债权人提供便利的考虑，单独核查债权的事项没有必要以召开会议的形式进行，可以通过管理人组建的债权人会议群，如微信群、钉钉群等，将待核查债权表发送至群内进行公示，或通过债权人确定的送达地址、送达方式以邮件、书面邮寄等形式将待核查债权表送达每位债权人。在送达待核查债权表的同时，管理人应说明每笔债权的情况，并告知债权人可以依据《破产法司法解释三》第八条之规定行使异议权利。这种做法一则可以节省因召开会议产生的破产费用，节约债权人的金钱和时间成本，二则可以在充分保障债权人会议成员权利的同时，避免因债权人怠于行使权利而造成破产程序的拖延。

90. 除已经明确的债权人会议召开形式外，债权人可以要求通过其他形式参会吗?

阅读提示:《破产法司法解释三》第十一条第一款规定,债权人会议的决议除现场表决外,可以采取通信、网络投票等非现场方式进行表决。为确保全体债权人都尽可能地参与到债权人会议中,人民法院或管理人往往会确定一种或多种形式召开债权人会议。但实务中会存在个别债权人或小部分债权人因特殊情况无法通过人民法院或管理人确定的形式参会,那么债权人是否可以要求以其他合法形式参会并行使相关权利?

答:在保证债权人会议能够顺利有序召开、破产程序不会被拖延的情况下,经向人民法院或管理人作出合理说明,应当允许无法通过既定形式参加债权人会议的债权人以其他合法形式参会并行使相关权利。

理由与依据:

《破产法司法解释三》第十一条第一款规定,债权人会议的决议除现场表决外,可以由管理人事先将相关决议事项告知债权人,采取通信、网络投票等非现场方式进行表决。采取非现场方式进行表决的,管理人应当在债权人会议召开后的三日内,以信函、电子邮件、公告等方式将表决结果告知参与表决的债权人。根据该规定,债权人会议的召开可以采取现场和非现场两种形式,而非现场方式又包括视频、网络平台线上投票、书面邮寄、电话会议等多种形式。对会议形式的多样性和灵活性规定,体现了司法为民、司法便民的原则,充分保障了债权人的实体权利及程序权利,保障了债权人的知情权、参与权、表决权、监督权,同时也有助于破产程序的高效快捷推进。

人民法院或管理人规定确定特定的债权人会议召开形式,是为了保证债权人会议顺利有序进行、规范会议秩序,最终目的是保障债权人在破产程序中各项权利能够得到充分行使。债权人在特殊情况下无法通过既定的形式参加债权人会议时,经向人民法院或管理人说明合理原因,以其他合法形式参会不影响其他债权人权利,也不会对其他债权人的合法权益造成不良影响的情况下,人民法院或管理人应当允许其参会并行使表决权。同时,管理人应就以其他合法形式参会的债权人情况向债权人会议作出说明,保证破产程序的公开公正。此外,在筹备债权人会议时,应当充分考虑债权人的年龄、地域、文化程度等各种因素,在保证会议有序、高效、便捷的前提下,可以设置多种类型的参会方式以满足不同债权人的参会需求,并明确参会及行使表决权的要求和时间限制。

第九章

清算程序

91. 自行清算、强制清算和破产清算如何区分以及必要时如何进行衔接？

阅读提示： 在公司运营即将走向终点时，解散清算和破产清算是常见但复杂的法律程序，而解散清算又包括自行清算和强制清算，这三种清算方式直接影响到企业和债权人的利益。那么这三者之间的区别和实际操作有什么不同呢？在特定情况下又是如何进行衔接的呢？

答：解散清算包括自行清算和强制清算。自行清算是公司在自愿解散的情况下，由股东成立清算组进行的清算。而强制清算则是在公司自行清算不力或存在其他特定情况时，由法院指定清算组进行的清算。破产清算是指公司不能清偿到期债务且资产不足以清偿全部债务或明显缺乏清偿能力时，通过法院裁定进行的清算。解散清算与破产清算最大的区别就在于公司是否资不抵债，这也是选择不同清算方式的重要因素。

理由与依据：

在《公司法》的框架下，自行清算、强制清算和破产清算是公司终止运行、处理财产和债务的重要法律程序。每种清算方式在启动条件、执行主体、流程以及适用情境上都有显著区别,但它们之间也可以通过法律机制有效衔接,确保清算过程的顺利进行和各方权益的保护。

自行清算是指公司在解散事由出现后,由公司股东或股东会决议成立清算组进行的清算。这种清算方式通常适用于公司章程规定的营业期限届满、公司章程规定的解散事由出现、股东会决议解散或公司被吊销营业执照或责令关闭的情况。根据《公司法》第二百二十九条和第二百三十二条的规定,当公司章程规定的营业期限届满或者公司章程规定的其他解散事由出现时,公司应当在解散事由出现之日起十五日内成立清算组,开始清算。自行清算的流程包括召开股东会、成立清算组、并由清算组履行通知和公告债权人、清理公司财产、编制资产负债表和财产清单、处理公司未了结的业务、清缴所欠税款和清算过程中产生的税款、清偿公司债务、分配剩余财产以及完成清算报告并向工商行政管理部门申请注销登记等职责。自行清算的优点在于程序相对简便,企业可以自主控制清算过程。然而,自行清算也存在一些局限性,例如若企业债务复杂,可能难以顺利进行。此外,自行清算缺乏司法监督,股东可能进行虚假清算,逃避债务,损害债权人的合法权益。

强制清算是指公司在应当解散而未成立清算组或未能有效清算时,由债权人或股东申请,法院或其他有权机构指定清算组进行的清算程序。这种清算方式适用于公司未能自行清算的情况。《公司法》第二百三十二条规定,公司解散后未在规定期限内成立清算组进行清算的,债权人可以申请人民法院指定有关人员组成清算组进行清算。强制清算的流程包括提出申请、法院受理并指定清算组或清算人、清算组履行通知和公告债权人、清理公司财产、编制资产负债表和财产清单、处理公司未了结的业务、清缴所欠税款和清算过程中产生的税款、清偿公司债务、分配剩余财产、完成清算报告并向法院提交,法院审查通过后企业申请注销登记等职责。强制清算的优点在于程序严谨,法律保障性强,由法院监督,确保清算过程公正透明。

破产清算是指公司因不能清偿到期债务,并且资产不足以清偿全部债务或明显缺乏清偿能力时,通过法院裁定进行的清算。这种清算方式适用于公司资不抵债的情况。《企业破产法》第二条规定,债务人不能清偿到期债务,并且资产不足以清偿全部债务或者明显缺乏清偿能力的,可以向人民法院申请破产清算。此外,《企业破产法》第十九条规定,法院受理破产申请后,应当及时指定管理人。破产清算的流程包括提出申请、法院受理并指定管理人、管理人履行通知和公告债权人、清理公司财产、编制资产负债表和财产清单、召开债权人会议、确认债务和资产处理方案、清偿债务、分配剩余财产、完成破产清算报告并向法院提交,法院裁定通过后企业申请注销登记等职责。破产清算的优点在于通过法律程序,全面清理债务,确保债权人的利益得到最大限度的保护。然而,破产清算也存在一些局限性,例如程序复杂、时间较长、成本较高。

在三者之间的区别方面,自行清算、强制清算和破产清算在清算的性质、导致清算的原因、申请主体、清算的目的、执行与保全措施以及被清算企业的法律地位等方面都有显著不同。(1)清算的性质不同:自行清算是公司自行成立清算组进行的清算,强制清算是法院指定清算组进行的清算,而破产清算则是法院指定管理人进行的清算。(2)导致清算的原因不同:自行清算通常是因为营业期限届满、公司章程规定的解散事由出现或股东会决议解散;强制清算则是公司未成立清算组或清算不力、被吊销执照或责令关闭;而破产清算则是公司资不抵债,不能清偿到期债务,且资产不足以清偿全部债务或明显缺乏清偿能力。(3)申请主体不同:自行清算由公司股东或股东会决议启动,强制清算由债权人或股东申请,法院启动,破产清算则是债务人可以自行申请,债权人也可以向法院申请。(4)清算的目的不同:自行清算和强制清算主要是为了清理债权债务,资可抵债。债权人利益实现后,剩余财产由股东分配。而破产清算的主要目的是实现债权,资不抵债。股东无剩余财产可分配,利益冲突主要在债权人之间。(5)执行与保全措施不同:自行清算和强制清算不影响对被申请人财产保全及执行的效力;而破产清算则要求有关债务人财产的保全措施应解除,执行程序应中止(《企业破产法》第十九条)。(6)被清算企业的法律地位不同:自行清算期间公司法人资格仍然存在,享有限制性的权利和经济行为;强制清算期间公司法人资格也仍然存在,但清算组的权力更大,法院监督;而破产清算期间公司法人权利和行为完全丧失,管理人依法取得破产企业财产的管理权和处分权。

在实践中,自行清算、强制清算和破产清算可以通过法律机制进行有效衔接,确保清算过程的顺利进行和各方权益的保护。首先,公司解散后若未在规定期限内成立清算组进行清算的,债权人或股东可以申请法院指定清算组进行强制清算。根据《最高人民法院关于适用〈中华人民共和国公司法〉若干问题的规定(二)》(以下简称《公司法司法解释二》)第七条的规定,若公司未能自行成立清算组,债权人或股东有权向法院申请指定清算组进行清算。这种机制确保了公司在未能履行清算职责时,债权人的合法权益能够得到保护。其次,在自行清算过程中,若清算组发现公司财产不足以清偿全部债务,应当向法院申请破产清算。《公司法》第二百三十七条规定,清算组在清算过程中发现公司财产不足以清偿全部债务的,应当向法院申请宣告破产。正常情况下,公司解散后应当自行清算,但若公司不成立清算组或清算组未履行清算职责,且企业存在破产原因,债权人可以直接申请破产清算。此外,法院指定的清算组在发现公司财产不足以清偿全部债务时,可与债权人协商债务清偿方案,未确认或不认可方案时,应申请宣告破产(《公司法司法解释二》第十七条)。《全国法院民商事审判工作会议纪要》第一百一十七条明确规定,当企业同时符合破产清算条件和强制清算条件时,应优先适用破产清算程序,实现对债权人利益的公平保护。债权人对符合破产清算条件的债务人提起公司强制清算申请,经法院释明,债权人仍然坚持申请对债务人强制清算的,法院应当裁定不予受理。

案例索引:

(2021)苏清终 3 号

(2018)粤 0306 清申 4 号

92. 破产清算过程中,未履行完毕的合同如何处理?

阅读提示: 在破产清算过程中,对于未履行完毕的合同处理至关重要,直接关系到债务人财产的清偿及债权人利益的保障。我们将从合同的终止与继续、债权人的权益保护以及法律与实际操作三个模块进行深入论述,探讨破产清算中对未履行合同的处理。

答: 企业开始破产清算后,企业通常无法继续履行现有合同,因而可能导致合同终止或重新安排。具体如何处理取决于合同的性质、法律规定和破产管理人的决定。对合同的处理旨在最大限度保护债权人的权益,确保清算程序的公平公正。

理由与依据:

在破产清算过程中,未履行合同的处理是一个复杂而关键的问题,涉及债务人、债权人及合同相对方的利益。破产管理人和法院需要对未履行的合同进行详细评估,以决定哪些合同应继续履行,哪些合同应终止。这一过程须考虑合同的性质、对企业和债权人的影响、法律规定以及实际操作的可行性。首先,合同的终止与继续履行是破产清算中的重要环节。破产管理人接管企业后,有权决定是否继续履行未完成的合同。一般情况下,如果履行合同对债权人不利,管理人会选择终止合同。对企业和债权人不利的合同通常包括高成本低收益的合同和不利于清算的合同。例如,如果继续履行某些合同会导致企业承担高额成本而无法产生相应收益,管理人通常会选择终止这些合同。此外,某些合同的履行可能对清算程序造成不利影响,如占用大量资金或资源,管理人应终止这些合同。可替代性强的合同,如普通供应合同和非核心业务合同,也是管理人可能选择终止的对象。例如,对于那些可替代性强、市场上有众多替代供应商的普通供应合同,管理人可以选择终止并寻找其他替代方案。涉及已终止业务的合同,如停产业务合同和废弃项目合同,管理人也应予以终止,以避免不必要的支出。

然而,在某些情况下,如果合同的继续履行能提高企业资产的整体价值或对债权人有利,管理人可能会选择继续履行部分合同。例如,有利于资产保值和增值的合同,如关键供应合同和长期租赁合同,如果继续履行这些合同能保持企业生产线的运转,从而提高资产的整体价值,管理人可能会选择继续履行。此外,涉及重要客户和市场的合同,如主要客户合同和品牌维护合同,也可能会被继续履行,以便保留关键客户和市场份额。明确法律要求的合同,如劳动合同和社会责任合同,也是管理人必须继续履行的对象,以保障员工的合法权益和企业的社会责任。

管理人需要综合考虑合同的经济效益、法律义务、对清算程序的影响以及债权人的意见,决定合同的处理方式。合同的经济效益是管理人评估的重要因素,继续履行合同必须能产生经济效益,避免不必要的开支,并最大限度地提高资产价值。管理人还须确保合同处理符合相关法律法规,特别是劳动合同和社会责任合同等,须严格遵守法律要求。合同的继续履行或终止须考虑对清算程序的影响,确保清算过程顺利进行,避免合同履行对债权人利益造成负面影响。在某些情况下,管理人须征求债权人的意见,特别是涉及重大合同决策时,须确保债权人的利益得到充分考虑。

对于决定不履行合同的处理,《企业破产法》第十八条规定,管理人在破产申请受理后两个月内有权决定合同的继续履行或解除,未通知则视为合同解除。该条款的目的是保护合同相对方的权益,防止合同长期处于不确定状态,影响相对方的利益。然而,在实际操作中,合同是否解除需要综合实际情况判断,不能直接根据管理人未通知行为推定合同已解除。实际解除时间应以管理人明确通知为准,管理人应以书面形式通知对方当事人合同解除的决定,确保通知方式合法合规并留有记录。根据《企业破产法》第五十九条的规定,管理人解除合同的,对方当事人有权请求赔偿损失。这种赔偿损失通常包括对方当事人为履行合同已支付的费用、因合同解除所遭受的直接经济损失等。对方当事人因合同解除而产生的损失赔偿请求权应作为破产债权处理,须向管理人申报其债权,并经过债权人会议或人民法院确认后,按照法律规定的清偿顺序进行分配。破产法规定了不同类型债权的优先清偿顺序,某些合同债权可能享有优先清偿权,例如涉及劳动报酬的合同。大部分未履行合同的债权属于普通债权,须在优先债权清偿后按比例分配剩余资产。

在实务操作中,管理人在接管企业资产后,应尽早对所有未履行的合同进行评估,决定是否继续履行或终止。破产法及相关法规对未履行合同的处理提供了法律依据,管理人需严格遵守这些规定。未履行合同的类型和内容各异,管理人需要逐一评估和处理,涉及较大的法律和操作复杂性。管理人需在保护债权人权益和实现最佳资产处置效果之间找到平衡,防止利益冲突和不当行为。管理人应当依法处理未履行的合同,确保操作透明、公正,最大限度保护债权人的权益,并且按照法律规定的程序,通知合同对方。解除合同的通知应以书面形式进行,并通过合法合规的方式送达对方当事人,以确保通知的法律效力,同时应当向法院报告合同的处理情况,确保清算程序合法合规。管理人在决定解除合同时,应尽可能对对方当事人的可能损失进行评估,并与对方当事人协商,尽量减少不必要的争议和诉讼。管理人应指导对方当事人按规定申报其损失赔偿债权,在债权人会议或法院确认后,依法进行清偿。通过规范的操作,管理人可以有效减少因合同解除引发的法律风险,保障破产程序的顺利进行。

案例索引:

(2020)最高法民再 287 号

(2022)最高法民再 55 号

93. 破产清算中,职工补偿金计算至何时?

阅读提示:经济补偿金是职工债权中的重要部分,现行破产法对经济补偿金的补偿期限终止时没有明确规定,目前的处理方法是按照《劳动合同法》的规定计算至劳动合同被解除之日或者劳动关系终止之日,但在企业破产程序中,劳动合同的解除或终止手续往往无法及时办理,而且可能存在有些职工长期未给企业提供劳动,也未领取工资的情况,那么如何确定解除劳动合同的时间进而确认经济补偿金的计算截止日,也是实务中的一个难点。

答:在破产清算程序中,职工经济补偿金的计算截止时间应当按照实际办理解除或终止劳动合同的时间。管理人接管企业后,应当确保劳动合同的及时解除,保障职工的合法权益。

理由与依据:

在破产清算过程中,职工补偿金的计算时间节点是一个具有争议性的问题,涉及对法律规定和实际操作的不同理解。依据《劳动合同法》和《企业破产法》的相关规定,用人单位解除或终止与劳动者的劳动关系时,需支付经济补偿金。经济补偿金的计算基于确定的计算基数和职工的补偿年限,具体从职工与债务人形成用工关系之日起算,严格核查职工工作年限的连续性,并确定工作年限的终止时间。然而,企业进入破产程序后,职工经济补偿金的计算截止时间在实践中存在两种主要观点:一是计算至破产受理日,二是计算至破产宣告日。

首先,主张计算至破产受理日的观点认为,这一时间节点有利于保护债权人的权益。根据《企业破产法》第十八条的规定,管理人在破产申请受理后有权决定合同的继续履行或解除,并在两个月内通知对方当事人,未通知则视为合同解除。因此,破产受理日作为法律规定的时间节点,能够使职工债权与其他破产债权适用相同的基准日,避免职工债权长期处于不确定状态,从而有利于管理人及时列出经济补偿清单和破产案件的审理。广东省阳江市中级人民法院在"(2016)粤17民终608号"民事判决书中就采纳了这一观点,认为破产企业职工的工龄确认过程以破产受理日为计算基准符合实际情况。此举不仅简化了破产管理人的工作流程,还能加快破产程序的推进,提高破产财产的分配效率。

然而,另一种观点认为,职工补偿金应计算至破产宣告日。这一观点基于《劳动合同法》第四十四条第四款的规定,即用人单位被依法宣告破产的,劳动合同终止。因此,劳动合同终止的时间应为破产宣告日,而非受理日。北京市第三中级人民法院在"(2016)京03民终13734号"民事裁判书中持这一观点,认为劳动关系在破产受理日并未自动终止,因为破产企业可能发生重整,需要员工的共同努力才能实现企业的重生。以受理日作为计算基准有可能对员工不公平,因受理并不意味着劳动关系必然终止,企业还有可能重整。破产宣告日作为时间节点,符合劳动合同终止的法律规定,能够保持劳动关系的连续性,有利于破产企业的重整和职工权益的保护。破产案件受理后,债务人的债务会产生停止个别清偿、停止计算利息等"冻结"效力,以保护债务人财产,实现债权人公平受偿。因此,管理人在接管企业后,除非主动解除劳动合同或被法院宣告破产,劳动关系不会在受理日自动终止。

在处理职工补偿金的实际操作中,我们认为应根据具体情况进行综合判断,无论是劳动法还是破产法,其立法精神在于将法律规定应用于具体问题以解决实际问题。解除劳动合同的时间应当根据具体情况区别对待。对于劳动合同已经事实上终止的情况,如长期未被安排工作、未提供劳动且未享受领取工资和其他福利待遇的职工,应视同劳动合同事实上已终止,双方已不存在劳动法上的权利义务关系,故不存在解除劳动合同补偿金的问题。然而,如果企业拖欠职工工资,导致职工有权提出解除劳动合同并另找工作,则应给予经济补偿金。在实务中,有的法院要求终止劳动合同关系与拖欠职工工资有直接关系,否则不支持经济补偿金的主张。对于管理人进驻后仍然存在劳动合同关系的情况,如果企业无拯救可能,应尽量解除劳动合同,避免增加破产财产的无谓支出;若企业有拯救可能且拯救后仍需相关岗位人才,但暂时无法提供工作,可采取保留劳动合同关系、离职待岗的方式,发放一定的生活费。

此外,在具体操作中,管理人应采取系统化和规范化的操作步骤。在企业进入破产清算程序后,管理人应确认劳动合同现状,梳理劳动合同档案,核实劳动合同的有效性,并制定详细的通知方案。通过书面形式正式通知职工解除劳动合同,并办理相关手续,包括出具解除劳动合同证明书,及时办理社保、公积金等手续,确保职工权益不受影响。管理人还须计算和支付经济补偿金,根据《劳动合同法》及相关法律法规,计算职工应得的经济补偿金,并及时支付。此外,管理人应妥善保存解除劳动合同的相关记录,并按法律法规的要求向劳动部门和破产清算法院提交备案材料。在处理未结事项时,须继续跟进,确保所有职工的劳动合同问题得到妥善解决。通过这一系列操作,管理人可以在法律框架内合理地解除劳动合同,并确保职工的合法权益得到保障。值得注意的是,管理人在解除劳动合同时应当充分考虑职工的实际情况和权益,尽量避免因程序上的疏漏或操作不当而导致职工权益受损。此外,管理人在具体操作中应当严格遵守法律规定,避免因程序不合法而引发的法律纠纷。

综上所述,破产清算过程中职工补偿金的计算时间节点应根据具体情况进行判断,既要符合法律规定,也要考虑实际操作的可行性和公平性。经济补偿金的计算既反映了法律对劳动者的保护精神,也与破产法的公平清偿原则相协调。未来立法应制定明确规定,以实现劳动合同法和破产法的衔接,从而真正实现破产法公平清偿全体债权人的立法意图。在当前法律缺位的情况下,管理人应充分履职,采取系统化和规范化的操作步骤,确保每一步都合法合规,职工的权益得到保障,企业破产清算程序顺利推进。通过制定详细的计划和方案,及时通知和沟通职工,办理相关手续和补偿,管理人可以有效履行其职责,维护各方合法权益,防范管理人履职风险。

案例索引:

(2020)冀民申 4714 号

(2014)瓦民初字第 424 号

94. 破产清算中,债权人能否在执行程序中追加执行股东? 已经追加执行股东的是否中止执行?

阅读提示:企业破产后,债权人能否在执行程序中追加执行股东? 已经追加执行股东的情况下是否应中止执行? 这些问题涉及破产法、公司法及相关司法解释的规定,关系债权人个体利益的保护和集体利益的冲突问题。

答:企业破产后,债权人通常不能在执行程序中追加执行股东。破产程序启动后,所有与债务人财产相关的执行程序应当中止,以确保全体债权人能够公平受偿。如果已经追加了执行股东,执行程序也应当中止,债权人应通过破产程序主张其债权。

理由与依据:

在破产清算过程中,债权人能否在执行程序中追加执行股东,以及已经追加执行股东的是否应当中止执行,均需严格依据《企业破产法》及其司法解释的相关规定来进行解答。这些规定明确了在企业进入破产程序后,所有有关债务人财产的诉讼和执行程序都应中止,以确保各债权人的公平受偿。根据《企业破产法》第十六条的规定,人民法院受理破产申请后,债务人对个别债权人的债务清偿无效。这意味着,一旦破产程序启动,债务人不能再单独清偿某一债权人的债务,以防止某些债权人获得优先受偿,损害其他债权人的利益。《企业破产法》第十九条进一步规定,人民法院受理破产申请后,有关债务人财产的保全措施应当解除,执行程序应当中止。这一规定的目的是确保破产财产能够在破产程序中统一处理,避免个别债权人通过执行程序获得优先清偿,从而破坏破产财产的公平分配。此外,《破产法司法解释二》第二十一条也明确指出,破产申请受理前,债权人就债务人财产提起的诉讼,破产申请受理时案件尚未审结的,应当中止审理。这一规定进一步保障了破产程序的统一性和公正性,确保所有债权人都能在同一法律框架下平等受偿。《最高人民法院关于民事执行中变更、追加当事人若干问题的规定》第二十条也明确规定,申请追加股东为被执行人,对公司债务承担连带责任的,构成对特定债权人的个别清偿。因此,企业破产后,债权人不得通过执行程序追加股东来获得个别清偿。这是因为追加执行股东的行为本质上是在破产程序中对个别债权人的优先清偿,违反了破产法公平清偿债权人的基本原则。

在实际操作中,债权人向法院申请追加公司股东为被执行人的情形,在《最高人民法院关于民事执行中变更、追加当事人若干问题的规定》中有具体的规定。追加的条件主要包括:公司财产不足以清偿法律文书确认的债务,公司未经依法清算即办理注销登记,导致公司无法进行清算,公司被注销或者被吊销营业执照、被撤销、被责令关闭、歇业等解散事由后,其股东、出资人或者主管部门无偿接受其财产,致使该被执行人无遗留财产或者遗留财产不足以清偿债务,一人有限公司财产不足以清偿生效法律文书确定的债务。对于公司财产不足以清偿债务的判断标准较为模糊,不同法院可能有不同的解释和操作。通常,法院会将是否终结本次执行程序作为判断公司财产不足以清偿债务的重要因素。终结本次执行程序(简称终本)意味着法院在执行过程中已经确认公司没有足够的财产来清偿债务。有些法院认为,只有在作出终本裁定之后,才能认定公司财产不足以清偿债务,从而满足追加被执行人的前提条件。如果执行案件没有终本,即法院还没有确认公司财产不足以清偿债务,申请人就无权要求追加被执行人。而公司注销、吊销等状态的认定相对客观,可以通过市场监督管理部门的登记状态来判断,而不是依赖于主观的判断。

因此,在企业破产后,债权人不能通过执行程序追加执行股东来获得个别清偿。这是因为追加执行股东的行为本质上是在破产程序中对个别债权人的优先清偿,违反了破产法公平清偿债权人的基本原则。对于"一人有限责任公司宣告破产后,债权人申请追加一人有限责任公司股东为被执行人"的情形,法院通常也会中止审理相关案件,以避免个别债权人获得优先清偿。债权人在破产程序中应当及时向管理人申报债权,参加债权人会议,并通过破产程序主张其权益。即使在破产程序中,债权人也可以要求管理人追究股东责任,追收债务人的财产等,而不是通过执行程序直接追加执行股东。这一做法既保障了破产程序的公正性,也维护了其他债权人的合法权益。

对于已经追加执行股东的情况,依据《企业破产法》及其司法解释的相关规定,应当中止执行。这也是为了保障所有债权人的公平受偿,避免因个别受偿造成债务人财产减少,进而侵害其他债权人的权益。具体而言,《企业破产法》第十七条规定,人民法院受理破产申请后,债务人的债务人或者财产持有人应当向管理人清偿债务或者交付财产。而《企业破产法》第三十五条规定,人民法院受理破产申请后,债务人的出资人尚未完全履行出资义务的,管理人应当要求该出资人缴纳所认缴的出资。因此,追加执行股东的行为应通过管理人追收出资而不是通过执行程序进行个别清偿。

案例索引:

(2022)沪 01 执异 71 号

(2021)浙民终 267 号

(2022)最高法执监 71 号

95. 破产宣告前后,企业是否可以继续营业?

阅读提示:部分企业在申请破产时还未停止正常的业务运营,破产申请受理后,企业丧失自主经营的权利,企业的资产将被管理人接管、评估,此时,企业是否可以继续营业? 当宣告破产后,企业正式进入清算程序,此时,是否还可以继续营业? 是否会对财产处置造成什么影响?

答:破产宣告前,企业是否继续营业由管理人决定,并经法院许可;破产宣告后,企业通常不再继续营业,资产由破产管理人接管并处置用于清偿债务。管理人在特殊情况下可以短期继续运营部分业务,但需债权人会议或法院批准,且目的在于最大化债权人利益。但一旦宣告破产,企业不可以继续经营,需要处置资产,变卖后偿还债权。

理由与依据:

法院受理企业破产申请后,指定管理人接管企业的所有资产,包括财务、库存和固定资产等。管理人通常会指示企业停止所有正常的生产经营活动,以集中精力处理清算事务,并便于管理人评估和处置资产。然而,在某些特殊情况下,为了保全企业价值或特定资产,管理人可能会决定继续短期经营特定业务,但这种经营通常是有限的,并以保护债权人利益为前提。根据《企业破产法》第二十六条和第六十一条,决定破产企业继续营业还是停止营业的权力主体主要是法院和债权人会议。管理人在破产程序中承担重要角色,负责提出企业是否继续营业的方案,但最终决定权在法院或债权人会议。

管理人负责企业进入破产程序后的所有事务,包括决定是否继续营业的初步建议。根据《企业破产法》第二十五条,管理人需综合考量企业继续营业的可行性,提出具体的营业方案,包括公司的基本情况、经营范围、业务可行性分析和预期收益等。在第一次债权人会议召开之前,管理人提出继续营业的方案需经法院审查和许可。方案经过管理人研究后,向法院提交书面报告,由法院裁定是否批准继续营业。第一次债权人会议召开后,管理人不再向法院报告,而是向债权人会议提出继续营业的方案。债权人会议通过投票决定企业是否继续营业,确保债权人的集体利益得到保护。继续营业的决定需综合考虑企业的具体情况和市场环境,以保护债权人利益为前提。继续营业应当可以维持破产企业的客户关系和市场地位,使破产财产保值或增值。通过继续营业,企业可能实现更高的收益,最大化保护债权人利益,进而提高对债权人的清偿率。避免企业资产因停业而贬值或毁损,有利于保护债权人的权益。

企业继续营业的可能性受到市场状况和运营成本因素的影响。如果市场环境恶劣,继续经营可能加速资产贬值。企业的继续营业也可能涉及高昂的运营成本,继续营业可能导致企业财产流失或毁损,反而侵害债权人利益。若继续营业造成企业财务状况恶化,可能导致破产程序无法顺利进行。管理人需要多方面评估继续营业对企业和债权人利益可能会造成的影响。继续营业的期限不能超过破产程序终结时间。企业破产后,资产处置完成或资产转让完毕,企业赖以营业的硬件设施消灭,继续营业便不再可能。根据《企业破产法》第一百二十一条之规定:"管理人应当自破产程序终结之日起十日内,持人民法院终结破产程序的裁定,向破产人的原登记机关办理注销登记。"此时即意味着破产人的法律主体资格将不复存在,企业的继续营业亦终止。实务中,继续营业通常在主营业务财产变价后即告停止,以确保清算程序顺利进行。

破产宣告是法院正式确认企业无力清偿到期债务并且资产不足以清偿全部债务的法律程序,具有法律上的确定性。根据《企业破产法》第一百零七条第二款之规定:"债务人被宣告破产后,债务人称为破产人,债务人财产称为破产财产,人民法院受理破产申请时对债务人享有的债权称为破产债权。"破产宣告是破产清算程序开始的标志。宣告破产后,企业正式进入清算程序。破产清算的主要目的是通过变卖资产来偿还债权人的债务。破产宣告后,企业的经营活动通常会停止,所有资产由破产管理人接管,旨在公平清偿债务。在破产清算过程中,企业资产可能迅速贬值,导致变现价值低于预期。因此,清算过程需严格遵循法律规定,以最大限度保护债权人利益。在企业继续营业的过程中,管理人需要做好风险管理。在允许企业短期继续营业时,须采取措施保护企业资产,防止企业资产流失或被非法转移。须严格控制企业的财务状况,确保继续运营不会导致进一步的财务状况恶化。

管理人需要严格履行职责,评估企业资产价值,并通过拍卖、出售等方式将资产变现。变现所得用于按法律规定的顺序偿还债权人的债务。企业的所有资产将被评估和出售,用于偿还债务,企业不再作为一个独立的经营实体存在。破产程序的目标在于公平清偿债务,保护债权人利益,并尽可能提高清偿率。因此,企业在破产程序中是否可以继续营业,须综合考虑多方面因素,包括企业的经营状况、市场环境、债权人利益等。管理人、法院和债权人会议共同参与决策,确保破产程序的合法性和公平性。通过规范的破产程序,最大限度地保护债权人的合法权益,有助于维护市场经济秩序的稳定和健康发展。

96. 破产宣告后,可以进行清算转和解或重整吗?

阅读提示:破产企业受理破产申请后,可以再申请转重整或和解程序,在破产宣告后,企业是否可以转为和解或重整程序,是一个涉及法律规定和实际操作的复杂问题。以下将从法律依据、具体案例和操作实践三个方面详细解析这一问题,探讨破产宣告后企业转和解或重整程序的可行性和限制。

答:《企业破产法》和相关司法解释提供了清晰的法律依据和操作指南,即破产宣告后,企业不可以转为和解程序和重整程序。实践中存在一些特殊案例,法院在严格审查和评估后,允许企业在破产宣告后撤销破产宣告裁定并转为重整程序,但这种情况在《破产会议纪要》实施后受到更严格的限制。

理由与依据:

在我国破产法制框架下,破产宣告后的处理程序存在严格的限制,特别是在和解程序和重整程序的转换方面。此类限制的目的是保障破产程序的严肃性和效率,同时确保债权人利益的最大化。然而,实际操作中也存在一些特殊情况,这些情况揭示了法律适用中的灵活性及其对破产处理的影响。

首先,和解程序的适用条件与限制是理解破产处理流程的关键。《最高法关于审理企业破产案件若干问题的规定》(法释〔2002〕23 号)第 25 条明确指出,在破产程序终结前,债务人可以申请和解,法院可以根据实际情况向债权人和债务人提出和解建议。这意味着在破产申请受理后但破产宣告前,债务人仍有可能通过和解程序解决债务问题。和解协议的达成须经过法院的裁定认可,并公告中止破产程序。这里的关键在于和解程序的适用范围:它可以在破产宣告之前进行,且和解协议必须符合法院的审查标准,以确保协议的公正性和合法性。然而,一旦破产宣告作出,和解程序的适用就会受到严格限制。根据《企业破产法》第一百零五条的规定,债务人与全体债权人达成的协议可以终结破产程序,但这类协议通常是在破产申请受理之后进行的,不包括破产宣告后的和解。此时,破产程序已正式进入清算阶段,和解协议将不再适用。这一规定体现了破产法的基本原则,即一旦企业被宣告破产,破产程序应专注于清算和资产处置,确保所有债权人的权益得到公平对待。

关于重整程序,2018 年《全国法院破产审判工作会议纪要》的实施进一步明确了破产宣告后的程序限制。《全国法院破产审判工作会议纪要》第二十四条明确规定,破产宣告后,企业不能再转入重整程序或和解程序。这一规定的出台,旨在防止破产宣告后对重整程序的反复申请,简化破产处理程序,并避免程序的不确定性对债权人造成潜在的影响。在《全国法院破产审判工作会议纪要》实施之前,确实存在一些特殊情况下破产宣告后转入重整程序的案例。例如,上海昌福电子科技股份有限公司等三家公司在 2015 年经历了从清算转重整的过程。这一操作展示了当时法律框架下的灵活性,法院根据企业的具体情况和可能的恢复能力,允许其在破产宣告后重新进入重整程序。然而,这类操作通常需要法院的严格审查和批准,确保不会对债权人的利益造成损害。《全国法院破产审判工作会议纪要》实施后,类似的案例数量减少,这反映了新规定对破产程序转换的严格控制。例如,2018 年 12 月,高明法院在宣告佛山市高明金富雅家具有限公司破产后,企业请求撤销宣破裁定并转入重整程序。法院经过审查认为企业有恢复的可能性,并裁定撤销破产宣告,转入重整程序。类似的情况也发生在新疆金特钢铁股份有限公司案件中。这些案例表明,在新规定实施后的特殊情况下,法院仍可以根据企业的实际情况作出灵活处理,但这种处理必须在严格的法律框架内进行,确保债权人利益的最大化和破产程序的公正性。

从理论和实践两个方面来看,破产宣告后的程序转换问题揭示了《企业破产法》中的一些核心原则。首先,破产程序的严肃性和效率是法律框架的基本要求。破产宣告后,企业资产将由破产管理人接管,所有经营活动将停止,以集中精力处理清算事务。这种安排旨在确保破产资产的公平处置和债权人的利益得到最大程度的保护。因此,破产宣告后的和解或重整程序的适用受到严格限制,以避免程序的不确定性和反复操作对破产处理的影响。其次,法律对破产宣告后转入和解或重整程序的限制也反映了对破产程序公平性的关注。破产清算程序的目的是通过变卖企业资产偿还债务,一旦企业被宣告破产,法院须严格审查企业是否存在恢复能力以及转入其他程序的可行性。这种审查不仅需要考虑企业的财务状况,还要综合考虑市场环境、债权人的权益等多个因素,确保破产处理的公平和公正。

综上所述,破产宣告后的程序转换问题在我国法律框架下受到严格限制。依据《企业破产法》及《全国法院破产审判工作会议纪要》的规定,破产宣告后,企业通常不能转入和解程序或重整程序。尽管在实践中存在一些特殊情况下的操作,但这些操作必须在严格的法律框架内进行,确保债权人的权益和破产程序的公正性。破产处理的核心在于通过公平的资产处置和合理的程序安排,最大限度地保护债权人利益,维护破产处理的效率和公平。

案例索引:

(2004)珠中法破字第 1 号之十一

(2022)闽 02 破 8 号之二

97. 破产宣告后,法院能否驳回破产申请?

阅读提示:债权人向法院提出破产申请后,法院会进行审查,裁定是否受理破产申请。对于不符合受理要求的,法院会裁定驳回破产申请,但是宣告破产后,法院能否再驳回破产申请呢?这不仅关系到破产程序的顺利进行,也关系到债务人、债权人的切身利益。

答:宣告破产后,法院一般不能驳回破产申请,因为此时破产程序已经正式启动,涉及全体债权人的利益。然而,根据《企业破产法》第一百零五条之规定,如果债务人与全体债权人就债权债务的处理达成协议,并请求人民法院裁定认可,法院可以终结破产程序。因此,在特定情况下,法院可以撤销破产宣告裁定并终结破产程序。

理由与依据:

根据《企业破产法》第二条的规定,企业法人不能清偿到期债务且资产不足以清偿全部债务或明显缺乏清偿能力时,可以依照本法规定申请破产。而《企业破产法》第十二条第二款规定,法院在受理破产申请后至破产宣告前,如果发现债务人不符合破产条件,可以裁定驳回申请。一般而言,法院在受理破产申请后,会对申请进行形式审查,决定是否受理破产申请。如果决定受理,法院会发布受理裁定,并指定管理人接管债务人的财产和业务对债务人的财务状况进行详细审查,包括查明债务人的资产、负债和资金流向等情况。如果发现债务人不符合破产条件,如资产明显大于负债或债务人有能力清偿债务,法院可以在破产宣告前驳回破产申请。此外,根据《最高人民法院关于审理企业破产案件若干问题的规定》第十二条和第十四条,如果债务人存在隐匿、转移财产等逃避债务行为,或者债权人借破产申请损害债务人商业信誉的情况,法院也可以驳回破产申请。这些规定确保了法院在破产程序中的公正和严谨性。此外,如果债务人与债权人达成和解协议并实际履行,法院可以裁定终结破产程序。这种情况属于《企业破产法》第一百零五条规定的和解,法院可以根据和解协议终结破产程序。再者,如果破产申请的资料和证据不足,法院无法查明债务人的财产状况,或债务人拒不移交财务资料,法院有权驳回申请。最后,如果债务人在立案受理前已注销,主体不适格,法院应依照法律规定驳回破产申请。

一旦法院作出破产宣告裁定,破产程序正式启动,管理人接管债务人的全部财产和业务,开始清算程序。在这种情况下,法院一般不会再驳回破产申请,因为程序已涉及全体债权人的利益和公平性。然而,在特定情况下,根据《企业破产法》第一百零五条,若债务人与全体债权人就债权债务的处理达成协议,并请求法院裁定认可,法院可以终结破产程序。这种和解属于当事人自愿进行的民事和解,并且该条款并未明确排除破产宣告后的适用。因此,法院可以在破产宣告后,根据和解协议撤销破产宣告裁定并终结破产程序。具体而言,如果债务人在破产宣告后与债权人达成和解协议,并通过法院审查和裁定认可,法院可以终结破产程序。在这种情况下,法院需要撤销此前已经作出的破产宣告裁定。这并不意味着法院之前的裁定存在错误,而是因为出现了新的法律允许撤销的情况。撤销破产宣告裁定是终结破产程序的必经法律程序。在这种情况下,法院的裁定具有可中止性和可逆性,债务人和债权人可以通过协商达成协议,终结破产程序。因此,尽管破产宣告后一般不能驳回破产申请,但在特定条件下,法院仍可通过撤销破产宣告裁定来终结破产程序,实现破产程序的灵活处理。

综上所述,法院在破产宣告后能否驳回破产申请的问题,需要结合《企业破产法》和相关司法解释的规定进行综合评估。在破产程序正式启动前,法院可以在审查过程中发现债务人不符合破产条件或存在逃避债务行为时,裁定驳回破产申请。然而,一旦破产程序启动,法院一般不会驳回破产申请,除非债务人与债权人达成和解协议,并通过法院审查和裁定认可。在这种情况下,法院可以撤销破产宣告裁定并终结破产程序。法院在破产程序中的裁定必须严格按照法律规定进行,确保程序的公正性和透明性,保护债权人和债务人的合法权益。通过严格的法律审查和公正的裁定,法院可以有效保护债权人和债务人的合法权益,确保破产程序的公平和公正。

案例索引:

(2022)粤 14 破 3 号之二

(2022)沪 0115 破 76 号之一

98. 破产财产变价,能否申请法院出具协助执行?

阅读提示:破产财产的变价,即将非货币财产通过拍卖或其他方式转变为货币财产,是破产程序中至关重要的一环。破产财产多以实物或无形资产形态存在,某些情况下,债务人或第三方可能拒绝配合,因此变现过程中不可避免地会涉及各种复杂的问题。管理人单独无法完成这些任务。那么,管理人能否申请法院出具协助执行呢?

答:在破产程序中,管理人确实可以申请法院出具协助执行文书,以帮助执行破产财产的变价和处置。这种协助执行文书有助于管理人依法顺利进行破产财产的处置,确保破产程序的顺利进行。

理由与依据:

破产财产变价在破产程序中至关重要,其法律依据主要体现在《企业破产法》

中。根据《企业破产法》第一百一十一条的规定,管理人应当拟订破产财产变价方案并提交债权人会议讨论,通过或由法院裁定后实施变价。此外,《企业破产法》第一百一十二条指出,变价出售破产财产应当通过拍卖进行,但债权人会议另有决议的除外。第一百一十四条进一步规定,破产财产的分配应当以货币分配方式进行,但债权人会议另有决议的除外。这些法律条款明确了管理人拟订和实施破产财产变价方案的程序,同时规定了拍卖作为变价的主要方式,并对分配方式进行了规范。在此过程中,法院的裁定和监督起到了保障破产财产变价和分配合法、公正进行的重要作用。

法院在破产程序中的协助执行主要体现在几个方面。首先,解除限制措施,破产财产在变价前可能受到各种法律限制措施的影响,例如查封、扣押、冻结等。法院可以根据管理人的申请,依法解除这些限制措施,确保破产财产能够顺利进行变价和处置。其次,强制执行权,管理人在追讨未清偿的债务或收回债务人的财产时,如果遇到拒绝配合的情况,可以申请法院的强制执行。法院通过执行措施,确保相关财产或债务的回收和处置。此外,法院还承担审批和监督变价方案的职责,管理人拟订的破产财产变价方案需要提交债权人会议讨论并通过,或由法院裁定后实施,法院在这一过程中进行监督,确保变价过程的合法性和公正性。法院还可以调解和裁定权利争议,在破产财产变价过程中可能出现的权利争议,例如对财产所有权、抵押权、租赁权等的争议,法院可以依法进行调解或裁定,解决这些争议,确保破产财产变价的顺利进行。拍卖作为破产财产变价的主要方式,法院可以通过组织或监督拍卖程序,确保拍卖的公开、公正和透明,并处理拍卖过程中出现的问题,例如拍卖流拍、恶意竞拍等。最后,法院还可以执行破产财产分配,监督管理人按照破产财产分配方案进行分配,确保分配过程的公平和合法。

在实际操作中,管理人与法院需要密切配合,共同确保破产财产变价和分配过程的顺利进行。管理人在实际操作中应提交详细的申请材料,包括破产财产的相关信息、处置方案、需要法院协助的具体事项等。管理人提交的申请材料应当完整、准确,并符合相关法律规定,以便法院能够快速审查和出具协助执行文书。法院在审查后,会出具相应的协助执行文书,帮助管理人顺利完成破产财产的变价和处置。管理人应当与法院保持良好的沟通,及时汇报破产财产的变价和处置进展,确保协助执行文书的有效性和及时性。在进行破产财产的变价和处置时,管理人与法院应当严格依法操作,确保破产财产的变价和分配过程的合法性、公正性和高效性,保障全体债权人的合法权益。例如,在某些案例中,管理人可能会遇到财产被多次查封、扣押的情况,这时需要及时向法院申请解除这些限制措施,以便顺利进行财产变价和处置。此外,在拍卖过程中,如果遇到恶意竞拍或流拍等情况,管理人应当及时向法院报告,法院可以依法进行处理,确保拍卖程序的公正性和有效性。通过管理人与法院的紧密配合,破产财产的变价和分配过程可以更加顺利、合法、公正地进行,最大限度地保障全体债权人的合法权益。

99. 破产财产处置时,评估报告过期如何处理?

阅读提示: 由于破产清算程序持续的时间较长,而评估报告自作出起其有效期限一般只有一年。在破产程序或财产处置过程中,难免遇到评估报告过期的情况,此时应如何处理呢?

答:评估报告过期时,参考《中华人民共和国资产评估法》《企业国有资产评估管理暂行办法》及最高人民法院相关复函和裁判案例,应通过召开债权人会议,征得债权人同意后,可以继续使用过期评估报告,否则应重新进行评估。

理由与依据:

评估报告在破产财产处置过程中具有重要意义,其有效期和必要性由《中华人民共和国资产评估法》及相关资产评估执业准则明确规定。评估报告通常自评估基准日起一年内有效,特定项目如国有资产评估、证券业务评估和司法评估也有相应的管理文件规定其有效期。评估报告的有效期旨在确保评估结论能够准确反映评估基准日的价值,从而降低判断成本和道德风险。在实际操作中,管理人需要依据这些法律法规进行评估,并在有效期内使用评估报告,以确保评估结论的权威性和准确性。然而,由于各种原因,评估报告可能会在破产程序中出现过期的情况,这就需要管理人采取适当的措施进行处理。

评估报告一旦过期,其后果可能是多方面的。首先,基于超期评估报告的交易行为可能被认定为无效。根据《企业国有资产评估管理暂行办法》,超期评估报告可能影响评估结果,从而导致交易行为被法院判定为无效。其次,评估机构和评估专业人员不对超期使用评估报告的后果负责。根据《中华人民共和国资产评估法》第三十二条,评估机构和评估专业人员不对委托人超期使用评估报告的后果负责。最后,委托人需承担相应的法律责任。根据《中华人民共和国资产评估法》第五十二条,委托人超期使用评估报告须承担相应的法律责任,包括行政、民事和刑事责任。因此,在破产程序中,管理人应慎重对待评估报告的有效期问题,避免因超期使用评估报告而产生不必要的法律风险和责任。

对于评估报告过期的司法态度和处理方式,《最高人民法院关于人民法院确定财产处置参考价若干问题的规定》(法释〔2018〕15号)提供了明确指导。该规定第二十七条第一款指出,司法网络询价平台、评估机构应确定网络询价或者委托评估结果的有效期,有效期最长不得超过一年。第二十七条第三款则规定,在议价、询价、评估结果有效期内发布一拍拍卖公告或者直接进入变卖程序,拍卖、变卖时未超过有效期六个月的,无须重新确定参考价,除非法律、行政法规、司法解释另有规定。在司法实践中,评估报告过期是否能继续使用需要具体情况具体分析。最高人民法院的相关复函和裁判案例显示,若申请执行人和被执行人均同意按过期评估报告确定的价格进行拍卖,法院的拍卖行为可认定为合法。在没有双方同意的情况下,为确保程序公正和价格真实,通常需要重新评估。若重新评估价格未超过原拍卖价,则维持拍卖结果;若超过原拍卖价,则须重新拍卖。因此,司法实践中的处理方式具有一定的灵活性,但始终以确保程序公正和价格真实为原则。

在破产程序中,评估报告过期的情况时有发生,管理人应采取适当的处理措施。首先,管理人应向债权人会议报告评估报告过期的情况及其可能影响,并征求债权人意见。若债权人会议同意使用过期评估报告,则可以继续使用,否则应重新进行评估。管理人须基于维护债权人利益的原则,确保评估结论的公正和真实。在实际操作中,管理人应提交详细的申请材料,包括破产财产的相关信息、处置方案、需要法院协助的具体事项等,确保法院能够快速审查和出具协助执行文书。管理人与法院应保持良好的沟通,及时汇报破产财产的变价和处置进展,确保协助执行文书的有效性和及时性。在进行破产财产的变价和处置时,管理人与法院应严格依法操作,确保破产财产的变价和分配过程的合法性、公正性和高效性,保障全体债权人的合法权益。通过上述措施,管理人和法院可以共同确保破产财产变价和分配过程的顺利进行,即使在评估报告过期的情况下,也能够有效维护债权人的利益。

案例索引:

(2001)执监字第232号

(2014)执监字第23号

(2016)最高法执复20号

100. 破产财产变价过程中，拍卖公告约定由买受人承担所有税费的"包税条款"是否有效？

阅读提示：实践中，在破产拍卖过程中，经常发生在拍卖公告中注明产权过户所产生的一切税款甚至之前的欠税均由买受人承担的"包税条款"。根据司法网络拍卖的相关规定，"包税条款并不能改变法定纳税主体"，由此在"包税条款"的效力和范围上便会产生诸多争议：首先，实践中关于网络司法拍卖的相关法律规定是否当然适用于破产财产拍卖存在争议，由此也就导致在破产拍卖公告中约定的"包税条款"是否有效具有较大争议；其次，"包税条款"是否仅指拍卖交易产生的新生税款？破产企业或被执行人之前的欠税是否包括在内？

答：破产拍卖和司法拍卖不同，网络司法拍卖的相关规定并不当然适用于破产拍卖，破产拍卖公告中可以约定"包税条款"。关于"包税条款"的范围，应仅指因拍卖标的物而产生的办理产权登记过户所产生的税费，不应包括破产企业的前期欠税。

理由与依据：

实务中，关于"包税条款"的效力问题，第一种观点认为买受人只应承担法律规定由买受人承担的税款，第二种观点主张根据意思自治原则，双方可约定税款由买受人承担，买受人既已参与拍卖便自愿受拍卖公告或拍卖协议书的约束。第一种观点的依据为《最高人民法院关于人民法院网络司法拍卖若干问题的规定》（法释〔2016〕18号）第三十条之规定，"因网络司法拍卖本身形成的税费，应当依照相关法律、行政法规的规定，由相应主体承担"。此类观点是将网络司法拍卖的规定当然地适用到破产拍卖中，对于此问题，最高人民法院在（2020）最高法民申5099号民事裁定书中表明了态度，该案的争议焦点为：破产财产拍卖的《竞买公告》《竞价须知》中"标的物过户所涉及的一切税费由买受人承担"是否有效。最高人民法院审理后认为："《最高人民法院关于人民法院网络司法拍卖若干问题的规定》第一条规定：本规定所称的网络司法拍卖是指人民法院依法通过互联网拍卖平台，以网络电子竞价方式公开处置财产的行为。案涉系破产财产拍卖，非司法强制拍卖，不适用前述规定。案涉《竞买公告》第六条规定：标的物过户登记手续由买受人自行办理，破产管理人协助，过户过程所涉及的一切税费由买受人承担。案涉

《竞价须知》第八条第二款规定：处置人及破产管理人不承担任何费用，标的物过户所涉及的一切税费由买受人承担。买受人对于案涉《竞买公告》《竞价须知》的内容是知悉的。我国税收管理法律法规对于各种税收明确规定了纳税义务人，但并未禁止纳税义务人与合同相对人约定税款缴纳。《竞买公告》《竞价须知》系对不特定竞拍参与人作出的，竞买人参与竞买，《竞买公告》《竞价须知》对其具有约束力。"从该裁定看，最高人民法院认为破产财产拍卖不同于司法拍卖，不适用《最高人民法院关于人民法院网络司法拍卖若干问题的规定》第三十条税费依法各自承担的规定，破产财产拍卖时如约定了由买受人承担全部税费的，则应由买受人承担。

笔者赞同第二种观点，破产拍卖和司法拍卖存在较大不同：首先，破产财产拍卖主要是依据《企业破产法》第二十五条的规定"破产管理人履行下列职责：（六）管理和处分债务人的财产"等规定；司法拍卖依据《最高人民法院关于人民法院网络司法拍卖若干问题的规定》等。其次，在破产财产拍卖中，破产管理人为破产财产案件的财产处置主体，法院行使的是监督权，《竞买公告》《竞买须知》的公告主体是管理人；司法拍卖的主体是人民法院，《竞买公告》《竞买须知》的公告主体是法院。最后，从上述依据看，破产财产拍卖行为本质上属于民事法律行为，而司法拍卖属于司法强制行为。基于上述不同，笔者认为，网络司法拍卖的相关规定并不当然适用于破产拍卖，拍卖公告中可以约定"包税条款"。

此外，关于"包税条款"的范围。"包税条款"是否仅指拍卖交易产生的新生税款？债务人的前期欠税是否包括在内？《福建省高级人民法院执行局关于执行工作中相关问题的解答（二）》中对已经符合办理产权登记条件的预售登记房屋可否拍卖、变卖的问题进行解答时提到税款承担问题，认为办理产权登记条件的预售登记房屋拍卖时产生的新生税款与被执行人买受开发商房屋时应承担的前期欠税均可从拍卖款中优先扣除。该观点有待商榷，根据《中华人民共和国税收征收管理法》第四十五条"税务机关征收税款，税收优先于无担保债权，法律另有规定的除外；纳税人欠缴的税款发生在纳税人以其财产设定抵押、质押或者纳税人的财产被留置之前的，税收应当先于抵押权、质权、留置权执行"之规定，税收债权和抵押权的清偿顺位需依据抵押权是设立在欠税之前还是欠税之后来决定，但福建省高级人民法院执行局的观点却赋予了税收债权绝对的优先地位，这是不符合立法精神的。广西壮族自治区高级人民法院的观点较为公允，该院在"（2020）桂执复16号"执行一案中，拍卖公告载明"拍卖成交后，办理产权登记过户所涉及的一切相关税（费）均由买受人承担"，此项约定说明，法院认为"包税条款"仅指因拍卖标的物而产生的办理产权登记过户所产生的税费，不应包括被执行人的前期欠税。

案例索引：

(2017)最高法执监 324 号

(2020)最高法民申 5099 号

(2020)最高法民申 5099 号

(2022)京 04 执异 3 号执行裁定

101. 破产财产拍卖过程中，竞买人拍得财产后又悔拍的，如何处理？

阅读提示：在破产程序中，拍卖是处置破产财产、清偿债权的重要手段。然而，在实际操作过程中，悔拍的情况时有发生，即买家在拍卖成交后反悔不履行合同。这种情况不仅影响到拍卖的顺利进行，也对债权人的利益造成潜在损害。由于目前破产相关法律对于悔拍的具体处理没有明确规定，管理人如何有效处理这一情况的发生呢？

答：在破产拍卖中，当出现悔拍情况时，管理人应首先通过重新拍卖或协商出售来尽快处置破产财产。同时，应考虑对悔拍人追究法律责任，如赔偿损失或支付违约金。此外，管理人需完善拍卖程序，增加保证金、强化合约条款，以防止类似情况再次发生。

理由与依据：

在破产财产拍卖过程中，竞买人拍得财产后又悔拍的情况并不少见，如何处理这类问题是一个涉及法律规定、实施办法、司法判例和实际操作的重要课题。破产拍卖与司法拍卖在法律程序和管理人权限上有所不同。司法拍卖通常由法院组织，针对各种强制执行案件中需要变现的财产，拍卖流程严格遵循法院规定。而破产拍卖则由破产管理人组织，专门用于破产清算程序中处置破产企业的资产，目的是最大化债权人的利益。司法拍卖的法律程序更为严格，管理人权限较小；而破产拍卖中，管理人有更大的自主权，可以根据破产财产的具体情况灵活处理。例如，在 2020 年的某执 235 号民事判决书中，明确指出司法拍卖必须严格遵循法律程序，确保各方权益，而破产拍卖则可以根据破产管理人的裁量权进行灵活处理。

这一案例进一步说明了司法拍卖和破产拍卖在操作流程和法律要求上的不同。我国现行的破产法律及司法政策对破产财产拍卖没有明确规定,实践中,管理人多参照网络司法拍卖的规则来处置破产财产,但需要注意,管理人在处理破产拍卖时,可以更加灵活和高效地应对悔拍情况。

在悔拍的认定标准上,是否要考虑相关主客观因素存在争议。一些观点认为应考虑主观因素,认为竞买人主观上反悔或客观上未在规定时间内支付价款的行为才构成悔拍。另一些观点则认为应仅考虑客观结果,即逾期付款即应认定悔拍。管理人在认定竞买人是否悔拍时,可以从两个方面进行认定:一是买家在拍卖成交后未能在规定时间内支付全款;二是买家明确表示放弃购买或无法履行购买合同。通过明确悔拍的认定标准,可以为管理人提供依据,确保处理过程的公平和公正。明确的标准能有效防止争议,保障管理人在处理悔拍事件时有据可依。对于明确的悔拍情形,管理人应采取及时有效的措施,避免破产程序的延误和经济损失的扩大。

悔拍情况发生后,管理人应立即重新安排拍卖,尽快向其他潜在买家宣传。若重新拍卖不能迅速进行,可考虑通过协商出售的方式,将破产财产转让给其他有意购买者,减少因悔拍带来的时间和经济损失,确保破产程序的顺利进行。在重新拍卖或协商出售的过程中,管理人应严格遵循法律程序,确保拍卖过程的透明和公正。管理人还可以参考司法拍卖程序中对悔拍竞买人所追究的法律责任。《最高人民法院关于人民法院网络司法拍卖若干问题的规定》第二十四条规定:"拍卖成交后买受人悔拍的,交纳的保证金不予退还,依次用于支付拍卖产生的费用损失、弥补重新拍卖价款低于原拍卖价款的差价、冲抵本案被执行人的债务以及与拍卖财产相关的被执行人的债务。悔拍后重新拍卖的,原买受人不得参加竞买。"此外,《最高人民法院关于人民法院民事执行中拍卖、变卖财产的规定》第二十二条也规定了悔拍买受人的责任,确保重新拍卖时,原买受人不得参加竞买,并承担因悔拍产生的费用和差价损失。

在实际操作中,管理人可根据拍卖合同中的条款,向悔拍人索赔损失或要求支付违约金。若拍卖合同未明确规定违约责任,可依据相关法律或通过法律途径追究悔拍人的责任。追究悔拍人的法律责任不仅能弥补经济损失,还能起到警示作用,减少悔拍事件的发生。明确悔拍人的法律责任,能够提高买家的责任感,减少未来悔拍事件的发生。在制定拍卖合同条款时,管理人应注意增加明确的违约责任条款,确保在悔拍情况下有法律依据追究责任,保障破产财产拍卖的顺利进行。

为了从源头上防范悔拍事件的发生,提高整个拍卖过程的可靠性和成功率,管理人还可以采取一些预防措施。例如,提高买家参与拍卖的保证金数额,确保买家在拍卖成交后有足够的履约动机。并在拍卖合同中增加更严格的违约条款,明确悔拍的法律后果。此外,在拍卖公告中应明确竞买人的责任和义务,确保竞买人充分了解拍卖规则和法律后果。通过增加保证金和强化合约条款,可以有效提高买家的履约率,减少悔拍事件的发生概率。管理人还应加强与潜在买家的沟通,确保买家在拍卖前充分了解破产财产的情况,减少因信息不对称导致的悔拍。

综上所述,在破产财产拍卖过程中,竞买人拍得财产后又悔拍的情况需要通过法律规定、实施办法和实务操作的综合应对来处理。管理人在处理悔拍问题时,应严格遵守法律程序,明确悔拍认定标准,及时重新安排拍卖或协商出售,追究悔拍人的法律责任,并采取预防措施提高拍卖的成功率。通过这些措施,可以有效应对破产财产拍卖中的悔拍问题,保障破产程序的顺利进行,最大化债权人的利益。

案例索引:

(2020)浙民再 249 号

(2018)浙 06 民终 2051 号

102."破产财产最后分配前"如何确定?

阅读提示:在破产程序中,破产财产的分配是至关重要的环节,直接关系到各债权人能否公平地获得清偿。根据《企业破产法》第一百一十三条,破产财产需按特定顺序进行分配,并优先清偿破产费用和共益债务。此过程中,债权人应在规定的期限内申报债权,否则可能面临不利后果。然而,法律并未明确规定债权人最后申报的具体时间节点,而仅提及"破产财产最后分配前"。那么在实践操作中,我们又如何确定何为"破产财产最后分配前",它究竟是一段期间还是具体某个时点?

答:破产财产分配只是破产案件中的一个程序性事项,而非具体确定的时间节点,破产财产的"最后分配"也是一段期间,其中包含几个重要的时间点,它从"破产分配方案提交债权人会议表决"之时开始,经过"破产财产分配方案通过之日""人民法院裁定确认分配方案之日","管理人执行最后一次破产财产分配之日"为终止。而与债权最后申报相关的"破产财产最后分配前"指的则是最终分配方案提交债权人会议表决之前的时间段。其间,债权人可以进行补充申报,以确保其债权能在破产程序中得到公平处理。

理由与依据:

如何确定和实施"破产财产最后分配前"这一关键阶段涉及多个关键节点和法律规定。首先,管理人拟订分配方案是破产财产最后分配的重要起点。当破产财产变价程序完成后,管理人应及时拟订分配方案,提交债权人会议讨论。分配方案应详细包含债权人名称、债权额、可分配财产数额、分配顺序和比例等内容。这一方案的拟订是确保分配公平公正的基础,管理人需要综合考虑债权人的合法权益和破产财产的实际情况,以保证分配方案的合理性和可操作性。拟订的分配方案一旦形成,管理人应立即提交债权人会议进行表决。债权人会议是对分配方案进行民主讨论和决定的关键环节,确保每一位债权人的权益都得到充分尊重和考虑。若方案在第一次表决中未通过,则须进行再次表决。若两次表决仍未通过,由人民法院裁定。这一过程不仅体现了司法程序的严谨性,也保证了破产财产分配的合法性和公正性。

其次,人民法院裁定是破产财产最后分配的重要法律保障。法院裁定认可破产财产分配方案,或直接裁定分配方案,确保分配过程的合法性和权威性。法院的裁定一旦作出,管理人需根据裁定的分配方案执行具体的分配工作。在执行分配方案时,管理人应公开透明,及时公告每次分配的财产额和债权额,特别是对于最后一次分配,管理人应在公告中明确指出这是破产程序的最后一次分配。根据《企业破产法》第一百一十七条、一百一十八条和一百二十条的规定,在最后分配公告发布日,若有未实现或解除的附生效条件的债权,管理人应处理相应的分配额,确保所有债权人的合法权益得到保障。最后分配完毕后,破产程序即告终结,标志着破产程序的正式结束。这一环节的顺利完成,不仅需要法律的严格执行,更需要管理人和法院的紧密配合和高效运作。

法律规定中的"最后分配"在《企业破产法》第一百一十六条中有明确解释,即将现有可供分配的破产财产按照破产分配方案全部分配完毕,以终结破产程序的分配。这一过程包括管理人拟订的分配方案经过债权人会议表决通过,或经人民法院裁定认可后的执行。最后分配公告发布后,管理人按照公告的内容进行最后一次分配,标志着破产程序的结束。法律条文和实务操作中的理解表明,"最后分配"更倾向于指向一个具体的日期,即管理人执行破产财产最后一次分配的日子。这一日期通常在公告中明确标示,是破产程序中的关键节点,确保破产程序的严肃性和法律效力。

在债权最后申报中的"破产财产最后分配前",《企业破产法》第五十六条规定,在人民法院确定的债权申报期限内,债权人未申报债权的,可以在破产财产最后分配前补充申报;但是,此前已进行的分配,不再对其补充分配。为审查和确认补充申报债权的费用,由补充申报人承担。这一规定明确了债权人须在规定期限内申报债权,逾期将导致不利后果。《人民法院破产程序法律文书样式(试行)》中也明确,补充申报债权应在最终分配方案表决之前进行,确保程序顺利进行。确定债权人申报的最终期限,将"破产财产最后分配前"确定为最终分配方案表决之前,可以避免在最终分配方案表决通过后再允许补充申报债权,导致债权人会议决议甚至人民法院裁定失效的情况。这确保了破产程序的严肃性和法律效力,维护了法律程序的权威和公平性。

最后,关于最后分配与追加分配的关系,《企业破产法》第一百一十六条规定,破产程序终结之日起二年内,若发现有依法应当追回的财产或有供分配的其他财产,债权人可以请求人民法院按照破产财产分配方案进行追加分配。破产程序终结后的追加分配并非最后分配。最后分配是将现有可分配的破产财产全部分配完毕,以终结破产程序。追加分配是对新发现的可供分配财产进行再分配的程序,虽然也是为了保护债权人的权益,但其法律性质和程序要求不同于最后分配。管理人在处理追加分配时,须遵循新的程序规定,确保追加分配的公平和合法。

综上所述,破产财产最后分配前的确定和实施是破产程序中的关键阶段,涉及管理人拟订分配方案、债权人会议表决、人民法院裁定和管理人公告与执行等多个环节。法律规定和实务操作中的具体要求确保了破产程序的公平、公正和合法性。通过严格的程序控制和法律保障,破产财产最后分配得以顺利进行,最大限度地保护了债权人的合法权益,并确保破产程序的严肃性和法律效力。

案例索引:

(2021)鲁民终 120 号

103. 破产程序终结两年后发现新的可用于破产分配的财产,还能向债权人追加分配吗?

阅读提示:《企业破产法》第一百二十三条规定,自破产程序终结之日起两年内,若发现有应当追回的财产或破产人有应当供分配的其他财产,债权人可以请求人民法院按照破产财产分配方案进行追加分配。然而,实践中可能会出现破产程序终结两年后才发现破产人有应当供分配的财产的情形,这种情况下如何处理?是否还能向债权人追加分配呢?

答:在破产程序终结两年后,如发现新的可用于破产分配的财产,债权人即使发现破产人有新的财产,也不能依破产程序申请追加分配。

理由与依据:

在破产程序终结两年后发现新的可用于破产分配的财产,债权人能否追加分配的问题涉及多个法律概念和程序。首先,追加分配是对破产程序终结后新发现的破产财产进行分配的补充性程序,广义上讲,追加分配仍属于破产财产分配的范畴。一般的破产财产分配是指在人民法院宣告债务人破产至破产程序终结期间实施的分配程序,而追加分配则是指破产程序终结后两年内,发现属于破产人的新财产并实施的分配程序。追加分配不同于二次分配,后者是在破产程序中对已变现的财产进行多次分配的方式,而前者是在破产程序终结后,对新发现的破产财产进行分配。如果追回的财产数额较少且不足以支付分配费用,则不进行追加分配,而由人民法院上缴国库。追加分配的财产范围包括追回的财产、非正常收入和侵占的企业财产以及破产人其他应当供分配的财产,如错误支出而收回的款项、因权利被承认追回的财产和债权人放弃的财产。

设定两年期限的目的是维护经济流转关系的稳定,防止无限期的债权追索。追加分配的除斥期间为两年,自破产程序终结时起算。除斥期间是指法律规定的不可延长或中止的时限,一旦超过,权利自动消灭。因此,债权人在两年内未提出请求,追加分配的权利也随之消灭。破产程序终结意味着破产人主体资格的消灭,设定期限后,破产人财产的处置和分配更加明确和终局。超过两年期限后,债权人的追加分配请求权即告消灭,不因任何事由延长或中止。这一规定确保了破产程序的严肃性和法律效力,避免了破产程序无限期延长带来的不确定性和不稳定性。超过两年期限后,即便发现有应当供分配的财产,也无法依破产程序主张权利。

在两年期限届满后,若发现破产人有应供分配的财产,债权人可以通过申请法院强制执行来寻求救济。最高人民法院的相关案例表明,虽然超过两年期限,但仍可以根据债权人的申请启动执行程序处理新发现的财产,以保障债权人的合法权益。实践中,法院认可两年期限后可以启动执行程序处理新发现的财产,以维护债权人利益。例如,在白银有色金属公司破产清算组与光大兴陇信托有限责任公司复议案件中,最高人民法院认为可以启动执行程序处理破产终结后发现的财产,并合理分配给债权人。如果因超过两年期限而放弃对新发现财产的追索,可能会激励破产人及其关联方隐瞒财产,产生道德风险,损害债权人利益。因此,执行程序提供了一条合理的救济途径。此外,如果发现破产人存在可撤销行为,债权人可以依照《民法典》的规定,行使撤销权,通过民事诉讼追回财产。撤销权适用于破产人通过欺诈、恶意转让等方式隐匿财产的情况,法律为此提供了明确的依据,使债权人在破产程序终结后仍有追索权利的渠道。

破产程序终结后,债权人对破产人的债权虽然消灭,但对破产人的保证人和其他连带债务人仍然享有请求权。法律地位未变,破产程序的终结不影响债权人对保证人和连带债务人的追索权。相关案例也表明,法院支持债权人对保证人和其他连带债务人的追索,确认债权人有权要求其承担相应的责任。此外,债权人还可以向破产公司的董监高等责任人提起诉讼,要求其承担赔偿责任。如果公司股东、董监高等在破产过程中有抽逃出资、侵占公司财产等行为,债权人有权向其追索赔偿。法院的判例表明,债权人在公司破产清算中未能清偿的部分,有权对抽逃出资的股东及其相关人提出赔偿请求。通过这些法律手段,债权人可以在破产程序终结后继续寻求权利救济,维护自身的合法权益。

综上所述,破产程序终结后两年内,债权人可以请求人民法院按照破产财产分配方案进行追加分配。然而,超过两年除斥期间后,债权人依破产程序申请追加分配的权利消失,但仍可以通过执行程序、民法撤销权、向保证人和连带债务人追索等方式,继续寻求权利救济。司法实践和相关案例为这些处理方式提供了参考,债权人应根据具体情况灵活运用法律手段,维护自身合法权益。

案例索引:

(2022)苏 04 民终 2208 号

104. 破产清算程序终结后,企业如何办理注销?

阅读提示:根据《企业破产法》第一百二十一条的规定:"管理人应当自破产程序终结之日起十日内,持人民法院终结破产程序的裁定,向破产人的原登记机关办理注销登记。"破产企业在清算程序终结后,注销登记是一项复杂且必须遵守法规的程序,具体包括哪些呢?

答:企业破产程序终结后的企业注销不仅指工商登记注销,在注销工商登记之前,还需要办理社保注销、税务注销。(1)社保注销登记:企业需在注销登记之日起三十日内向社保局提交注销申请和相关文件,并结清所有欠费。(2)税务注销:企业需在工商登记注销前到税务局进行清税,并处理税务相关问题,包括欠费、发票等。(3)工商登记注销:企业需在破产程序终结后十日内向原登记机关申请注销登记,并按要求提交相关材料。

理由与依据:

破产清算程序终结后,企业需要办理注销手续,涉及社保、税务和工商登记的注销。这一过程要求管理人细致周全的准备和有效的沟通,以确保企业顺利退出市场。

首先是社保注销登记。企业必须在办理工商登记注销之日起三十日内,向原社会保险登记机构提交注销申请和其他相关文件,并结清所有欠缴的社会保险费、滞纳金和罚款。管理人在接管企业后,应立即查询企业的社保缴纳情况,了解是否存在欠费问题,并尽量补齐。这不仅是法律要求,也是办理后续税务注销的重要前提。对于那些没有财产的破产企业,补缴社保欠费可能无法实现。在这种情况下,管理人需特别处理。例如,江苏省允许破产企业凭借法院的裁判文书直接进行税务注销,即使存在社保欠费。如果其他地区没有类似规定,管理人或清算组应积极与税务局沟通,详细说明具体情况,以争取办理成功。

税务注销是下一个关键步骤。在企业注销工商登记之前,必须先到税务局进行清税。税务注销涉及多个问题,包括注销时间、社保欠费、欠缴发票、税盘问题以及罚款和税务补申报等。由于税务部门办理时间长短不定,管理人应及时前往税务局,避免耽误工商登记注销的办理。破产程序中的税务注销与一般企业有所不同,所需材料也各异。管理人或清算组应提前联系当地税务局,咨询破产企业税务注销所需材料,包括破产受理裁定书、指定管理人决定书、宣告破产裁定书、终结破产程序裁定书等。此外,在办理税务注销之前,还须在电子税务局上进行上一期申报,当期税务可在柜面进行申报。

处理发票问题也是税务注销中的重要环节。破产企业在经营期间可能开具了大量发票,但管理人或清算组常常无法接管这些发票,许多发票可能已遗失。办理税务注销时,丢失的发票如果处于失控状态,必须交纳罚款。然而,破产企业通常无财产支付罚款。管理人应向税务局工作人员解释发票遗失情况,说明并非管理人责任,争取不承担罚款费用。必要时,可以找税务局据理力争,以获得较好的处理结果。对于丢失的发票,要进行遗失登记,务必写清楚遗失发票的号码,否则所有流程可能需要重新进行。

工商登记注销是破产清算程序终结后的最后一步。根据《企业破产法》第一百二十一条的规定,在人民法院裁定终结破产程序或终结强制清算程序之日起十日内,管理人应按照法院裁定,向原登记机关申请办理注销登记。对于强制清算的企业,《公司法》第一百八十八条及相关会议纪要都有相应规定,公司清算结束后,清算组应制作清算报告,报股东会、股东大会或人民法院确认,人民法院应裁定终结清算程序,公司登记机关依清算组申请注销公司登记,公告公司终止。

办理企业注销登记的机关为企业的原登记机关。管理人接管企业后,在尽职调查阶段会调取破产企业的工商档案,但对于某些年代久远的破产企业,可能因所在地行政区划调整而导致登记机关变化。管理人应以最新查询的登记机关为准。办理清算企业的工商注销一般适用简易注销登记程序。根据《工商总局关于全面推进企业简易注销登记改革的指导意见》,人民法院裁定强制清算或裁定宣告破产的,管理人可持法院终结清算程序的裁定,向被清算人或破产人的原登记机关申请简易注销登记。

办理注销登记所需材料包括:企业注销登记申请书、受理破产清算或强制清算程序的《民事裁定书》、《指定管理人决定书》或《指定清算组决定书》、终结破产清算或强制清算的《民事裁定书》、企业公章、财务章、营业执照、经办人身份证及负责人身份证。在某些情况下,如接管破产企业时企业营业执照遗失,管理人需在省级报刊上刊登遗失公告,以代替营业执照上交登记机关。《关于推动和保障管理人在破产程序中依法履职进一步优化营商环境的意见》规定,管理人可以凭企业注销登记申请书、人民法院终结破产程序裁定书申请办理破产企业注销,市场监管部门不额外设置简易注销条件。申请简易注销的破产企业营业执照遗失的,在通过国家企业信用信息公示系统免费发布营业执照作废声明或在报纸刊登遗失公告后,破产企业或管理人可不再补领营业执照。

105. 破产清算程序终结后,谁还可以提起衍生诉讼?

阅读提示:在破产程序终结后,破产企业的财产和债务似乎已经得到全面处理,但实际情况往往更为复杂。破产程序终结并不意味着企业立即被注销或所有问题都已解决,仍可能存在未处理完的财产、未解决的纠纷以及债权人的追偿需求。因此,在破产程序终结后,还存在着衍生诉讼产生的可能,那么谁可以提起衍生诉讼以及具体如何处理这些问题呢?

答:在破产程序终结后,债务人企业、管理人和债权人都可以在特定条件下提起衍生诉讼。具体来说,债务人企业可以在注销登记前作为诉讼主体,管理人在未决诉讼或未尽职责情况下继续履行职责,债权人在管理人未有效主张权利时可以提起相关诉讼。

理由与依据:

在破产清算程序终结后,谁还可以提起衍生诉讼这个问题,涉及债务人企业、管理人和债权人三方面的权利和职责。

首先,尽管破产程序已经终结,但只要债务人企业尚未被工商行政管理机关注销,其法人资格依然存续,依旧可以作为诉讼主体。这意味着企业可以以自己的名义进行诉讼活动,维护其合法权益。依据《企业破产法》第四十八条的规定,在破产程序终结前未被注销的企业,其法人资格仍然有效,有权进行诉讼。最高人民法院在"(2021)最高法民申5079号"判决中明确指出,企业法人资格以工商登记是否注销为标准,未注销的企业有权提起民事诉讼。在破产程序终结后,如果债务人企业尚未被注销,其法人资格依然有效,意味着企业仍然可以以自己的名义进行诉讼,维护其合法权益,尤其是追收财产和损害赔偿的诉讼。如果不及时提起,将可能导致企业财产进一步受损,最终影响到全体债权人的利益。债务人企业可以提起的诉讼主要包括追收财产和损害赔偿。前者如应收账款或其他财产,企业在注销登记前仍然可以以自己的名义追收这些财产;后者则是对于因第三方行为造成企业财产损失的情况,企业可以提起损害赔偿诉讼。

其次是管理人的职责和权限。《企业破产法》第一百二十二条规定,管理人在破产程序终结后,对于未决诉讼或仲裁案件,仍然有继续履行职责的义务。如在"(2018)最高法民申2300号"案中,法院认为公司虽被法院宣告终结破产程序,但工商登记尚未注销,管理人有权继续依法履行职责,代表公司提起诉讼。管理人在破产程序中承担重要职责,包括清算财产、分配债权和处理相关诉讼。在破产程序终结后,尽管管理人原则上不再承担《企业破产法》规定的其他职责,但依然有责任和义务确保债务人企业的财产得到最大化的清偿。对于未决诉讼和仲裁案件,管理人有继续履行职责的必要。这不仅是对债务人企业负责,也是对全体债权人的利益负责。如果管理人放弃这些诉讼,将可能导致债务人企业的财产无法得到有效追回,最终损害全体债权人的利益。管理人可以提起的诉讼类型包括追收财产和损害赔偿。管理人可以代表全体债权人追收债务人企业的应收款项,确保这些财产能够用于清偿债务;此外,管理人还可以代表全体债权人提起损害赔偿诉讼,追究第三方对债务人企业财产造成损害的责任。

最后是债权人的诉讼权利。《企业破产法》第五十六条第二款规定,债权人在管理人未有效主张权利时,可以代表全体债权人提起衍生诉讼。《全国法院民商事审判工作会议纪要》第一百一十八条第四款明确了管理人可以代表全体债权人提起损害赔偿诉讼。江苏省苏州市中级人民法院在"(2021)苏 05 民终 6494 号"案中指出,在管理人未主张赔偿时,个别债权人可以代表全体债权人提起诉讼追收财产。在破产程序终结后,债权人作为利益相关方,有权在管理人未能有效履行职责时,通过诉讼途径追讨未收回的财产或赔偿,确保其债权得到实现。如果管理人未能有效追讨债务,债权人可以通过诉讼途径自行追讨。债权人可以提起的诉讼类型包括追收财产和损害赔偿。在管理人未能有效追收债务人企业财产时,债权人可以提起相关诉讼,确保这些财产能够用于集体清偿债权;此外,债权人还可以在管理人未能有效主张赔偿时,提起损害赔偿诉讼,追究第三方对债务人企业财产造成损害的责任。

综上所述,破产清算程序终结后,企业仍然有可能提起衍生诉讼的主体包括债务人企业、管理人和债权人。债务人企业在未被工商注销前,其法人资格依然有效,有权以自己的名义提起诉讼;管理人在破产程序终结后,对于未决诉讼或仲裁案件,依然有继续履行职责的义务,可以代表全体债权人提起诉讼;债权人在管理人未能有效履行职责时,有权代表全体债权人提起衍生诉讼,确保其债权得到实现。理解和掌握这些法律规定,对于保障各方合法权益,维护市场秩序具有重要意义。

案例索引:

(2021)最高法民申 5079 号

(2018)最高法民申 2300 号

(2016)最高法民再 279 号

(2021)苏 05 民终 6494 号

106.破产清算程序终结后,未申报的债权怎么处理?

阅读提示:破产程序对于企业债务的清偿具有重要作用,通过规定的程序对债务人的资产进行清算,按法定顺序偿还债务人未能清偿的债务。然而,破产程序终结后,仍可能存在未申报的债权。这一情形涉及如何处理这些未申报债权的问题。究竟在破产程序终结后,未申报债权是否仍然有效? 这些债权人应如何救济?

答:破产程序终结后,未申报的债权通常不能在破产程序中继续行使权利。未申报债权分为两类:一类是因债权人自身过错未申报的,另一类是因法院或管理人疏忽未能通知的。对于未申报的债权,法律上通常认为在破产程序终结后,债权人的权利无法通过破产程序进行救济。但若破产人未注销,未申报债权人仍可尝试通过其他诉讼途径主张权利。

理由与依据:

在破产清算程序终结后,未申报的债权如何处理是一个复杂的问题,涉及债权人因各种原因未能在破产程序中申报债权的后果及救济路径。

首先,未申报债权的原因可以分为两种情况:因债权人过错未申报和非因债权人过错未申报。因债权人过错未申报的情况,主要是债权人因自身原因未在规定时间内申报债权。例如,债权人可能收到了申报通知,但未能在规定时间内提交申报材料。这种情况下,债权人将丧失在破产程序中的权利,包括追加分配权和其他破产程序中的权利。然而,尽管债权人在破产程序中未能申报,但其实体权利并未因此消灭,仍然存在。

非因债权人过错未申报的情况则复杂得多。根据《企业破产法》第十四条,法院和管理人应当对已知债权人进行点对点的通知,并通过公告告知其他可能的债权人。然而,有时由于债权人联系方式变更、法院或管理人无法联系到债权人,或者公告发布的渠道有限,导致债权人未能及时获知破产程序的相关信息,从而错过申报期限。在这种情况下,未申报的债权人并非因自身过错未申报,其权利的丧失不应归咎于债权人。另外,由于债务人提供的债务清册或其他相关文件可能不完整,导致部分债权人未能被列入已知债权人名单,这类债权人无法在破产程序中行使权利,但其债权在破产程序终结后仍然有效。

其次,未申报债权造成的后果包括破产程序终结后的权利丧失和债权的实体权利存续。根据《企业破产法》第五十六条,未申报债权人在破产程序终结后,无法在破产程序终结后进行补充申报。补充申报的截止时间是破产财产最后分配前,破产程序终结后已无法进行此项操作。破产程序具有不可逆特征,未申报的债权不能继续在破产程序中行使权利,无法进行追加分配。尽管其债权有效,但在破产程序中已不再具有法律效力。尽管在破产程序中未申报债权无法获得分配,但这并不等于实体债权的消失。债权仍然存在,并未因未申报而灭失。破产程序终结并不等于债权人权利的终结,只是意味着破产程序无法继续处理这些债权。未申报债权人的债权本质上仍然存在,只是未能在破产程序中得到承认和分配。

最后,未申报债权的救济路径主要有向管理人或法院申请赔偿和提起新的清偿诉讼。如果管理人或法院在明知债权人存在的情况下未履行通知义务,债权人可主张其因未能收到通知而未申报债权的损失。此时,债权人可以要求管理人赔偿其损失,或者在管理人存在失职的情况下申请国家赔偿。这种情况下,债权人需证明管理人的失职行为直接导致其未能申报债权,并因此遭受了经济损失。如果管理人的失职行为涉及法院未履行通知义务,债权人可通过申请国家赔偿的方式寻求救济。根据《国家赔偿法》,国家机关及其工作人员的违法行为对公民的合法权益造成损害,受害人可以申请国家赔偿。

此外,如果破产人未注销,其民事主体资格仍然存续,未申报债权人可以在终结后的诉讼中主张权利。未申报债权人在破产程序终结后,可以尝试通过提起民事诉讼的方式,要求破产人或其他相关主体清偿其债权。这种情况下,法院可能会依据个案情况进行判决。但破产程序终结后,个别债权人要求个别清偿的诉讼通常不被支持。司法实践中,未申报债权人若诉求不是统一分配而是个别清偿,往往会遭到驳回。理论上,通过扩大解释《企业破产法》或采取其他合法措施维护其权利,例如要求破产财产追加分配的请求,特别是在债权已通过其他程序确认的情况下。根据《企业破产法》第五十六条,债权人在破产财产最后分配前可以补充申报债权。尽管条文明确未申报债权不得依照破产法程序行使权利,但并未明示破产程序终结后不能主张权利。对于非因债权人自身过错导致的未申报,债权人的实体权利不应因此被剥夺,应允许其参与破产程序终结后的追加分配。根据《企业破产法》第一百二十三条的规定,破产程序终结后,若有剩余财产,应进行追加分配。合理解释该条文,可以保障未申报债权人的追加分配权利。将“债权人”解释为包括未在破产程序中申报但在破产程序终结后依法确认其债权的债权人,使其能够参与追加分配。

　　综上所述,未申报债权在破产清算程序终结后的处理,既涉及未申报原因的区分,也关乎未申报后果的理解,更重要的是救济路径的选择。债权人在破产程序终结后,虽然丧失了在破产程序中的权利,但其实体权利仍然存在,并有可能通过法律途径进行救济。这一问题的解决不仅需要法律的明确规定,还需要司法实践中对个案的合理解释和处理。

案例索引:

(2022)豫 12 民终 436 号

(2020)粤 03 民终 28376 号

(2022)鄂 10 民终 756 号

第十章

重整程序

107. 破产重整程序中,工业企业和商业企业的区别和注意事项?

阅读提示:工业企业和商业企业作为市场经济活动的重要主体,在国民生活中始终扮演着重要的角色。由于经济下行压力,大批的工商企业走向破产清算或重整。工业与商业因存在其本身的经营特性,如果不能差异化地识别其重整价值,即便进入重整程序,也很难对症下药,令其起死回生。因此,在办案过程中应当根据不同的企业类型设计出合理的方案,在这当中有一些需要注意的事项有待说明。

答:从经营特性来看,商业企业的交易环境和交易结构相对复杂;相较于商业企业,尤以中小工业为主的企业客户和产品相对单一。从资产构成来看,工业企业的资产种类相对复杂,伴随着一定的处置风险;而商业企业更多的是依赖信誉以及服务质量,依靠信息不对称的优势降低成本达到牟利的目的,本身资产占比偏低。从员工流动性来看,工业企业的员工普遍较多,流动性较之于商业企业偏弱。从公司决策层的人合属性强弱来看,所有权与经营权高度重合、人合性极强是不少工业企业的典型特征;而反观商业企业,其人合性相较于工业企业要弱,公司的决策层更多依靠的是一系列的合作协议支配,公司内部治理成本相对较低。

理由与依据：

（一）经营特性不同

从商事交往方面来说，商业企业的交易环境和交易结构相对复杂，上下游涉及的主体较多，法律关系层层嵌套，对合同的风险控制较高。譬如，商业地产运营当中的售后返租模式，就会涉及融资租赁关系还是借款关系的判断，具体可参看洛阳伟翔置业有限公司、陈龙等融资租赁合同纠纷案。相较于商业企业，尤以中小工业企业为主的客户和产品相对单一。具体而言，客户的单一性体现在销售集中在某几个大客户，对大客户依赖严重。产品的单一性体现在仅仅局限于有限的市场需求，产品与市场的适应性严重脱节，无法形成完整的产业链。譬如，在宁波汉普塑业股份有限公司破产重整案中，汉普公司虽然在汽车配件行业深耕多年，拥有较为优质的客户资源，但还是因资金链断裂，停工停产，进入破产。因此，如果不能把握好不同类型企业的经营特性，做好本量利分析，经营方案的制定恐怕也是纸上谈兵。

（二）资产构成不同

相较于商业企业，工业企业的资产种类相对复杂，伴随着一定的处置风险。具体而言，有的工业企业不仅有房屋建筑、设备等固定资产，还有土地使用权、商标专用权等无形资产以及可抵扣进项税额、相关应收款等其他资产。这就要求在破产程序期间，须安排清理相关物品，排除安全隐患，组织专人巡查维护，防止出现遗失、盗窃、失火等情况。同时还须注意，针对破产企业持有的不动产，应当依法按季度申报纳税。针对无形资产，需要定期维护了解企业商标品牌与技术专利状态，及时缴纳相关费用。易损、易腐、跌价或者保管费用较高、拥有较多安全风险的财产，管理人可根据债务人的申请及时变价处理。譬如，在海南某石油基地有限公司重整案中，为了资产处置价值最大化以及保障石油基地运营安全，法院在进入重整程序前采取临时托管，指定某企业集团关联企业实质合并破产案的联合管理人代行股东权利，临时托管石油基地，监督保障安全生产。启动重整程序后，允许债务人在管理人监督下自行管理财产和营业事务，管理人派员常驻厂区监督安全生产。而商业企业更多的是依赖信誉以及服务质量，依靠信息不对称的优势降低成本达到牟利的目的，本身资产占比偏低。进入重整程序后，重在恢复商业信誉，拓宽销售渠道。

（三）员工流动性不同

工业企业的员工普遍较多，流动性较之于商业企业偏弱。进入破产程序后，职工债权所引发的矛盾较为突出。当企业引入产业投资人后，可能会在技术生产及相关业务领域作出调整，企业原有职工面临裁撤风险。这就要求基于企业自身产业情况及未来经营发展规划，亦为隔离重整风险的考虑，不再全部留用现有职工，同时进行妥善安置。当然，如果能够留用大部分原职工，也是一个较优的选择。譬如，在苏州第壹制药公司破产重整案中，投资人在继续开发现有产品、全盘接收现有职工的基础上加大研发投入与引进人才，重整草案经债权人会议各组别审议均高比例表决通过。而商业企业的员工流失十分频繁，人才队伍很不稳定。从员工的流动结构分析，主要为入职三年以内的年轻员工，且女性流失率远大于男性。鉴于此，应当重点把握以下几个方面：改善企业的薪酬体系；关注年轻员工的流失情况；建立合理的内部晋升通道；做好后备员工的储备工作。

（四）公司决策层的人合属性强弱不同

在公司治理环节，所有权与经营权高度重合、人合性极强是不少工业企业的典型特征，这就意味着人力资本是一种不可替代的隐形稀有资源。管理人在识别企业的重整价值时应当将这些人力资本做重要考量。在上海赛克斯公司清算案中，管理人在调查中敏锐地察觉到该公司的日常经营完全依赖控股股东郑某个人长期从事家具家装行业的专业能力与商业资源。郑某个人也表达了挽救公司的强烈意愿并承诺继续投入资源。最终，法院认定该公司存在重整可能性。但对于多数小微企业破产案件，进入破产程序意味着企业主和实际控制人失去对企业的控制权，股东权益也调整为零。显然，在没有任何期待还白干活的情况下，是没有企业主愿意配合工作的。重整程序也将名存实亡，彻底沦为清算式重整。因此，如何突破这一壁垒并合理设定实际控制人的权利义务无疑是重整程序顺利推进的关键。而反观商业企业，其人合性相较于工业企业要弱，公司的决策层更多依靠的是一系列的合作协议支配，公司内部治理成本相对较低。

案例索引：

（2021）最高法民终 44 号

（2022）浙 02 破 7 号

（2023）苏 0591 破 61 号

（2023）沪 03 破 526 号

108. 重整计划草案当中，如何把握出资人权益的调整的条件、方式？

阅读提示：在债务人资不抵债的情况下，重整投资人的引入会对重整计划草案的通过、执行产生重大影响，而对出资人权益的调整会对重整投资人的投资意愿产生重大影响。《企业破产法》仅有第八十五条第二款和第八十七条规定对此事项作出一般性规定，对诸如出资人权益调整的条件、方式没有作出规定。因此，一些需要重点关注的事项有待说明。

答：实践中，关于出资权益的调整方式至少需要重点把握以下三个方面：出资人权益调整的方式（模式）、出资人权益调整的表决规则、出资人权益调整的税务问题。其中，理论上，出资人权益调整方式主要有四种：股权转让；增资扩股；债转股；以上三种方式的结合。类型化梳理实践中的具体做法有四种：出资人权益不调整；出资人权益调整为零；出资人权益部分调整；低价转让股权的方式。关于出资人权益调整的表决规则，应在《企业破产法》第八十五条第二款规定的基础上，结合各地法院的做法抽象出一般规则。关于出资人权益调整的税务问题，根据破产重整司法实践，出资人权益调整的主要方式有两种：一是原股东无偿让渡股权；二是资本公积转增股本。其中，原股东无偿让渡股权时要么确认收入，缴纳企业所得税；要么作出事先安排，以协议方式约定作为资本金处置，不按照收入计算缴纳企业所得税。对资本公积（溢价）转增股本，不论是自然人股东或是法人股东，都不应确认所得，也不调整股权的计税基础。

理由与依据：

（一）出资人权益调整的方式

1. 出资人权益不调整

这种方式主要集中在房地产、采矿等重资产公司。譬如，在广西南宁某房地产公司和河南许昌某置业公司均采用续建式重整，非投资型重整，出资人股权无需调整。而在贵州贵阳某矿业公司案中，采用了剥离核心资产式重整。具体而言，本案中债务人已经严重资不抵债，生产经营处于停滞状态，如破产清算，现有资产将无法满足各类债务的清偿，所有者权益为零。但重整计划采用核心资产剥离的方式进行重整,债务人股权并非重整投资人的投资标的,待本重整计划执行完毕时拟注销债务人,债务人的出资人权益无调整必要,因此,重整计划对出资人权益未进行调整。

2. 出资人权益调整为零

尤其对于中小微企业而言,进入重整程序后,出资人权益调整为零是实践中的通常做法。譬如,在河南平顶山某铝业公司破产重整案中,为挽救公司,避免其破产清算,出资人和债权人需共同作出让步,共同分担实现公司重生的成本。因此,该重整计划中对出资人的权益调整为零,按照新的股权结构对出资人的持股比例进行调整,该调整属于出资人的自愿调整。

重整方投资人为联合体,管理人与联合体签订了重整投资协议书,协议约定,重整投资人以零对价按照目标公司的现状受其60%的股权。也有一些采用出售式重整将股权调整为零的做法,如南阳某制药公司重整案。

3. 出资人权益部分调整

该方式适用于公司严重资不抵债时,出于公司主体资格存在和企业主配合工作的考虑。譬如,在四川资阳某食品公司重整案中,在保持债务人注册资金不变的情况下,对债务人股权结构进行调整,调整为预留20%股权给原出资人负责生产经营,30%股权转让给投资人,余下的50%的股权分配给愿意接受股权调整的普通债权人。在贵阳某食品公司重整案中,采用了自救式重整的方式。在部分债权人选择债转股后,根据本方案制定的债转股金额比例规则,按照增资的规则认定各转股债权人的出资金额,确定债务人的股本金总额,由此确定原出资人最终持有的债务人股权比例。

4. 低价转让股权的方式

债务人严重资不抵债,出资人的股权价值为零。因此,投资人在支付债权人重整方案所确定的款项后,实践中出现了出资人将股权以0元或者以1元转让给投资人的情形。譬如,在嘉兴某建设集团重整案中,重整投资人按约定支付完毕重整对价后,债务人原股东应以1元作价将所持有的股权转让给重整投资人或其指定第三方,配合办理股权登记变更相关手续。变更登记完成后,重整投资人或其指定的第三方持股100%。

(二) 出资人权益调整的表决规则

《企业破产法》第八十四条对债权人组的表决规则明确规定为"人民法院应当自收到重整计划草案之日起三十日内召开债权人会议,对重整计划草案进行表决。出席会议的同一表决组的债权人过半数同意重整计划草案,并且其所代表的债权额占该组债权总额的三分之二以上的,即为该组通过重整计划草案"。《企业破产法》第八十五条第二款规定"重整计划草案涉及出资人权益调整事项的,应当设出资人组,对该事项进行表决",却未明确表决机制。各地法院在涉及出资人权益调整事项时,认定标准基本一致,总结如下:(1)股东会或者股东大会已对出资人权益调整作出决议,可以不再另行召开出资人组会议进行表决;(2)有限责任公司的出资人权益调整事项经股东所持表决权的三分之二以上同意,即为通过;(3)股份有限公司的出资人权益调整事项经出席出资人组会议的股东所持表决权的三分之二以上同意,即为通过。

（三）出资人权益调整的税务问题

根据破产重整司法实践,出资人权益调整的主要方式有两种:一是原股东无偿让渡股权;二是资本公积转增股本。原股东无偿让渡股票（股权）给债务人,在税法上属于捐赠行为。对于这种行为,国家税务总局《关于企业所得税应纳税所得额若干问题的公告》（国家税务总局公告 2014 年第 29 号）提供了两种选择或者作为资本金处理不缴纳企业所得税;或者作为收入处理,计算缴纳企业所得税。概言之,这就要求在做综合结构设计时,结合现行税法作出合理的选择。要么确认收入,缴纳企业所得税;要么作出事先安排,以协议方式约定作为资本金处置,不按照收入计算缴纳企业所得税。

对于资本公积转增股本的情形,从资本公积（仅指股东资本溢价）的法律性质来看,它属于股东投入公司的资本,并不计入实收资本科目。对于被投资企业而言,仅仅是所有者权益的一个账户转移到了另一个账户而已,净资产还同在一个蓄水池里,并没有发生变化。因此,对资本公积（溢价）转增股本,不论是自然人股东或是法人股东,都不应确认所得,也不调整股权的计税基础。

案例索引：

(2023)黔 03 破 5、6、7、8、9、10 号

109. 破产重整中共益债务融资时,投资人如何防范当中的法律风险？

阅读提示:近年来,共益债务融资逐渐成为破产重整程序中常见的资金引进方式,成为盘活破产企业的新路径。在具体实操过程中,基本有传统型、类证券化型、

共益债基金型三类交易结构。其中,基本传统型交易结构又会衍生出特殊的融资模式,譬如在河南海文置业有限公司破产重整案和上海悦合置业有限公司重整案中采用了"共益债+委托管理"的融资模式。类证券化型融资模式,主要是以资产管理公司和破产企业成立"有限合伙"的形式,然后以该债权作为基础资产在金融资产交易中心发行投资收益权产品。当前,该模式在江浙地带运用较为广泛。但投资人通过共益债投资时也面临一定的信用风险,具体而言,一是共益债务认定风险,二是清偿顺位风险。因此,如何做好共益债务融资的法律风险防范显然是一个双向互动的过程。

答:就风险防范对策而言,应着重从以下方面去做:共益债务融资方案必须获得法院确认;必须严格履行债权人会议表决程序;融资方案约定专款专用;明确约定清算转重整时优先权的延续性;为共益债务融资债权设定担保。

理由与依据:

(一)可能存在的法律风险

1.共益债务认定风险

《企业破产法》第四十二条对共益债务债务的认定采用的是抽象标准("共益"和"为债务人继续营业")+类型化标准(六种),法院在正式出台《最高人民法院关于适用〈中华人民共和国企业破产法〉若干问题的规定(三)》(以下简称《破产法司法解释三》)时,对于具体条文进行了调整,即将征求意见稿中的"按照"和"作为共益债务优先清偿"改为"参照",换言之,"参照"的规定只是解决清偿顺位的问题,并未直接认定破产程序中的借款债务属于共益债务第四项。在这种情形下,实践中关于共益债务的认定可能会发生争议。就借款融资而言,有以共益债作为融资方式不被确认的先例。譬如,当中"企业持续经营性行为"就是不宜认定的事实,能否证明全部借款用于债务人营业就存在不少模糊地带。另外,重整融资债权发生或设定的程序条件是否满足?共益债的引入天然伴随着稀释其他债权可能,稍有不慎就有可能产生新的诉讼风险。

2.清偿顺位风险

《破产法司法解释三》使用了"参照"共益债的规定,并规定了"优先于普通破产债权清偿",并不是直接确认融资债权等同于共益债务,其目的是为债权人与投资人设定博弈的空间。在市场化协商过程中,投资人能否争取到更靠前的顺位?能否保证一定优先于普通债权受偿?从司法实践来看,近年来,国内一些资产交易中心率先探索超级优先权的适用,说服既存担保债权人自愿签署同意劣后于共益债务融资受偿的承诺书,在一系列房地产企业破产重整案中适用并获得成功。另外,预重整期间引入共益债时能否认定优先权也需足够重视,关键是看债权人会议顺利表决通过了项目融资方案。

(二)风险防范对策

1. 共益债务融资方案必须获得法院确认

虽然《破产法司法解释三》第二条确认了为债务人继续营业所产生的借款为共益债权,但考虑到破产债务投资的巨大风险,在投资前获得破产受理法院的司法确认,能够确保投资被认定为共益债务。

2. 必须严格履行债权人会议表决程序

为重整企业设定共益债务是为了保障企业的经营,属于破产重整计划草案的一部分。因此,共益债务融资方案实施之前,必须在程序上按照重整计划草案表决方式得到债权人会议的表决通过,即按照《企业破产法》第八十四条第一款的规定,在人民法院收到重整计划草案之日起三十日内召开债权人会议,对重整计划草案进行表决。《破产法司法解释三》第二条第一款亦规定,破产申请受理后,经债权人会议决议通过,或者第一次债权人会议召开前经人民法院许可,管理人或者自行管理的债务人可以为债务人继续营业而借款。债权人会议顺利表决通过了项目融资方案,各表决组均通过重整计划草案是一种常规做法。

3. 融资方案约定专款专用

重整融资债权认定为共益债务,须为企业持续经营所必需,且在借款协议中明确约定用途。为确保融资资金不被挪用,还须指定资产管理人,专款专用,即使重整转入清算,也根据资金的使用确定各类债权受益的范围和数额,确定债权的优先清偿顺位。

4. 明确约定清算转重整时优先权的延续性

重整本身具有不确定性,一旦重整失败,将会转入清算程序,此时对于之前已经给予优先权的重整融资中债权如何处理,将成为各方争点。为避免纷争,降低重整融资债权不能清偿的风险,可约定为重整计划的执行提供的担保继续有效;重整中的借款等融资债权继续具有优先受偿性,不受影响。如此一来,倘若重整失败转为清算程序时,前述重整融资中的债权优先性依然在清算程序中适用。

5. 为共益债务融资债权设定担保

虽然在我国《企业破产法》上共益债务可以优先职工债权、税款和普通债权之前进行清偿,但是《破产法司法解释三》肯定了担保债权的优先性。为了降低融资债权不能清偿的风险,可要求管理人就债务人未担保的财产设定担保,或用担保财产提供次级或优先顺序较低的担保权。

案例索引:

(2017)豫 0481 破 1 号

(2020)沪 03 破 54 号

(2020)鲁 1103 民初 856 号

(2023)沪 03 破 366 号

(2023)苏 0591 破 61 号

(2020)赣 11 破 2 号

110.破产重整程序中,投资人参与企业重整的典型模式有哪些?

　　阅读提示:存续式重整出售式重整和清算式重整作为三种主流的破产重整模式,在实践中一直应用较为广泛。但由于重整模式更多涉及的是商业判断,必然会产生依个案的不同的商业模式变体。破产程序中,重整模式运用得好,会犹如一套组合拳,能打通困境企业融资的任督二脉,达到起死回生的效果。

　　答:实践中有如下典型的重整模式:投资人与管理人并用模式;资产重组嵌套破产重整模式;分离清算型股权转让;承债式收购;重整企业原股东作为投资人直接投资;信托方式。上述投资方式仅为纷繁复杂的重整案件中出现较多的方案。实务中根据具体案件的不同情况,可以产生不同的投资方案组合。各级法院、管理人、投资人、债务人、债权人亦可围绕拯救重整企业这一终极目的自主创新,形成个性化投资方案。

理由与依据:

(一)投资人与管理人并用模式

　　一个破产企业能否起死回生不仅要看管理人的能力,还要看投资人的实力,二者缺一不可。换言之,要想当一个破产重整企业的管理人,就必须自带优质的投资人,破产管理人的职责不能仅局限于事务性工作,更要为盘活破产企业多下功夫。投资人与管理人并用模式对于破产企业而言是利好的,不仅能更好地整合资源,还能优化投资人和管理人之间的关系,为今后顺利开展重整计划做好铺垫。但需要注意的是,一定要做好投资人与管理人之间的风险隔离,不能出现利益输送、道德廉洁甚至刑事犯罪的问题,避免影响整个重整计划的进程。

(二)资产重组嵌套破产重整模式

私募股权投资资金参与企业的破产重组,尤其是在上市公司的破产重整中较为常见,以债务人重庆钢铁股份有限公司(简称"重庆钢铁")破产重整案较为典型。该案中,重庆钢铁宣布四源合钢铁产业股权投资基金中心及重庆战略性新兴产业股权投资基金合伙企业共同出资设立重庆长寿钢铁有限公司作为重组方参与重整,取得预期的效果。重庆钢铁破产重整的成功能够很好地印证资产重组嵌套破产重整程序模式可行性,对于投资人而言具有很好的借鉴意义。

(三)分离清算型股权转让

此种重整投资方式与一般的股权转让有典型区别。这种模式是将重整企业100%股权及对应资产的实际控制权(含有价值资质、品牌、知识产权等无形资产)作为"壳资源"从现有资产中剥离,由重整投资人以固定价格竞得并继续经营重整企业,剩余资产及债权债务由重整后的企业设立专门资债处置公司承继,完成后续清算工作,并将上述竞价金额作为破产财产进行分配。

灵活采用分离清算型股权转让的重整模式,通过"资产平移、分离式处置"方式,在不减少清算资产的情况下,将最有价值的企业资质、品牌保留在辖区内继续发挥效用,并获得较高竞价金额供债权人参与分配,真正实现"无害化剥离资债,有效性利用资源,最大化保护权益"的重整目的。

(四)承债式收购

承债式交易主要包含债务转移和股权转让两个交易行为。选择此种交易模式,主要是考虑债务人股权价值较低。承债式交易能够减轻债务人短期内的财务压力,豁免大部分债务(在原债权人豁免债务的情形下),为债务人后续恢复经营打下了良好的基础。在承债式收购中,重整方负责清偿债务人债务,并在清偿完毕后成为债务人的债权人。同时,债务人的股东以零元或者较低价格转让债务人的全部股权或部分股权。承债式收购对于重整方的好处在于重整方因承担债务所负利息成本能够转化为财务费用,税前列支,减轻了重整方的税务负担。在嘉粤集团破产重整案和超日太阳破产重整案中,两家重整方均选取了相似的收购重组模式,取得了预期的效果。

（五）重整企业原股东作为投资人直接投资

多数企业进入破产重整的原因是资金紧张,流动性短缺,导致公司及子公司多笔金融机构贷款逾期违约,多家金融机构已提起诉讼或仲裁,并申请财产保全,公司及子公司部分银行账户被人民法院冻结、资产被人民法院查封,这种情况下即使公司业务有竞争力,也不可避免地因债务原因陷入恶性循环。破产重整企业的原股东如果具有经济实力,以新增投资的形式参与破产重整,借上述重整中企业破产法给予重整企业全面的封闭式保护措施,改变重整企业的恶性循环,亦未尝不可。不同于其他主体入主破产重整企业,因为其本身就是重整企业的股东。虽然眼下经营存在困难,但是作为股东方,对企业的业务和财务情况应该是很了解的,业务开展具有便利性。该模式为重整企业的业务方向和转型发展提供了一个可行的方式。

（六）信托方式

作为所有持牌类金融机构中唯一一个经营范围横跨货币市场、资本市场和实业投资三大领域的金融机构。信托公司所具有的制度优势使得其参与破产重整项目的角色较为丰富和多元化,在实务中可结合破产企业、债权人、投资人的资金需求、合作诉求及对破产重整企业本身的价值判断,灵活设计交易结构,体现不同的角色定位。

案例索引:

（2019）豫 04 破 3 号

（2021）粤 06 破 8 号

（2017）豫 0323 破 3 号

（2018）豫 0324 破 1 号

（2017）渝 01 破 3 号

（2017）浙 0111 破 8 号

（2012）湛中法民破字第 3 号

111. 如何合理设置重整程序中债转股的定价和折股比例?

阅读提示:债转股作为减轻债务人的负担、保护债权人利益的一种特殊清偿方式,在破产重整程序中被广泛应用。其中,定价和折股比例因关涉到债权人债务人、债务人担保人以及外部战略投资人等多组利益冲突,始终是重整方案的重点与难点问题。相较于上市企业等股权价格有可靠市场价值作为参考,非上市企业的转股定价远比想象中复杂得多。因此,就该问题至少有以下方面值得关注:适用债权类型、定价方式、折股比例的确定、表决方案的设置。

答:关于债权类型,债转股适用的一般指的是普通债权。关于定价方式,管理人一般会以财务审计和资产评估为基础,以受理日为基准日,先初步确定公司原有净资产情况,然后与债权人、债务人、意向重整投资人反复磋商,最终完成定价。关于折股比例的确定,一般会根据不同的模型设置。表决方案的设置,有限的货币一般会用于小额债权的清偿,大额债权也主要以现金+债转股的方式清偿。

理由与依据:

(一)适用债权类型

一般来说,对于有财产担保的债权,当担保资产的评估价值大于等于其设定的债权金额,此时担保债权可以在担保物的价值范围内完全清偿。破产程序每往前推进一步,债权人债权就有稀释的可能,此种情形下债权人大概率不会同意转股。其他诸如职工债权、税收债权正常情形下也能优先受偿。因此,债权转股一般指的是普通债权。

(二)定价方式

实践中,管理人一般会以财务审计和资产评估为基础,以受理日为基准日,先初步确定公司原有净资产情况,然后与债权人、债务人、意向重整投资人反复磋商,最终完成定价。需要注意的是,个案中的定价机制的选择需要建立在具有商业可行性的经营方案上,而制定切实可行、经得起推敲的经营方案需要商业思维极强、市场经验极丰富的人才或团队才能胜任,还需要债务人、投资人、独立第三方估值机构的高质量配合和衔接。但市场上第三方估值机构的水平也良莠不齐,导致大多数经营方案过于粗糙和抽象化。此种情形下,股权价格的合理性就会大打折扣。更有甚者,部分案例为了追求高比例甚至是全额的名义清偿率,设定过高的以股抵债价格,即以倒退的方式使得抵债股票价格相较于现行市场价格在重整结束后甚至未来很长一段时间内相距甚远,导致债权名义清偿率和实际清偿效果之间差异较大,对债权人权益造成严重损害。因此,评估结果的客观性、公允性,无疑是债转股预测结论趋向于现实结果的关键因素。具体案例可以参看(2021)民申字第642 号民事裁定书、(2021)执监 17 号执行裁定书、(2018)鲁 05 民初 923 号民事判决书、(2017)赣 01 民初 248 号民事判决书、(2019)吉 03 执异 83 号执行裁定书。

（三）折股比例的确定

在确定折股比例时,有以下几种情况,大致归纳如下模型:

1. 净资产≤0,无重整投资方

一般原出资人权益调整为零,当某转股债权人的债权额为 A 时,所有转股的债权总额为 B,则该名转股债权人的持股比例是 A/B×100%。

2. 净资产≤0,有重整投资方

这种情况下,原有出资人的权益为零,应该同意其不再在债转股后的新公司占有股权。但由于还有重整方的投资,此时在合并计算转股股价及持股比例时就较为复杂和困难。当某转股债权人的债权额为 A,所有转股的债权总额为 B,重整方的投资额为 C,则该名转股债权人的持股比例是 A/(B+C)×100%。但重整方混合重整资源的投入显然与转股债权人债权投资不能 1/1 对等折股,其价值往往较高,应该由重整方与拟转股的各债权人通过竞争性协商与市场化博弈最终确定方案。

3. 净资产>0,无重整投资方

原有出资人的权益没有为零,假设某转股债权人的债权额为 A,所有转股的债权总额为 B,债务人评估净资产额为 C,则该名转股债权人的持股比例是 A/(B+C)×100%。但是这种 1/1 折股也不一定公平合理,应该由原股东与拟转股的各债权人通过竞争性协商与市场化博弈最终确定方案。

4. 净资产>0,有重整投资方

此种情形下,一般不会同意将其股权调整为零。当某转股债权人的债权为 A,所有转股的债权总额为 B,重整方的投资额为 C,债务人评估净资产额为 D,则该名转股债权人的持股比例是 A/(B+C+D)×100%。这种 1/1 折股不一定公平合理,应该由重整方、原股东与拟转股的各债权人通过竞争性协商与市场化博弈最终确定方案。

（四）表决方案的设置

以债转股方式重整的企业,现有的财产价值普遍较低,可以分配的货币数量较少。出于表决方案顺利通过的考虑,有限的货币一般会用于小额债权的清偿,大额债权也主要以现金+债转股的方式清偿。譬如,在河南漯河某工程公司破产重整案中,普通债权 100 万以下部分按差异化比例清偿,100 万以上部分采用增资债转股不仅有效缓解了公司的债务压力,还为公司未来发展注入了新的活力。

案例索引:

（2017）苏 01 破 1、6、7、8、9、10 号民事裁定（最高法指导性案例 163 号）

（2021）最高法民申 3929 号民事裁定书

（2020）冀民终 81 号民事判决书

（2021）最高法执监 418 号执行裁定书

112. 重整草案中的债权清偿方案的制定过程中,有哪些注意事项?

阅读提示: 当企业进入破产程序后,无论是清算还是重整,对于债权人来说,无非关心的是能受偿多少和怎样受偿。其中,破产清算程序通过事先确定各债权人的分配顺序,然后将企业剩余财产按顺序分配完事即可。相较于清算程序的市场"出清"功能,重整程序显然要复杂得多。由于重整程序涉及各利益之间的冲突和平衡,债权清偿方案的制定如同《易经》的卦象,并没有规定的套路和模式,需要根据不同的个案量体裁衣。

答: 债权清偿方案的制定从大的框架设置上来看,还是有一定的规律可循。具体而言,需要考虑实体法层面的总体要求、债权清偿的方式、偿债资金来源、债权清偿顺序、债权清偿期限、债权清偿方案制定中的利益平衡等方面。

理由与依据:

（一）实体法层面的总体要求

债权如何清偿,《企业破产法》并未直接作出规定,仅在其第八十七条规定,如果部分表决组未通过重整计划草案,对债权的清偿方案只有满足法律规定的条件,才可以申请法院强制批准重整计划草案。归纳起来,可以分为以下三点:第一,对于债务人欠缴的"应当划入职工个人账户的基本养老保险、基本医疗保险费用"以外的社会保险费用不得减免,其他债权都可以进行调整。第二,对于担保债权、职工债权、税收债权和普通债权,只要各表决组表决通过,原则上对于如何清偿没有限制。第三,如果相应表决组未通过,对于债权清偿,则必须满足以下要求:(1)担保债权就该特定财产将获得全额清偿,其因延期清偿所受的损失将得到公平补偿,并且其担保权未受到实质性损害;(2)职工债权和税款债权将得到全额清偿;(3)普通债权所获得的清偿比例,不低于其在重整计划草案被提请批准时依照破产清算程序所能获得的清偿比例;(4)同一表决组的成员得到公平对待,且债权清偿顺序符合法律规定。需要说明的是,由于该条规定的部分"强裁"条件还是略显笼统,在具体适用过程中一直争议比较大。因此,如若需要对该条规定做精细化研究,可以参看相关著作文献,系统梳理,此处不再细说。

(二)债权清偿的方式

当前,主流的清偿方式包括现金清偿、应收账款清偿、留债延期支付清偿、债转股清偿等四种方式。

1. 现金清偿

从普通债权人的角度来看,现金清偿方式优缺点并存。其缺点在于现金清偿方案对于金融债权人的清偿程度往往较低,导致普通债权人当前债权价值明显低于其余方案。其优点在于法院裁定的重整方案中对于清偿数额有明确的现金支付数值,债权人能够准确计算当前能够回收的资金。并且通常为一次性清偿,或者分期清偿,有明确的时间计划,整体上时间效率高。譬如,在河南某置业公司重整案中,普通债权本息在100万元以内的部分按50%比例清偿,100万元以上的部分按40%比例清偿。其缺点在于本就捉襟见肘的运营资金将会被挤占,并将压力层层传导至企业经营的各个环节。其优点在于不存在原股东与重整进入方之间股权的让渡,有利于维护股东的地位。

2. 应收账款清偿

应收账款作为企业资产存在的一种形式,被破产重整的债务人将该项资产的收益权转让给债权人。对于债权人而言,这相当于应收账款的受让,债权人接受该项资产作为清偿手段,目的能够获得较好的价值补偿。但应收账款清偿的方式并不利于优化成本,属于风险资产的一种,根据商业银行资本管理办法的要求,投资应收账款,风险资本占用的比例相当高。相较于其他企业,破产企业的应收账款清收难度更高,追回的可能性更小,作为金融机构债权人,更不愿意从现有的、确定的催收主体转为另一个不确定的主体。

3.留债延期支付清偿

留债可以作为清偿的一种方式,主要是将原债权转为贷款、放弃即时清偿权利,属于新的权利义务的设定。延长还款期限的"留债"处理,留存部分债务分期还本付息,给予企业以恢复和发展的时间和空间,提升对债权人的清偿能力。该方案主要依据公司未来的现金流即公司的承债能力及以优化财务结构出发,重整完毕后资产负债率不能过高,每年财务费用需控制在合理水平,毕竟财务费用会影响公司净利润。从债权人角度来说,公司在破产清算下资产采取快速变现法,各债权人的清偿比率将会极低,留债延期支付往往给债权人一个"念想",可以较高的清偿率得到受偿。譬如,在海南三亚某旅游公司案中,有财担保债权以对应担保财产市场价值确定优先受偿的范围,以35%现金+65%留债的方式全额清偿,剩余部分作为普通债权清偿。

4.债转股清偿

在实际的重整方案中,通过债转股的应用,能够提高清偿率,减少普通债权人尤其是大额金融债权人的损失。并且债转股清偿的方式运用是较多的。对于普通债权人而言,债转股清偿方式不直接削减债务,而是让转股债权人通过股权转让市场等渠道实现退出,间接偿付转股债权的重整模式。但是重整后的企业能否良好运营,为股东创造利润,这与企业管理、市场运行状况息息相关,存在较大的不确定性。对于重整后的企业而言,该方式存在股权份额摊薄,直接影响原股东地位,尤其是对于大股东的影响较大,债转股的方式往往是需要大股东让渡部分乃至全部的权益。但好在普通债权人转化为股东,降低负债的同时增加了企业净资产,能够有效降低企业的负债。并且不需要将资金用于清偿普通债权人,资金可以全部用于自身的运营,一定程度上能够改善资金状况。譬如,在河南漯河某工程公司破产重整案中,普通债权按照重整计划确定的方式进行现金清偿和债转股清偿。普通债权的债权人通过"债转股"方式清偿的,相应清偿金额转为出资作为债务人的增资款。

(三)偿债资金来源

重整公司欲重建再生,必须先行清偿债务,资金是重要保证。偿债资源一般来自企业自身、原股东和投资人这三个方面。具体表现形式如下:一是现金。实践中,重整企业往往会因为财务困境而缺乏流动性,也就是账上也基本没有什么现金,故大量的现金偿债资源是重整投资人以投资款的形式投入企业之中。这些现金,可以用于清偿各类债务,剩余的还能留在企业,用于补充企业的现金流动性。二是现企业自身的资产。这是一种出售公司全部或部分财产换取资金的方式,在实践中极为常见。但是,出售公司全部资产往往导致公司破产清算,如果公司财产全部作了抵押担保,出售财产行为即为违法。三是借入资本方式。据此,债务人除按计划规定清偿现有债务外,还须对新贷款还本付息。但是,公司进入重整状态,其还款能力十分有限,因此借入资本十分困难。四是公司重整经营所得。据此方案,公司在不输入新资金的前提下,依靠公司持续经营所产生的收入执行重整计划。这种方式比较简单,但是仅凭债务人的财力,缺乏其他支持,重整的难度比较大。当然,上述只是几种常规的募集资金偿债的方式,实践还有很多做法。

(四)债权清偿顺序

根据《企业破产法》第八十七条的规定,重整计划草案公平对待同一表决组的成员,并且所规定的债权清偿顺序不违反本法第一百一十三条的规定。因此,重整计划各类债权的清偿顺序如下:担保债权>职工债权>税收债权>普通债权。需要说明的是,较之于清算程序,重整计划设定的受偿条件较为灵活。同时,在确定清偿数额时所受到的一个限制是:重整计划对任何一个特定组的债权人提供的清偿数额不能少于其在破产清算程序中所能获得的清偿。

(五)债权清偿期限

法律并未规定各类债权的清偿期限,只要在重整计划执行期限内执行完毕即可。但在实践中,为了使重整计划草案获得各表决组认可并推进其顺利执行,草案制定人一般会明确规定各类债权的清偿期限。因为重整计划在通过和认可之后,具有执行的法律效力,债务人必须按照重整计划规定的期限清偿债务,既不能提前,也不能拖延。若重整债务人提前对部分重整债权人清偿,则构成对个别债权人的优惠,而这是为法律所禁止的。如不按计划规定的期限偿还债务,则构成对计划的违反,债权人可请求法院强制执行或请求法院废止重整程序。

(六)债权清偿方案制定中的利益平衡

在重整过程中,每个利益主体都希望实现自己利益的最大化。在这当中,股东、债权人、企业高级管理人员、职工、政府都有自己的利益动机。既然每个利益主体都想追求自己利益的最大化,那么重整程序中的利益冲突就无法避免。事实上,重整逻辑应该也必须是:当债权人放弃部分权益的时候,债务人也必须放弃部分权益,讲究的是"各得其所"。而如果在重整程序中还涉及要引入增量资源的话,则债务人和债权人应该共同付出一定的代价。重整逻辑的另一面是"平衡",即当事各方基于对"改善"的认知而做出的妥协或让步。以上市公司的"债转股"为例,债权人谋求优于破产清算的清偿安排,债务人股东谋求未来可变现的总市值高于重整期间的水平,而战略投资人则要避免因要价过高导致谈判失败而"出局"。

113. 破产重整程序中,特殊债权人分组 有哪些注意事项?

阅读提示:一个企业进入破产程序,往往是包括债务危机在内的各种矛盾集中爆发的结果。而在这当中,债权人分组问题关系到重整计划草案能否通过的关键因素之一,在实践中非常重要。债权规模大小体现着重整案件的社会影响力大小,不同种类债权规模的大小也决定着重整各方的利益分布,推动着重整程序的进行,也在很大程度上影响着重整的不同路径。相较于有财产担保债权、职工债权、税款债权和普通债权这些常规分类方式外,实践中却有些能够归集到普通债权行列但地位却较特殊的债权,不能分门别类合理归集的话极有可能引发矛盾。

答:特殊债权人分组应当根据类型设置,归纳有以下五种:第一种是大额债权人;第二种是小额债权组;第三种是物债混合债权人;第四种供应商债权人;第五种是采用分割的方式出售商铺的债权人。从有利于重整计划草案表决通过的角度考量,任意性分组更符合破产重整程序的目的和性质。允许根据个案情况和债权调整方案的不同,在法定分组内部细化分组并设置新的债权组别。

理由与依据:

(一)特殊债权人类型展示

针对此情形,笔者罗列以下几种较为特殊的情形:第一种是大额债权人,譬如采用共益债投资的普通大额债权人 M 是某债权人的 N 关联公司,该债权人 N 享有的债权金额占该组债权总额的 67%,该债权人 N 便享有重组计划草案的一票否决权。第二种是小额债权组,小额债权组是从普通债权组中分化出来,其实质仍属于普通债权,但在实务中设置小额债权组进行分组表决的同时,往往会给予小额债权组高于普通债权组的清偿方案。第三种是物债混合债权人,譬如债权人 A 只是债务人 B 建设用地上建筑物的产权人,A 的要求是既要清偿债务也要补偿物权。第四种是供应商债权人,其供应的产品对债务人能否继续经营至关重要。第五种是采用分割的方式出售商铺,绝大多数购房者付款比例未超过 50%,管理人及法院认定购房者不享有物权,社会稳定要求高。

（二）实践中对强制分组模式的突破

案例一:上海青客公共租赁住房租赁经营管理股份有限公司破产清算一案中,法院在重整计划草案分组表决过程中,根据具体情况在普通债权组中设小额债权组,单独对重整计划草案进行表决,此基础上确定普通债权实行分段式清偿的方案,每户债权人金额在5000元及以下部分按100%清偿,5000元以上部分按0.3%清偿。大额债权人最终同意让渡部分清偿利益,该方案以97.46%的高比例表决通过。

案例二:四川成都某酒业公司破产重整一案中,对于普通债权设置大额债权组和小额债权组。其中,对于300万以下的小额债权组,有三种方案:第一种方案该组债权人可以选择按每户10万元分配(本金低于10万元以实际金额清偿),也可以选择以本金金额为基数,按照比例分配。若无二分之一以上债权人且代表总金额三分之二债权额选择按照比例分配的,推定按照每户10万元分配。第二种方案是由投资人每年提供2000斤纯粮浓香型白酒,持续提供5年。第三种方案债权转股权,由投资人成立的有限合伙企业与债权人签订协议。对于300万以上的普通大额债权由投资人每年提供4000斤纯粮浓香型白酒,持续提供5年或者债权转股权,由投资人成立的有限合伙企业与债权人签订协议。

案例三:深圳市中级人民法院审理的深圳市鹏桑普太阳能股份有限公司(以下简称鹏桑普公司)破产重整一案中,为了挽救这家全球平板太阳能排名前三的制造商,维护广大债权人的合法权益(该案管理人确认普通债权139家,其中小额债权人即债权金额小于70万元的共计93家),破产管理人在深圳中院的指导下,在制定重整计划草案过程中,根据案件的实际情况,将普通债权组中的普通债权分为民间借贷和非民间借贷债权两类,并另设小额债权组。具体偿债方案为:民间借贷债权以"债转股"的方式偿债,每100元债权可以分得20.78股鹏桑普公司股份;非民间借贷债权以货币方式延期五年计息清偿,重整计划草案通过后第五年全额清偿完毕;小额债权组,10万元以下的六个月内清偿完毕,10万元到70万元部分三年内全额清偿完毕。在管理人协调努力下,鹏桑普的重整计划草案经两次债权人会议表决通过,鹏桑普公司浴火重生。

（三）特殊债权人分组注意事项

首先,在破产重整实践中,从有利于重整计划草案表决通过的角度考量,任意性分组更符合破产重整程序的目的和性质。而强制分组规则有时会僵化了各个债权人依据自己的利益灵活协商、管理人统筹安排的空间,不利于重整成功。

其次,在任意性分组时,允许根据个案情况和债权调整方案的不同,在法定分组内部细化分组并设置新的债权组别。建立债权人分组的细化判断标准,防止债权分组沦为人为控制重整程序和损害债权人合法权益的工具。譬如,对当中类型性质相同、价值取向一致、利益基础相同的债权需要精准识别。

最后,债权体量大小对分组设计的影响不同,普通债权数额较大的,通常将普通债权组分为小额债权组和大额债权组,普通债权的债权体量不同,对大小额区分的标准也有所不同。在确定大小额时,通常会考虑如何提高相应表决组重整计划草案通过的概率。尤其对于小额债权组,笔者认为应注意三个方面:其一,将管理人列为小额债权组设立主体;其二,明确小额债权数额的界定范围;其三,对小额债权组的清偿标准进行类型化。

案例索引:

(2022)沪03破1号

114. 法院强制批准重整计划草案应当遵循哪些原则?

阅读提示:重整计划的"强裁"制度被规定在《企业破产法》第八十七条,未通过重整计划草案的表决组拒绝再次表决或者再次表决仍未通过重整计划草案,但重整计划草案符合六个条件时,债务人或者管理人可以申请人民法院批准重整计划草案。但是,单看该规定,对所要遵循的原则并不清晰。

答:依据法律规定以及学界的总结,可以抽象出清算价值保障、可行性、绝对优先、公平对待、最低限度通过这五大基本原则。其中,清算价值保障原则是法院行使强制批准权的核心,也是底线标准;重整计划的可行性更多涉及的商业判断;绝对优先要求重整计划草案公平对待同一表决组的成员;最低限度通过原则,即至少有一个权利人组表决通过了重整计划草案。法院在对重整计划进行强裁之前,必须按照《企业破产法》第八十七条的规定,严格审查重整计划草案是否满足上述五条基本原则,只要违反其中一条原则,法院就不能强制裁定批准重整计划草案。

理由与依据:

(一)清算价值保障原则

依据《企业破产法》第八十七条第二款第三项的规定,普通债权所获得的清偿比例,不低于依照破产清算程序所能获得的清偿比例。该原则是法院行使强制批准权的核心,也是底线标准。只有在重整高于清算的情况下,才能做出强制批准的裁定。通过检索案例,发现在五洋集团破产重整案中,法院依据清算价值保障原则行使强制批准权。在远成集团破产重整案中,法院依据清算保值原则未批准重整计划草案。另外,需要警惕的是近年来滥用强裁权的现象,譬如在江西赛维集团破产重整案中,该案最初的重整计划中,根据债权银行内部提供的整体清偿率分析表,清偿率还有 14.75%,但新余市中院强裁后,清偿率却变为 6.62%。

（二）可行性原则

根据《企业破产法》第八十七条第二款第六项的规定,债务人的经营方案需要具有可行性。重整计划的可行性更多涉及商业判断,管理人作为一线办案人员,在自身专业受限的情况下,往往需要借助"法务、财务人员以及行业内其他专家出证据证明意见"的方式来佐证经营方案的可行性。在此基础上,将经营方案提交给法院,而后在论证方案是否具备可行性的基础上审慎作出强制批准重整草案的裁定。譬如在佛山市南海西樵高尔夫发展有限公司重整案和庄吉集团有限公司中,都较好地对重整经营方案作出了预判,显示了重整强裁制度的社会价值。当然,实践中也有因经营方案缺乏可行性未予批准,譬如南通威普家用纺织品有限公司破产重整案。

（三）绝对优先原则

根据《企业破产法》第八十七条第二款第五项的规定,重整计划草案公平对待同一表决组的成员,并且所规定的债权清偿顺序不违反本法第一百一十三条的规定清偿。绝对优先原则适用于不同优先顺序的权利人之间,其设置的目的,是保障反对重整计划的利害关系人组别的利益,强调的是对不同性质的权利在重整程序中清偿顺序的尊重。

（四）公平对待原则

根据《企业破产法》第八十七条第二款第五项的规定,重整计划草案公平对待同一表决组的成员。需要说明的是,同一表决组内按比例分段清偿是否违背公平对待原则?法院普遍认为,分段清偿适用于普通债权组每户债权,故规则适用上公平对待每户债权人。从形式上看分段清偿会造成同一表决组不同债权人折算后综合清偿率不同,但从本质上看分段清偿并未突破公平对待原则。

（五）最低限度通过原则

最低限度通过原则,即至少有一个权利人组表决通过了重整计划草案。如果没有一组同意,而是所有表决组均反对重整计划,则表明重整计划在条款安排和利益调整上不存在执行基础,可行性很低。从实践的现状来看,要求更为严格,有两个组以上未表决通过重整计划草案,法院就可能不会"强裁"。譬如在河南得阳纸品包装有限公司破产重整案中,法院仅以普通债权组未获通过为由未批准重整计划草案。在广安华富荣新破产重整案中,法院也以仅有除出资人组、出资人组其他债权人组未通过重整计划草案为由,未适用"强裁"。

案例索引:

(2018)苏 0585 破 3 号

(2021)川 1112 破 1 号

(2015)余破字第 5 号

(2015)佛中法民二破字第 18 号

(2017)苏 0612 破 2 号

(2020)豫 0711 破 4 号

(2018)川 1623 破 1 号

115. 如果遇到客观条件变化,是否允许对重整计划进行变更? 如果能够变更,有哪些注意事项?

阅读提示:从广义上讲,重整计划执行变更应当包括重整计划执行期限、监督期限以及重整计划具体方案内容。从狭义上讲,重整计划执行变更仅包括具体方案内容的变更(债权调整和受偿方案、经营方案)。需要关注的是能否对重整计划进行变更? 有哪些注意事项?

答:根据《全国法院破产审判工作会议纪要》第十九条,重整计划变更条件为出现国家政策调整、法律修改变化等特殊情况,导致原重整计划无法执行的,债务人或管理人可以申请变更重整计划一次。为了适应实际情况,建议对第十九条作合目的性扩张解释,允许法官在裁量中适当放宽重整计划变更条件。重整计划执行变更事由的类型化归纳如下:投资人违约;经营方案受阻;补充申报债权。从司法实践来看,变更重整计划最终可能达到重新拟定重整计划的程度,这显然是重整计划内容一体性的必然要求,因此,重整计划内容变更实际上并没有所谓的限制,以实际需求确立重整计划需变更内容更加务实。

理由与依据：

关于何种情形下可以申请变更重整计划,现行法采取"列举+兜底+后果"的模式规定了变更重整计划的条件,即"国家政策调整、法律修改变化等特殊情况,导致原重整计划无法执行"。事实上,这两种明确列举的情况十分少见。相反,实践中多以投资人违约、经营方案受阻、补充申报债权等作为变更重整计划的理由。

（一）投资人违约

投资人违约主要体现为投资人不履行或不完全履行出资义务,在这种情形下,法院或裁定延长重整计划执行和监督期限,或裁定变更重整计划,亦存在两者先后相继适用的情形,个案主要考量因素包括投资人违约程度、重整计划整体执行进展等案件实际情况。通过检索案件,笔者发现在福建海峡两岸农产品物流城发展有限公司破产重整案、亿阳集团股份有限公司破产重整案中,均不同程度地存在着出资人怠于履行出资义务或未能如期履行出资义务的事由。需要说明的是,如果违约事由不是出资人的原因,如不可抗力、第三人侵权等导致债务人财产灭失或价值出现了重大贬损,必然会影响到投资人投资回报率的实现,此时苛求投资人仍然按照原重整计划履行投资义务,显属不公。如果个案中出现该等情形,理应给予投资人重新测算并重新达成新的重整计划的机会,变更重整计划。除此之外,实践中还需警惕滥用重整计划变更制度、增加履约成本的问题。譬如,当重整投资人恶意违约不再投资或因自身资金问题无法继续完成投资义务,管理人向法院提出变更重整计划的申请,即重新引入投资人。如果将此视为对重整计划的变更,那么法律设置启动重整计划变更的特殊要求将会落空,典型案件如泰安市润和置业有限公司破产重整案。

（二）经营方案受阻

客观而言,重整企业普遍存在经营困境,从商誉、客户资源、融资渠道都不同程度受到损害。重整计划的制定更多的是商业判断,而商业活动瞬息万变,未考虑到重整计划执行过程中遇到的障碍或对解决障碍持过高预期,将直接导致清偿方案难以执行,不得不对重整计划作出变更。通过检索案例,笔者发现圣光集团等23家公司合并重整案、南方石化集团等10家公司合并重整案因受外部因素影响未能恢复经营至预期状态等原因而变更了重整计划。

（三）补充申报债权

对于重整计划执行期间新增的债权申报,较为常见的预防性措施是在重整计划中限期预留部分偿债资源,个案中亦存在变更重整计划中的债权清偿方案等具体内容以调整债权清偿比例,譬如东莞市雄基物业发展有限公司破产重整案。需要说明的是,重整计划执行期间补充申报债权的接收、审核确认、受偿规则在企业破产法中已有明确规定,债权人未依照规定申报债权的,在重整计划执行期间不得行使权利,在重整计划执行完毕后,可以按照重整计划规定的同类债权的清偿条件行使权利。因此,笔者认为,不能因重整计划执行期间出现补充申报债权就对原重整计划进行变更。

案例索引:

(2017)豫 0323 破 3 号

(2019)皖 01 破 19 号

(2018)苏 1282 破 4 号

(2019)黑 01 破 5 号

(2017)鲁 0983 破 1 号

(2017)粤 1971 破 14 号

116. 管理人监督重整计划执行的难点有哪些?

阅读提示:按照《企业破产法》第八十九条的规定,自人民法院裁定批准重整计划之日起,在重整计划的监督期内,由管理人监督重整计划的执行。在监督期内,由管理人监督重整计划的执行。在监督期内,债务人应当向管理人报告重整计划执行情况和债务人的财务状况。如果债务人不及时报告公司的经营情况和资产变动、财务状况及重大事项等情况,管理人无从掌握债务人的情况,无法履行监督职责。因此在重整计划监督期间,可能会出现一些监督难点。

答:在重整计划监督期间,可能会出现的监督难点如下:监督人不到位;企业原有架构变动;重整计划执行过程中出现新的债权或债务;发生不可预料的事件;债务人或投资人不执行重整计划,等等。

理由与依据：

（一）监督人不到位

管理人监督不到位，既有主观原因也有客观原因。主观上表现为管理人怠于履行监督职责。譬如，在广东雄力电缆有限公司破产重整案[参见(2018)粤06破16号]中，两重整企业及管理人以缺乏财务资料、基础凭证，对应收账款不能查清并追收为由，怠于追收，导致巨额应收账款悬空，损害了债权人利益，亦导致重整计划不能执行，最终法院裁定终止重整计划的执行。在国家开发银行河南省分行申请执行监督案[参见(2022)最高法执监121号]中，最高人民法院指出进入破产重整程序的被执行人未通知此前已经进入执行程序的债权人申报债权，导致其失去在破产重整程序中主张债权的机会；重整计划执行完毕后，该债权人有权依照《企业破产法》第九十二条的规定，按照破产重整计划规定的同类债权的清偿条件行使权利，申请恢复执行。客观上表现为债务人是重整计划的执行主体，管理人不可能对企业微观管理进行监督的情况下，对重整计划的监督，只是通过接受报告的形式进行事后评价，不能事前主动监督。监督也更加侧重于每期债权清偿方案能否实现，不能有效防止债务人或投资人为了利益最大化，选择性报告重整计划执行情况和财务状况。

（二）企业原有架构变动

《企业破产法》第九十三条第一款未明确规定，经人民法院裁定批准的重整计划对股东有约束力，该规定的缘由显然是重整计划并非都含有股权调整方案。《企业破产法》第九十三条第一款也未排除重整计划尤其是股权调整方案对股东的效力。但因重整方案股权让渡等原因，重整投资人为其自身利益考虑，新设立的股东会、董事会可能会损害债权人等利益相关者的利益。管理人迫于债权人的压力，避免管理人责任风险，会介入债务人公司治理和债务人公司经营决策。实务中出现公章不移交、决策程序最后由管理人审批等现象。譬如在上海未来伙伴机器人有限公司破产重整案[参见(2020)沪0104破4号]中，法院基于债务人公司持续经营发展的角度考虑，并未对权利负担的股权作出调整，显然系债权人、出资人、投资人等各方博弈的结果。

（三）重整计划执行过程中出现新的债权或债务

重整计划执行过程中，债务人可能因为经营需要而产生新的债权或债务，例如与供应商、客户、员工等进行新的交易或合同而需要支付款项。重整计划执行过程中出现新的债权或债务,会导致重整计划执行的复杂性和不确定性增加,影响原有债权人和新债权人之间的平衡和协调,甚至可能导致重整计划出现漏洞或缺陷。譬如,重整计划执行期间新发生的债务是否属于共益债务?目前尚缺乏明确的规定。相关案例可以参考浙江多乐佳实业有限公司破产重整案 [参见(2020)浙 10 民终 1604 号]、山东天宏新能源化工有限公司破产重整案 [参见(2020)鲁 1625 民初 2768 号]。

(四)发生不可预料的事件

重整计划执行过程中,尤其是能源、地产企业可能在重整计划执行过程中涉及刑民交叉案件,导致监督中断。譬如,在邹城三利集团有限公司等十八家公司合并破产清算案中,邹平法院批准了邹平长城能源公司与关联方合并重整计划,引入了投资人。按合并重整计划,投资人预计在 18 个月内分期支付清偿款。但由于债务人相关的自然人因合同诈骗刑事案件,22 家企业股权无法解除查封,投资人拒绝支付偿债资金,导致重整计划执行与监督受阻。如宁波市唐鹰服饰有限公司破产重整案中,该重整计划中安排要"根据用地性质审批手续实际进展情况,一旦用地性质审批手续办妥,将由市政府对服装公司土地进行回购。"但由于重整企业主要资产系违法用地、违章建筑,一旦政府未能回购土地,可能会导致重整计划的清偿安排无法落实,更遑论对重整计划执行的监督。

(五)债务人或投资人不执行重整计划

对债权人而言,除了关注重整计划草案能否表决通过外,债权人往往更为关心被人民法院裁定批准的重整计划如何执行、重整计划无法执行时的处理问题。而在破产实务案件中可能出现债务人原出资人不执行重整计划、重整投资人不执行重整计划的情况,现行的法律法规及司法解释并无规定。从司法实践角度分析,人民法院也普遍认为重整计划不具有可诉性。譬如阳光半岛公司破产重整案。当然,对于原出资人不执行重整计划的,也有法院采用创新性的解决方案完成债转股步骤,可以作为破产实务层面的借鉴。譬如,南望信息产业集团有限公司重整案件中,重整计划经批准之后,在规定期限内共有 32 名普通债权人选择了债转股。但在重整计划执行过程中,因南望集团原出资人不配合办理股东变更工商登记,法院根据管理人的申请,裁定直接将南望集团的股东由原出资人变更为选择债转股的32 名债权人,并确认了其相应的持股比例。参看相关判例,在湖北建浩科技有限公司破产重整案、德科码公司破产重整案、南京福地房地产开发有限公司破产重整案中,均以人民法院终止重整计划、宣告债务人破产并进入清算的方式予以处理。

案例索引：

（2018）粤 06 破 16 号

（2022）最高法执监 121 号

（2020）沪 0104 破 4 号

（2020）浙 10 民终 1604 号

（2020）鲁 1625 民初 2768 号

第十一章

和解程序

117. 法院受理重整申请后是否可以申请转为和解?

阅读提示:《企业破产法》在分则中分别规定了破产清算、重整与和解三种制度,破产清算作为企业退出市场的传统法律机制,较为公众所熟悉。《企业破产法》第七十条第二款规定,人民法院受理破产清算申请后、宣告债务人破产前,可以向人民法院申请重整。第九十五条规定,债务人可在人民法院受理破产申请后、宣告债务人破产前,向人民法院申请和解。前述两个条规规定了清算与重整,以及清算与和解之间的转换,那么法院受理重整后能否转为和解呢?

答:法院受理重整的申请后、宣告破产前,可以申请转为和解。

理由与依据:

(一)《企业破产法》为重整转和解提供了足够的制度供给,程序上具备由重整转为和解的可行性

首先,根据《企业破产法》第九十五条的规定,债务人可以直接向法院提出破产和解的申请,也可以在"受理破产申请后、宣告破产前"向法院提出。《企业破产法》第七十条第二款规定:"债权人申请对债务人进行破产清算的,在人民法院受理破产申请后、宣告债务人破产前,债务人或者出资额占债务人注册资本十分之一以上的出资人,可以向人民法院申请重整。"从两个条文的表述中可以看出,针对"转重整"以及"转和解"申请权上的规定,只有在"转重整"的申请权上才明确规定了受理破产清算后,但和解并未有相应明确的限制,仅仅表述为"破产受理后"。从文义解释的角度看,"破产受理后"包括破产清算申请受理后、和解申请受理后、重整申请受理后。这意味着,对于已经进入包括重整在内的破产程序的债务人企业提出破产和解的时间为"受理破产申请后、宣告破产前",并未就从何种程序转换而来进行限制。因此重整申请受理后、宣告破产前,债务人可申请转和解。其次,就程序转换的时间而言,针对处于破产重整程序受理初期或者重整计划草案已被批准但难以落地执行的该部分债务人企业,距离"破产程序终结"这一终结点通常还存在较长的时间间隔,申请人有足够的时间能够提起和解申请。即使是针对具备宣破条件的重整企业,根据《企业破产法》第八十八条的规定:"重整计划草案未获得通过且未依照本法第八十七条的规定获得批准,或者已通过的重整计划未获得批准的,人民法院应当裁定终止重整程序,并宣告债务人破产。"按照文义解释,在未被"强裁或者通过后批准"与"宣告债务人破产"之间存在时间差,理论上存在债务人申请破产重整转换破产和解程序的可能。最后,就程序转换的成本而言,《企业破产法》设置的重整制度与和解制度都是为了挽救陷入债务危机的企业,但重整程序的成本往往很高。但即使是在调动多方资源之后,仍可能面临陷入僵局或者重整失败的不利后果。反观之,若能在重整程序推进困难或者严重迟滞的时刻,推动重整程序向和解程序的转换,不仅可以避免重整程序的无效消耗成本,还可以降低对企业经营、管理的冲击,有利于实现债务人企业的持续经营,也更有助于保护债权人之利益。

（二）在司法实践中部分地区已经明确出具业务指引,明确规定在一定条件下可申请由重整转为和解

《郑州市破产管理人业务操作指引（试行）》第一百零九条规定:"若债务人已向人民法院提出重整申请,且管理人的投资人招募工作已经完成,债务人又提出和解请求的,管理人不予认可。若债务人向人民法院提出重整申请,但重整陷入僵局时,债务人提出《和解方案》,且该方案优于重整条件下对债权人的利益保护且具有可行性时,管理人可申请人民法院裁定由重整程序转换为和解程序。"

案例索引:

(2016)赣 08 破 1 号

(2018)湘 0111 破 1 号

（2019）鄂 0112 破 8 号

（2022）川 0107 破 18 号

（2023）京 01 破 5 号

118. 法院受理和解申请后，能否申请转为重整？

阅读提示：前文中探讨了重整程序转为和解程序的可能性，反之，如在法院受理和解申请后，相关权利主体是否可以申请转为重整呢？

答：法院受理破产和解申请后，和解协议提交债权人会议表决前，对于具有再生希望和价值的债务人，债务人或债权人可以申请转为重整程序。

理由与依据：

法律并未禁止由破产和解转为重整，根据"法无禁止即自由"的私法原则，私法领域，只要行为人不侵犯他人的权利，就应当拥有充分的自由；法无禁止即自由是意思自治的具体化命题，法律需要满足特定条件才能为私人自治提供最大的空间。《企业破产法》在程序及实体上均存在公法和私法相糅合之情况，受到这一私法原则的约束，在破产程序中允许由和解程序向重整程序进行的转化，既是对债权人和债务人权利的尊重，更是对私法自治原则的尊重。和解转为重整符合拯救债务人的立法追求。虽都为破产预防制度，但重整重在拯救，和解重在清偿。在和解程序中，债权人最关心的是自己的债权如何得到有效清偿而非债务人的生死存亡。在破产法越来越转为"社会本位"的今天，和解向重整的转换符合了破产法的再生主义理念。

重整是较和解更为高级的再生手段，和解转为重整后具有成功拯救债务人的可能性。在重整程序中，不仅担保债权的优先受偿权被限以满足债务人日常经营之需，且在法定条件下，法院可以强制批准重整计划以推动程序顺利推进。对于有再建希望的债务人，即使和解失败，也存在重整成功的可能。申言之，虽破产重整、和解均为破产预防制度，但二者效力差异巨大，在第三人对破产制度不甚了解的情况下，提起的程序也不一定最利于债务人的挽救，立法允许和解向重整的转化可以起到更佳的拯救效果，将破产当事人和社会整体的利益最大化。禁止和解向重整程序的转换不利于和解功能的发挥，根据《企业破产法》的相关规定，债务人选择和解程序只存在成功和宣告破产两种结果。若不是对和解成功十拿九稳,债务人会更倾向于选择能有效恢复债务人经营能力的重整制度,大大降低了和解制度的适用率。若和解失败后仍存在向重整转化的可能,能提升债务人申请和解程序的信心和可能。

119. 重整程序与和解程序有什么区别?

阅读提示:重整制度与和解制度是现行破产法的三大基石之二,有别于破产清算所确立的债务人退出市场的制度,重整和和解则是确立了挽救债务人、促使债务人继续存续的制度。破产重整与和解之间存在诸多相似之处,同样作为债务人挽救的程序,债务人或利害关系人在企业面临困境时,该如何选择更加有利于自身的程序获得司法救助? 在回答这一问题之前,就必须厘清破产重整与和解之间的区别,然后根据企业的具体情况选择更加适合的程序。

答:虽然和解和重整程序均是以债务人企业存续为内在特征的拯救手段,但重整程序作为更加高级和复杂的挽救方式,从程序的启动到程序的终结,均与和解之间具有明确的不同之处,包括申请主体不同、需要具备的破产原因不同、有财产担保的债权人地位不同、表决规则不同、法院行使裁决权不同、管理人监督权限不同。

理由与依据:

(一)申请主体不同

和解是破产法赋予债务人主动争取债权人谅解的挽救手段,《企业破产法》第二条第一款规定:"企业法人不能清偿到期债务,并且资产不足以清偿全部债务或者明显缺乏清偿能力的,依照本法规定清理债务。"第九十五条第一款规定:"债务人可以依照本法规定,直接向人民法院申请和解;也可以在人民法院受理破产申请后、宣告债务人破产前,向人民法院申请和解。"根据这两个条款的规定,只有债务人具有申请和解的权利。而重整程序则不仅仅是债务人主动争取债权谅解的程序,更是债权人与债权人、债权人与债务人、债权人与股东及投资人之间的博弈,因此申请人的范围比和解要宽得多,《企业破产法》第七十条规定:"债务人或者债权人可以依照本法规定,直接向人民法院申请对债务人进行重整。债权人申请对债务人进行破产清算的,在人民法院受理破产申请后、宣告债务人破产前,债务人或者出资额占债务人注册资本十分之一以上的出资人,可以向人民法院申请重整。"根据该条的规定,债务人、债权人、出资额占债务人注册资本十分之一以上的出资人都可以提出重整申请。

(二)需要具备的破产原因不同

根据《企业破产法》第二条之规定,债务人和解需要具备的破产原因为以下两种原因中的任意一种:(1)不能清偿到期债务,且资产不足以清偿全部债务;(2)不能清偿到期债务,且明显缺乏清偿能力。债务人重整具备的破产原因则要比和解多一种,即有明显丧失清偿能力可能。

(三)有财产担保的债权人的地位不同

《企业破产法》第九十六条第二款规定:"对债务人的特定财产享有担保权的权利人,自人民法院裁定和解之日起可以行使权利。"第七十五条第一款规定:"在重整期间,对债务人的特定财产享有的担保权暂停行使。但是,担保物有损坏或者价值明显减少的可能,足以危害担保权人权利的,担保权人可以向人民法院请求恢复行使担保权。"根据这两个条款的规定,和解程序中保留了民法上"物权优于债权"的原则,对债务人特定财产享有担保物权的债权人自法院裁定和解之日起可以行使权利。但是在重整程序中,重整期间内对债务人特定财产享有的担保物权暂停行使。

(四)方案表决规则不同

《企业破产法》第八十二条规定:"下列各类债权的债权人参加讨论重整计划草案的债权人会议,依照下列债权分类,分组对重整计划草案进行表决:(一)对债务人的特定财产享有担保权的债权;(二)债务人所欠职工的工资和医疗、伤残补助、抚恤费用,所欠的应当划入职工个人账户的基本养老保险、基本医疗保险费用,以及法律、行政法规规定应当支付给职工的补偿金;(三)债务人所欠税款;(四)普通债权。人民法院在必要时可以决定在普通债权组中设小额债权组对重整计划草案进行表决。"第八十五条第二款规定:"重整计划草案涉及出资人权益调整事项的,应当设出资人组,对该事项进行表决。"因此,重整计划草案由包括有财产担保的债权人在内的各类债权人分组表决,一般包括有财产担保债权组、职工债权组、税款债权组、普通债权组,必要时可在普通债权组中设立小额债权组,涉及出资人权益调整和处分,还必须设出资人表决组,由出资人对重整计划草案行使表决权。如果有其他类型的优先权,例如建设工程价款有限受偿权、拆迁安置类债权等,还可根据债权性质单独设立表决组。《企业破产法》第八十四条第二款规定:"出席会议的同一表决组的债权人过半数同意重整计划草案,并且其所代表的债权额占该组债权总额的三分之二以上的,即为该组通过重整计划草案。"据此,重整计划需由每个表决组表决通过,每个表决组内出席会议的债权人过半数同意,且其所代表的债权额占该组债权总额的三分之二以上的,才视为该组通过重整计划草案。若重整计划第一次表决未通过,未通过表决的组别可进行二次表决。《企业破产法》第九十七条规定:"债权人会议通过和解协议的决议,由出席会议的有表决权的债权人过半数同意,并且其所代表的债权额占无财产担保债权总额的三分之二以上。"因此,和解协议草案由无财产担保的债权人(即和解债权人)在债权人会议上表决,和解协议表决通过需由出席会议的有表决权的债权人过半数同意,并且其所代表的债权额占无财产担保债权总额的三分之二以上。和解中没有二次表决的相关规定。

（五）法院行使裁决权不同

《企业破产法》第八十七条第二款规定:"未通过重整计划草案的表决组拒绝再次表决或者再次表决仍未通过重整计划草案,但重整计划草案符合下列条件的,债务人或者管理人可以申请人民法院批准重整计划草案……"第九十九条规定:"和解协议草案经债权人会议表决未获得通过,或者已经债权人会议通过的和解协议未获得人民法院认可的,人民法院应当裁定终止和解程序,并宣告债务人破产。"据此,和解协议草案未经债权人会议表决通过,法院无权裁定认可;但重整计划草案经表决未通过的,如果符合法定的条件,法院可以强制裁决予以批准。

（六）管理人监督权限不同

《企业破产法》第九十条第一款规定:"自人民法院裁定批准重整计划之日起,在重整计划规定的监督期内,由管理人监督重整计划的执行。"重整计划被法院裁定批准后,在重整计划执行期间,管理人需要监督重整计划的执行。但是《企业破产法》并未规定管理人对法院裁定批准的和解协议的执行进行监督。

120. 和解程序中有财产担保的债权人如何行使权利? 有哪些限制?

阅读提示:《企业破产法》第九十六条第二款规定:"对债务人的特定财产享有担保权的权利人,自人民法院裁定和解之日起可以行使权利。"根据该条之规定,有财产担保的债权人自和解程序开始就可以行使权利,那么担保债权人该如何行使权利,在实行权利的过程中是否存在一定的限制呢?

答:有财产担保的债权人自和解程序开始之时便有权要求行使权利,但仍需要先向管理人申报债权,其申报的债权经管理人审核确认、债权人会议核查、法院裁定认可,成为被法院裁定认可的无异议债权后才能要求实现担保物权,即处置担保物,并就担保物的变价款在法院裁定确认的范围内优先受偿,但如果担保物不具备单独处置的条件或单独处置会使其他债务人财产贬值,则需等待其他债务人财产具备处置条件时一并处置,之后才能就担保物对应的变价款优先受偿。

理由与依据:

债权人有权自和解程序开始时要求实现担保债权,但需要经过必要的程序。根据《企业破产法》第九十六条之规定,有财产担保的债权人自和解程序开始便可主张实现有财产担保的债权。但债务人毕竟处于破产程序中,因此有财产担保的债权人并不能按照正常企业的权利行使方式来实现担保债权。仍然需要经过债权申报、债权审查、债权人会议核查以及法院裁定无异议债权之后,才能主张处置担保物用于实现有财产担保的债权。虽然有财产担保的债权人可以无须等待债权人会议通过和解协议之后再申请处置担保物,但是根据《全国法院破产审判工作会议纪要》第二十五条之规定,因单独处置担保财产会降低其他破产财产的价值而应整体处置的,则有财产担保的债权人的权利实现将会受到限制,无法单独提前处置担保物,需在债权人会议通过和解协议或者财产变价方案后,按照债权人通过的议案整体处置相关财产后才能实现担保债权。

即便担保物可以独立处置,且不影响其他债务人财产的价值,在实现担保债权的过程中,对于担保物的处置仍然具有一定的限制。根据现行的破产法,担保物仍然属于债务人的财产。对于债务人财产的变价出售,根据《企业破产法》第一百一十一条、一百一十二条的规定,除债权人会议另有决议外,应当通过拍卖的方式出售需要变价的财产。如担保财产的评估价值或预估出售价不会超出担保债权人就担保物享有的优先受偿的金额,则其他债权人不具有对该担保物的变价款受偿的可能性。换言之,该担保物的处置完全不会影响其他债权人的利益,则该担保物的变价处置方式可由担保权人和管理人(或债务人)进行协商,除拍卖外,也可通过以物抵债的方式进行处置。但是对于抵债价格的确定,管理人应当严格把控,应当以不损害其他债权人为基本准则,应避免抵债价格过低,致使其他债权人的权益遭受损失。但如果担保财产的评估价值或预估出售价超出担保债权人就担保物享有的优先受偿的金额,则除该担保债权人外,其他债权人也可能就该担保物的变价款受偿,在此种情况下,该担保物的处置应当按照债权人会议表决通过(或法院裁定认可)的变价方案进行变价处置。

121. 和解协议中常用的债权清偿方式有哪几种?

阅读提示:《企业破产法》中并未对和解协议的内容作出规定。目前在各地高院颁发的破产案件审理规程中对和解协议草案的内容多有规定,主要包括:债务人的财产状况、债务清偿的比例和期限、破产费用与共益债务的种类、数额与支付期限等内容。其中债务清偿的比例和期限实际就是针对债权清偿方式的规定,只不过这只是清偿方式的一种,即债务豁免以及债务展期。除此之外,和解协议中是否可以规定其他的偿债方式呢?

答:和解协议中常用的偿债方式主要包括现金清偿、以物抵债、信托受益权清偿,以及混合型清偿。但和解协议并不能适用债转股这种重整中常用的偿债方式。

理由与依据:

和解程序中债权人一般都会放弃债务人破产清算中可获得的短期利益,而选择让债务人继续存续,以此获得和解协议执行期间的长期利益。因此以债务人继续存续为前提的多种偿债方式均可在和解程序中适用。包括以下几种清偿方式:

(一)现金清偿

债务人以现有的或将来可获得的现金对债权人进行清偿,该种清偿方式往往还伴随着债务减免以及债务展期。通常来说,债务人进入破产程序,一般意味着债务人陷入经营困境,很难在债务期限届满之前偿还全部债务,因此在和解中,债权人为能够使债务人继续存续,能在未来的一段时间内持续保持盈利能力,就必然要对债务人作出让步,或者减免部分债务后一次性清偿,或者不减免债务,但可延长还款期限,甚至分期付款,或者在减免债务的同时,对剩余债务进行展期或分期。通常来说,对于资金需求迫切的自然人债权人,一般更倾向于减免部分债务后一次性清偿,但对于金融机构而言,一般不愿直接减免债务,对于分期付款或债务展期的接受度更高。因此,根据债权人的具体需求,设置差异化清偿方案供债权人自主选择。

（二）以物抵债

债务人现金流短缺的情况下，如部分资产难以变现且不属于未来经营所必需的资产，或者属于低效资产时，可将资产以双方均能接受的价格以物抵债给债权人。对于债务人而言，进入破产程序，不仅仅是一次外在的债权、债务的清理的机会，更是一次内在的产业整合和剥离的黄金时机。对于一些运营维护成本明显高于产出的确需处置的资产可以优先考虑是否能够以物抵债，不仅可以避免多次未能成功处置所造成的持续降低的局面，还能有效减少交易过程中的各种费用。同时以物抵债在降低企业资产负债率的同时无需投入新的资金，没有即时资金压力，有利于企业运营。对于债权人而言，其清偿率可以得到一定保障。

（三）信托受益权清偿

自渤钢集团重整案首次将信托这一金融工具引入债权清偿体系之中以来，利用信托计划搭建债务清偿通道已成为重整实践中备受关注的重点探索领域。实际上，除在重整案件中可引入信托外，和解案件中一样为信托的引入留有余地。在债务人存续的情况下，在重整案件中引入信托与在和解案件中引入信托并无不同。依据《信托法》的规定，信托是委托人基于对受托人的信任，将其财产权委托给受托人，由受托人以自己的名义为受益人的利益或特定目的进行管理和处分的行为。通过信托受益权分配清偿债权的基本路径为重整企业以其全部或部分财产设立自益型财产权信托计划，并将由此取得的信托受益权向债权人分配，以抵偿债务。由此可见，信托受益权分配的本质仍为以物抵债。但相较于传统的债权清偿方式，信托作为一种成熟的金融工具，其严格的监管要求使其更加规范化、流程化、体系化，能够简化债权清偿程序，提高清偿效率。信托受益权分配完成后，债权人获得信托受益权。作为一种理财工具，信托受益权所带来的收益取决于信托财产的管理与处置情况。信托财产一般由专业机构根据资产的实际情况选择最佳方式进行管理与处置，从而有利于实现破产财产的价值最大化。在债权清偿体系中引入信托作为工具时需要关注的核心要点包括信托财产的选择与剥离以及底层资产的处置变现。就信托财产的选择与剥离而言，一方面，通常选择具有一定价值但属于企业非主营业务板块的资产作为信托财产，以实现资产处置、债权清偿、债务人企业经营维持与债权人利益保障的平衡；另一方面，在信托计划框架下，信托财产需要转让给信托机构，因此需提前考虑财产实际剥离的可行性与可操作性。就底层资产的处置变现而言，由受益人大会，即全体通过获得信托受益权受偿的债权人掌握最终决定权的同时，由信托公司等专业机构具体判断处置变现的时机与方式。

（四）混合型清偿

所谓混合型偿债,即上述三种偿债方式的自由组合。随着破产案件办理得越来越精细化,和解协议中关于债权清偿的约定也在逐步地向"私人定制"的趋势发展,根据债权人的不同需求,在公平受偿的原则下,规定差异化的清偿方式,从而实现实体的公平。虽然和解案件与重整案件在债权清偿方式的使用上有诸多相同之处,但对于重整中常用的债转股,在和解案件中并不适用。本文所说的债转股是指用破产企业自身股权(而非破产企业持有的子公司的股权,以子公司的股权偿债本质上属于以物抵债)按照一定的规则转让给债权人用于偿债。对于和解案件而言,和解协议的表决不需要分组,不设立出资人,不涉及出资人权益调整,因此也就不具备适用债转股的条件。

122. 和解程序中能否引入投资人？和解协议中能否进行出资人权益调整？

阅读提示:如债务人企业仅靠债权人的让步仍然不具备继续经营的能力,为挽救债务人,保证债务人有能力继续经营,则需考虑借助第三方的资金、产业等资源实现债务人的涅槃重生。在重整案件中,引入投资人的方式一般有两种,即引入共益债投资人和引入股权投资人。这两类投资人在和解程序中是否可以引入？如引入股权投资人,是否能在和解协议中规定出资人权益调整的事宜？

答:和解程序中可以引入投资人,但投资人可以共益债投资人的方式进入。如投资人需要通过股权投资的方式进入,可在和解协议未禁止的情况下,与债务人股东自行协商股权转让事宜,不宜约定在和解协议中。

理由与依据:

一方面,从破产法的体系上看,共益债务规定在《企业破产法》的第五章,属于对破产程序的一般规定,在无相反规定或禁止性规定的情况下,应当适用于重整、和解和破产清算程序。具体而言,《企业破产法》第四十二条第四款规定:"人民法院受理破产申请后发生的下列债务,为共益债务:(四)为债务人继续营业而应支付的劳动报酬和社会保险费用以及由此产生的其他债务……"《破产法司法解释三》第二条第一款规定:"破产申请受理后,经债权人会议决议通过,或者第一次债权人会议召开前经人民法院许可,管理人或者自行管理的债务人可以为债务人继续营业而借款。提供借款的债权人主张参照企业破产法第四十二条第四项的规定优先于普通破产债权清偿的,人民法院应予支持,但其主张优先于此前已就债务人特定财产享有担保的债权清偿的,人民法院不予支持。"虽然上述两个条文中未明确规定法院受理和解申请后可引入共益债务,但是这两个条款中所用的都是法院受理"破产申请",这里的破产申请当然应当包括和解申请。因此,根据前述两个条款的规定,在法院受理企业的和解申请后,债务人可引入共益债务用于企业的经营。另一方面,虽然对于和解程序中的债权融资尚无法律明确规定,但既然重整程序中借款融资视为共益债,和解程序作为与重整程序并行的挽救程序,和解程序中的借款融资应类推视为共益债。况且和解中债务人融资的目的是挽救公司使其获得持续经营能力,结果也最终有利于债权人、债务人、员工等各主体的共同利益,即系为维护全体权利人和破产财产利益而发生,因此将其定性为破产上的共益债务并无不妥。

如引入的投资人拟获得债务人企业的股权,可与股东协商后自行办理股权转让事宜,不宜规定在和解协议中。首先,《企业破产法》在体例方面,是先规定破产法的原则和一般规定,然后再规定重整、和解和破产清算三个子程序。三个子程序之前的一般规定在子程序中可以适用,但三个子程序的特殊规定不当然通用。《企业破产法》仅在第八章重整章节中规定了出资人权益调整制度,在第九章和解中并未做出相应规定。因此,出资人权益调整制度不能当然地在和解制度中进行套用,且权益受到调整的出资人未参与表决或者未形成法律认可具有强制力的表决结果,债权人会议通过的和解协议对反对的出资人不具有约束力。其次,和解制度作为一种债务人挽救程序,不应对参与各方的可使用的重组工具进行限制。从立法技术考量,如果为和解制度增加出资人权益调整制度、担保物权暂停制度,这样的和解制度与重整制度几乎没有区别,在这种情况下,和解制度完全可以被重整制度所替代,或者替代重整制度,则重整与和解制度在破产法中同时存在,这就明显属于制度的重复规定了。因此,在现行破产法还未修订之前,不应擅自打破和解和重整制度有区别的独立存在这一局面。应当尊重现行法规对这两种制度作出的不同规定。对于和解程序而言,由于未设立出资人权益调整制度,债务人的出资人的权益在和解程序中不能作出调整,在和解程序中原则上不能引入股权投资人,和解协议也不能就出资权益调整作出相应的规定。否则就是明显地违反法定程序,也是对出资人不公,因为出资人无法对出资人权益调整方案进行表决。

案例索引：

（2018）京 01 破 9 号

123. 和解协议能否针对每一笔债权约定不同的清偿标准？

阅读提示：相较于重整程序和破产清算程序，和解程序更加注重债权人与债务人之间的意思自治，对于双方之间的债权债务的处理，具有更高的自主性，那么债权人与债务人就债权清偿的意思自治是否不受破产法确立的公平受偿这一基本原则的约束？ 换言之，在和解协议中是否能够针对每一笔债权约定不同的清偿标准呢？

答：破产和解程序中，原则上对同类债权应设定同等的清偿条件，否则将违反破产程序公平对待同类债权的规范要求，若个别债权人自愿放弃部分或全部权利的，需保留充足的证据证明其受到不公平对待系自愿接受。如根据《企业破产法》第一百零五条的规定进行的和解中，债权人让步的具体内容可以根据债务人与各个债权人谈判的结果而有不同，可分别对不同的债权设置不同的清偿条件。

理由与依据：

破产和解中，和解协议对债权的清偿应当以同类债权公平清偿为原则，个别债权人自愿放弃利益的，在保留足够证据证明其自愿放弃的前提下可对放弃权益的债权作出例外的规定。理由如下：

第一，《企业破产法》第一条规定："为规范企业破产程序，公平清理债权债务，保护债权人和债务人的合法权益，维护社会主义市场经济秩序，制定本法。"该条款作为破产法的第一条，开宗明义，将公平清偿确立为破产程序的基本原则，贯穿于整个破产程序。和解作为破产程序的子程序，当然应当在和解的各个环节秉持着公平清偿的原则清理债务人所欠的债务。因此，在和解协议中原则上应当做到不同类型的债权按照破产法确立的债权顺位进行清偿，同类债权按比例公平受偿。

第二，虽然和解程序应当遵守破产法确立的公平受偿这一基本原则，但是和解程序更多的体现债权人与债务人之间的意思自治。因此，在债务人与债权人之间就债权清偿进行磋商时,如个别债权人自愿放弃部分权利,例如优先顺位的债权自愿放弃其债权的优先性,或者对债务人拟清偿的金额以及清偿期限作出相较于同类其他债权更大的让步时,应当尊重债权人与债务人之间所达成的合意,因为在私法领域,当事人之间的意思自治只要不损害其他人的利益,原则上都应予以尊重,法律对当事人之间的合意也应作出积极的评价。具体而言,在和解协议中,如果个别债权人就债权清偿相较于其他债权人作出更大的让步,应当确认其有效。当然,从便于法院审查和管理人履职风险的角度而言,对于个别债权人作出的让步,债务人或者管理人应当留存书面证据,证明债权人的让步系自愿作出。反之,如果和解协议中约定个别债权人超出同类债权人的标准受偿(或者个别债权人低于同类债权人的标准受偿)未经过所有权益相对受损的债权人的同意,仅仅是依靠多数债权人表决同意而使得和解协议被债权人会议表决通过,实则就是多数人对少数人的暴政。

第三,司法实践中,虽然大多数法院在裁定认可和解协议时,其认可的理由仅为债权人会议表决通过,也就是未对和解协议进行实质审查,仅以是否通过债权人会议为标准进行形式审查,但也有部分法院在审查时,不仅从形式上审查债权人会议是否表决通过,还对和解协议的内容进行实质审查。当然,不同的法院,其实质审查的侧重点也略有不同。这在各地法院出台的相关规范性文件中便有所体现。例如《北京市高级人民法院企业破产案件审理规程》第二百三十七条规定:"人民法院经审查认为和解协议符合下列条件的,应当自收到管理人申请之日起三十日内裁定认可和解协议:(1)和解协议的表决程序符合企业破产法的规定;(2)不违反公平清偿原则,和解条件对于同一性质的债权平等,或者受到不平等对待的不利益者自愿接受;(3)债务人申请和解的目的正当,无破产欺诈行为。经人民法院审查发现和解协议内容违反法律、行政法规强制性规定,或损害国家、集体、第三人利益、公共利益的,不应予以认可。"《陕西省高级人民法院破产案件审理规程(试行)》第二百条规定:"人民法院对债权人会议通过的和解协议应当进行程序及内容是否合法的审查。"《深圳市中级人民法院破产案件审理规程》第六十二条规定:"债权人会议通过和解协议后,合议庭应对下列内容进行审查:(一)债权人会议表决程序合法;(二)和解协议不违反法定的债权清偿顺序;(三)同类债权得到公平对待;(四)反对和解协议的债权人权益没有受到侵害;(五)和解协议内容不存在欺诈或违反法律法规禁止性规定;(六)和解协议的执行期限合理、执行保障到位;(七)人民法院认为应当审查的其他内容。审查认为和解协议符合法律和前款规定的,合议庭应裁定认可和解协议、终止和解程序,并予以公告。"总的来看,对和解协议进行实质审查的法院,一般都会审查和解协议是否违反公平原则,特别是法院对低于同类债权清偿标准的债权人,或者反对和解协议的债权人的关注,更加体现了法院对和解程序贯彻公平原则的审慎态度。简而言之,在破产和解中,原则上应当实现同类债权同等受偿,个别债权人更大的让步应当基于自愿,而非多数人对其的强制。

由于破产和解受到公平受偿这一基本原则的限制,而具有和解意愿的债权人可能各自能够接受的让步又各不相同,因此破产法为债务人的挽救提供了除破产和解以外的挽救方式,即《企业破产法》第一百零五条的规定。《企业破产法》第一百零五条规定:"人民法院受理破产申请后,债务人与全体债权人就债权债务的处理自行达成协议的,可以请求人民法院裁定认可,并终结破产程序。"对于此条文所创设的制度,有学者称之为民事和解,当然也有学者不认可这一称谓,对于这一制度的称谓本书暂不做探讨。但是这一条文所确立的制度很明显不同于《企业破产法》第九章其他条文确立的破产和解制度。《企业破产法》第九章除第一百零五条之外的其他条文所确立的破产和解中,和解协议需由债权人会议表决通过后,才能申请法院裁定认可,且在法院裁定认可后,对于破产程序是"终止"。而《企业破产法》第一百零五条规定全体债权人与债务人达成协议后,直接请求法院裁定认可,对于破产程序则是"终结"。从对和解协议的认可程序和对破产程序的处置来看,第一百零五条所确立的和解制度与第九章其他条文所确立的破产和解制度完全是两个不同的制度。由于第一百零五条规定的和解中,债权人与债务人就债权债务处理达成协议不需要债权人会议的表决,因此可以看出,这里的和解是每一个债权人单独与债务人之间的和解,这种和解属于民事主体之间的和解,不再受破产法的约束,也就不再受同类债权公平受偿这一原则的约束。因此,如果债务人与每一个债权人就各自的债权清偿单独形成合意,则可依据《企业破产法》第一百零五条的规定实现债务人与全体债权人的逐一和解,在此种情况下,只要每一位债权人与债务人之间的协议系双方自愿达成,则完全可以根据每一位债权人的意愿,约定不同的清偿标准。

案例索引:

(2020)沪 03 破 179 号之一

(2017)鄂 28 破 7-5 号

(2015)铜法民破字第 00001-1 号

(2019)苏 0281 破 13 号

124. 和解协议执行过程中，管理人需要履行哪些职责？

阅读提示：根据《企业破产法》第九十八条的规定，债权人会议通过和解协议的，由人民法院裁定认可，终止和解程序，并予以公告。管理人应当向债务人移交财产和营业事务，并向人民法院提交执行职务的报告。根据这一条的规定，是否意味着和解协议执行的过程中，管理人只需移交财产和营业事务，并提交执行职务的报告后即可终止履行管理人职务，剩余事项交由债务人自行完成呢？

答：在和解协议被法院裁定认可，并终止和解程序后，管理人应当履行以下几项职责：第一，在债务人具备管理财产和营业事务的能力前继续管理债务人财产和营业事务。第二，在债务人具备管理财产和营业事务的能力后尽快移交财产和营业事务，并提交执行职务的报告。第三，债务人因和解协议被裁定无效而被宣告破产后，或者因不能执行或者不执行和解协议而被宣告破产后，继续完成破产清算的后续事宜。第四，和解协议规定的其他职责，例如有些和解协议中约定债务人需将偿债资金打入管理人账户，由管理人进行清偿，或者有些和解协议会明确约定管理人负责监督和解协议的执行。如和解协议中有相关的约定，管理人应按照该约定履行相应的职责。

理由与依据：

虽然《企业破产法》第九十八条仅规定管理人只需在和解程序终止后向债务人移交财产和营业事务即可，但在具体的实践中，并非所有的和解债务人在和解协议刚开始执行时就具备独立执行和解协议的能力。虽然破产制度在我国确立多年，但实际上仍有大量的债务人以及债权人对破产制度不甚了解，甚至部分企业可以说对破产十分排斥，在企业刚刚陷入债务危机之时，不愿意通过破产程序进行挽救，等最终迫不得已进入破产程序后，企业早已错过了挽救的最佳时机。因此，在实践中可以看见大量进入破产程序的企业早已停工停产多年，即便最终在债务人和管理人以及法院的努力下，债务人与债权人达成了和解，和解协议被债权人会议表决通过后也被法院裁定认可，但这个时候债务人可能就只剩股东或者法定代表人，企业内部没有必要的经营管理团队，此时债务人就连管资产都十分困难，更不用说独立开展营业事务。此时，如机械地按照《企业破产法》第九十八条的规定,直接将财产和营业事务向债务人移交,和解协议很有可能难以执行,最终导致债务人被宣告破产,走向破产清算的结局,这将使得之前为和解所作出的努力全部付诸东流,债权人对和解成功后所能获得长期利益的期许也将落空,也使得破产程序实质上变得更加冗长,既耽误债权人权利的实现,也浪费了大量的司法资源。因此,在债务人不具备管理财产和营业事务的能力之前,管理人应当继续管理债务人财产和营业事务,并协助债务人尽快恢复管理能力和经营能力,例如协助债务人股东选举董事会、监事会成员,完善公司治理体系;协助债务人建立必要的人事制度、财务制度等。

在债务人具备经营管理能力后,应当依法及时将管理人所接管的财产和营业事务移交给债务人,并向法院提交执行职务的报告。破产法之所以规定在和解程序刚刚开始时,管理人需要接管并管理债务人财产和营业事务,主要原因有两点:一是债务人的经营导致企业破产,企业的所有事务原则上应当由债权人作出决议,二是债权人集体决策的缺失和可能出现不理智,毕竟在债权人会议未召开之前,无法就营业事务和财产的管理形成决议,再加上大多数债权人仅仅关心自己的权益如何实现,对于债务人营业事务和财产的管理很有可能作出不理智的决策。但在债务人与债权人之间达成和解协议后,说明债务人取得了债权人的信任,管理人应当及时将接管的财产和营业事务交由债务人,由其按照和解协议的约定自行处理。

和解协议被法院裁定认可后,并不意味着债务人就可以高枕无忧,可以避免被破产清算。如果和解协议出现《企业破产法》第一百零三条的情形,即因债务人的欺诈或者其他违法行为而成立的和解协议,管理人应当主动向法院申请确认和解协议无效。如法院裁定和解无效,并宣告债务人破产,管理人应当履行破产清算的相关职责,包括制定破产财产变价方案、破产财产分配方案、按照债权人会议表决通过或法院裁定的方案进行财产变价和分配工作、注销债务人等。或者,虽然和解协议有效,但是在和解协议执行的过程中,债务人出现不能执行或不执行的情形,管理人应当告知并指导债权人申请法院裁定终止和解协议的执行,并宣告债务人破产。在债务人被宣告破产后履行破产清算的相关职责。

除上述法定的职责外,如和解协议中约定其他事项需要管理人完成,则管理人还应按照和解协议的约定完成相关事项。在司法实践中,常见的其他非法定事项有两种:一是按照约定由管理人进行偿债资金的分配;二是约定由管理人监督和解协议的执行。这两个事项虽然不是管理人的法定职责,但被部分和解案件写入和解协议中具有其合理性。对于约定由管理人负责偿债资金的分配,债务人需要兑付的偿债资金往往金额比较巨大,由管理人负责偿债资金的分配更能获得债权人的信任。另外,在和解协议执行的过程中,债务人可能因为新生诉讼被法院冻结银行账户,而管理人账户则不会面临被冻结的风险,因此通过管理人账户进行偿债资金的分配更加安全。对于约定由管理人负责和解协议执行过程中的监督,虽然破产法未规定和解协议执行过程中的监督制度,从应然层面上看,《企业破产法》第九十八条规定:"债权人会议通过和解协议的,由人民法院裁定认可,终止和解程序,并予以公告。管理人应当向债务人移交财产和营业事务,并向人民法院提交执行职务的报告。"根据该条的规定,债权人会议通过和解协议,由人民法院裁定认可,终止和解程序后,管理人应当向债务人移交财产和营业事务,据此,和解协议的执行由债务人自己负责,债务人企业有权按照和解协议自主安排清偿事务,包括债权人委员会和法院均不能任意加以干涉。换言之,债务人企业之于和解协议的执行,既是"运动员",又是"裁判员"。和解协议执行交给债务人企业,一方面可以充分发挥债务人的信息优势和管理经验,有利于债务人企业再建,避免企业破产;另一方面,也不可避免地给不法债务人企业提供了转移、隐匿、私分财产、对个别债权人提前清偿等机会,进而损害多数债权人的利益。破产和解制度缺失监督机制,使得债权人丧失了进行破产和解的信心和动力。因此,必须对和解协议的执行进行监督。从实然层面上看,在很多和解案件中,和解协议的执行都会设立监督的角色,甚至部分地区的规范性文件中明确管理人应当负责和解协议执行过程中的监督。例如《郑州市破产管理人业务操作指引(试行)》第一百一十四条规定:"管理人应当监督和解协议的执行并在和解协议执行完毕后三十日内向人民法院提交监督终结报告……"因此,如和解协议中约定管理人需要对和解协议的执行进行监督,管理人应当切实履行好监督职责。

案例索引:

(2016)赣 0602 民破 2 号

125. 如何有效地对和解协议的执行进行监督?

阅读提示:同样是破产企业的再生程序,现行的《企业破产法》第八章重整中,明确规定重整计划的执行期间需要监督,但第九章和解一共十二个条文,没有一条规定和解协议执行过程中的监督,这就让人不禁产生疑问,和解协议执行的过程中是否需要监督?以及为了保障债权人利益,也为了提升破产案件的办理效率,对于和解协议的执行当然需要监督,那么究竟该如何有效地对和解协议的履行进行监督才能避免和解协议因执行不能而被终止执行呢?

答:首先,应当将监督的职责赋予管理人,一方面管理人相比于债权人更加了解债务人的实际情况,另一方面管理人作为职业从事破产案件办理的群体,掌握有更多的技能。其次,管理人在监督的过程中应当对自身有明确的定位,管理人是监督者而非企业的实际经营管理者,虽然需要深入债务人之中,但无须对所有事项进行审查、批准。做到对债务人特定人员、特定行为的监督即可。对于特定人员的监督,即监督股东、实际控制人、法定代表人、董事、监事、高级管理人员;监督特定行为包括债务人重大人事变动、债务人重大财产处分行为、其他可能对债务人经营和财产造成重大影响的行为。再次,应当建立债务人信息披露及管理人有限干预的监督方法,在要求债务人及时履行披露相关信息的义务的同时,赋予管理人进行有效干预的权利。最后,从权利义务对等的角度出发,额外赋予管理人监督的义务,也应当允许管理人获取对应的报酬,以激励管理人更好地履职。

理由与依据:

(一)应当将监督职责赋予管理人

《企业破产法》中虽规定了债务人不执行和解协议的法律后果,但未规定设置专门的和解监督机构,对于债务人是否执行和解协议的监督无明文规定,这对于和解协议的执行和维护债权人的合法权益是十分不利的。我国有必要在和解规则中明确和解协议执行监督主体。有人提出可以采取专业监督组监督模式,"由股东、债权人代表、律师、注册会计师以及其他相关专业人员组成和解监督组,作为专职的监督机构,能够对和解协议的执行进行全方位的监督"。至于监督组的产生,有观点认为"和解监督组在破产程序开始后由人民法院指定或委任",也有观点指出"监督组成员的选任,既可以由债务人在和解协议中事先列出,由法院一并审查裁定认可,也可由法院在裁定认可和解协议时与债务人、债权人会议及管理人共同协商确定"。监督组长期进驻债务人监督其生产经营管理活动以及检查有关文件。也有法官从实务出发,提出政府在和解程序协调中应发挥重要作用,可以考虑"设立由税务、金融、发改、经信等部门组成的帮扶小组,定期召开府院联席会议,识别涉困企业是否具有和解价值,参与和解协议制定、协商以及执行全程序,发挥引导者、参与者和监督者的作用"。政府部门在具体和解事项协调以及企业恢复经营中给予必要帮助自是值得提倡,但是政府直接介入破产程序中甚至充任和解监督者角色则与其公共事务管理者的职能不相符,面临合法性的质疑。我国破产法上可以作为和解协议执行监督主体的主要有人民法院、管理人、债权人、债权人会议及债权人委员会。前已述及,人民法院、债权人、债权人会议及债权人委员会对和解协议执行监督功能有限。日本《民事再生法》规定了法院可以指定监督人专门行使监督职能,监督人均由律师、注册会计师担任,而我国的管理人群体恰恰主要是律师事务所、会计师事务所等专业机构,具体的工作人员主要为律师或会计师,与日本法上监督人的资质基本一致。根据我国实际情况,不宜单独设立专门的监督人,设置新的机构不仅浪费社会资源,还会给债务人增加费用负担,同时还会产生监督人如何被监督的问题,不管是债务人直接申请和解还是受理清算后转和解,一旦破产程序启动人民法院即指定管理人,管理人是最了解债务人情况的机构,乃是最佳的监督人选,建议在破产法中规定"管理人在破产和解制度中的监督职责,要求管理人在将债务人财产和营运事务交付债务人之后,仍然负有相应的监督职责,即继续监督和解协议的执行"。从立法技术上,其实只要将"管理人的职务向后适当延长"即可实现。

(二)监督债务人有关人员

我国在《破产法》修订中,可以考虑将债务人有关人员纳入监督对象中。债务人因破产程序终结恢复经营权和财产管理权后,还是由具体的人来代理或代表从事法律行为,债务人只能被动接受后果,意即"债务人是组织,组织本身不会出现不当行为,最终还是人的过错行为",与其监督债务人不如监督具体代表或代理其从事法律行为的人,这些人员至少应包括:

1. 股东、实际控制人

作为债务人法定剩余财产受益人,其利益与债权人利益直接冲突,存在隐匿或转移债务人财产的天然动因,为防止其利用和解执行期逃避责任、侵蚀债务人财产,有必要对其以下行为施加限制:减资、转让股权、分取红利以及其他从债务人获取收入的行为。在具体的司法实践中,已经由法院明确要求规定需要监督和解协议执行过程中的股东变动,例如深圳市中级人民法院作出的《深圳市中级人民法院破产案件管理人工作规范》第七十五条规定:"裁定和解后,未经本院许可,管理人不得协助债务人股东办理股权转让手续。"

2. 法定代表人

通常法定代表人掌握债务人公章、证照并直接代表债务人从事法律行为,且其行为后果由债务人承担,在和解执行期间法定代表人实际掌控着公司行为,必须对其加以严格约束。

3. 董事、监事、高级管理人员

公司法规定董事、监事、高级管理人员对公司负有忠实勤勉义务,其不得利用职权损害债务人利益,和解协议执行期的债务人虽恢复自主经营权,但是该种能力的恢复系以负担清偿和解债权为代价的,即有条件地暂别破产宣告,一旦其不履行和解协议,最终的命运还是破产清算,所以和解执行期间的债务人与一般正常经营的企业显著不同,董事、监事、高级管理人员是公司的主要管理者,其对债务人的勤勉义务实际将内化为对债权人的勤勉义务,为防止该类主体的道德风险,应将其作为管理人监督对象。

以上三类人员是最能影响债务人财产状况的主体,可明文规定其应当接受管理人监督,至于债务人职工、债务人各级子公司人员等是否接受监督,可以"人民法院认为应当接受监督的其他人员"进行兜底规定。

(三)监督债务人特定行为

除了债务人有关人员需要接受监督,债务人从事的某些重大行为也应该接受管理人的监督。监督债务人的目的在于通过外在力量督促其通过正当经营恢复偿债能力,尽可能防范债务人冒险、激进和不当行为,值得管理人监督的债务人行为主要集中在以下几类:

1. 债务人重大人事变动

和解计划执行期债务人能否正常经营较大程度上取决于管理人团队是否正常运作,往往核心人员变动会给债务人造成不小困扰,为保障和解债务人经营稳定性,有必要对债务人人员变动加以监督,尤其是董事、监事、高级管理人员、核心业务人员的变动。

2. 债务人重大财产处分行为

和解债务人现有财产本就不足以负担全部债务,否则其也不会申请和解,如果允许其在和解协议执行期间不加限制地自由处分财产,那么本应该清偿给债权人的有限财产将有可能被擅自挥霍,所以债务人重大财产处分行为应当受到监督,这些财产处分行为包括借款、担保、放弃财产、转让业务、承揽业务、处分主要财产等,至于行为是否重大,则交由管理人根据债权情况自由把握。

3. 其他可能对债务人经营和财产造成重大影响的行为

其他可能对债务人经营和财产造成重大影响的行为有关联交易、业务挂靠、业务转包等。

(四)债务人信息披露及管理人有限干预的监督方法

债务人是和解协议的执行主体,最了解其情况的是债务人自己,和解协议执行监督离不开对债务人信息的及时掌握,管理人外在监督存在信息不对称和滞后性,破产法可采取"债务人信息披露+管理人有限干预"的监督方法。

1.债务人信息披露义务

现行《企业破产法》除了缺少监督规则,还缺少债务人信息披露义务的规定,那么在和解协议执行期间,人民法院、债权人自然很难及时了解企业状况以及和解协议履行准备情况。《企业破产法》修订时应"注意破产中的信息不对称现象,完善破产和解程序中的信息披露机制"。建议破产法明文规定债务人在和解协议执行期应当履行信息披露义务,具体规则设计上可以采取"一般信息定期披露、重大信息及时披露、监督人问询按需披露模式",一般信息主要包括债务人人员情况、资产负债状况、日常收入和支出状况;重大信息主要是指涉及重大人员变动、财产处分的信息;如管理人根据实际情况要求债务人披露有关信息,债务人应当及时披露。

2.管理人监督权的具体内容

管理人的监督职责定位原则上应趋向于"观察性监督"而非事务性监督,所谓观察性监督,系指债务人从事不当行为时的警告、报告,乃至采取临时性措施加以制止(尤其针对破产债务人转移隐匿财产、恶意串通损害债权人利益等违法行为),而不是直接干涉破产企业的经营事项。不管是对债务人有关人员的监督还是对债务人特定行为的监督,均需破产法明文规定管理人特定权限才能实现,可以考虑将以下权利配置给管理人以便于其履行监督职能:

(1)许可权。如前文所述,应当将债务人特定行为纳入管理人监督对象,管理人对这些行为的监督方式可以借鉴日本再生程序中监督人许可模式,即债务人重大人事变动、债务人重大财产处分行为、其他可能对债务人经营和财产造成重大影响的行为应当提请管理人审查许可,未经管理人许可不得实施,或者未经管理人许可而实施的管理人有权撤销。

(2)调查权。如果债务人不主动履行信息披露义务或者债务人不如实披露,管理人有权对债务人进行调查,调查的方式包括问询债务人有关人员、查阅和复制债务人财务资料、合同、内部文件等,债务人及其有关人员无正当理由拒绝调查或不配合管理人调查的,管理人有权提请人民法院作出决定。

(3)撤销权。和解执行期间管理人卸任,破产法规定的管理人撤销权自然不会延续,我们可以考虑在和解规则中增加管理人和解协议执行期间的撤销权,可撤销的行为主要包括：应当由管理人许可而未经许可即实施的行为、非公允关联交易、无偿转让财产的行为、为他人担保的行为、明显不合理的低价交易行为等。

（4）接管权。"破产法的功能实际上是'双刃剑'，一方面对诚实守信的债务人给予尽可能的法律保护，另一方面，对违背诚信原则实施破产欺诈的债务人则实行必要的破产惩戒。"《企业破产法》第一百零四条第一款规定："债务人不能执行或者不执行和解协议的，人民法院经和解债权人请求，应当裁定终止和解协议的执行，并宣告债务人破产。"根据该条款的规定，债务人不执行或不能执行和解协议的后果是债务人有权申请人民法院裁定终止和解协议执行并对其继续破产清算，但是"债务人不执行或不能执行和解协议"并不意味着债务人必然不具备执行和解协议的能力，"破产保护和挽救是破产法原有意旨"，可以考虑在前述破产清算处理方式之外额外给予一条挽救出路。可以将"债务人不执行或不能执行和解协议"作为触发管理人接管权的条件，允许管理人接管债务人并继续执行和解协议。

（五）监督期费用及监督期报酬

管理人充任监督人继续在和解协议执行期履行监督职责乃是管理人职权的延续，其履职系为了全体债权人利益，因履行监督职责而支出的费用纳入《企业破产法》第四十一条第三款"管理人执行职务的费用"并由债务人财产随时清偿并无法律障碍，如果债务人不及时支付的，管理人可以报请人民法院。不管是债务人直接申请和解还是受理清算后转入和解，人民法院均会指定管理人，现行规范没有对和解程序管理人报酬如何计取作出与清算程序不同的规定，《最高人民法院关于审理企业破产案件确定管理人报酬的规定》第十条后半句要求和解程序管理人报酬应当列入和解协议草案，理论上管理人报酬作为破产费用有权要求债务人随时清偿，但实践中往往管理人也需与和解债权人一道按照和解协议约定的时间支付，从这个角度上看，管理人与和解债权人存在一致利益。将管理人作为监督主体继续在和解协议执行期履职有出于节约成本的考量，实际上额外增加了管理人义务和风险，且管理人监督行为对规范债务人行为具有重要意义，所以应当在管理人报酬之外针对监督行为额外单独计取报酬。当然报酬标准不宜再按照管理人报酬标准计算，否则属于重复收费增加债务人负担，可考虑按照管理人报酬标准的一定比例作为监督期报酬。

第十二章

履职问题与法律责任

126. 破产程序终结后,管理人的职务何时结束?

阅读提示:破产程序对企业和债权人的关系产生深远影响,特别是破产管理人在破产程序中的角色至关重要。破产程序终结后,管理人的职务是否立即终止,还是仍需处理未完结的事务,这是许多破产案件中的关键问题。

答:破产程序终结后,管理人的职务并非立即终止。管理人需要根据具体的破产程序类型(清算、重整或和解)及遗留事务的情况,继续履行相关职责。只有在所有必要事务处理完毕后,管理人的职务才真正终止。

理由与依据:

破产程序终结后,管理人的职务何时结束取决于破产程序的类型和具体情况。在破产清算程序中,管理人的职务在公司注销登记后终止。根据《企业破产法》第一百二十一条和第一百二十二条,管理人在破产程序终结后十日内须向原登记机关办理注销登记,注销登记次日管理人职务即终止。然而,若存在未决诉讼或仲裁,管理人须继续处理这些遗留事务,负责破产财产分配,直到所有诉讼或仲裁事项结束,财产提存分配完成为止。这一要求确保所有相关的法律程序能够得到完整和公正的处理,避免因为管理人职务的终止而导致程序的中断或债权人利益的受损。

在重整程序中,管理人的职务在重整计划执行期间履行,监督期届满时须向法院提交监督报告,自提交之日起监督职责终止。重整程序旨在帮助企业恢复正常经营,因此管理人的职责不仅包括监督重整计划的执行,还包括确保企业在重整期间遵守法律和计划的各项规定。监督报告的提交标志着重整计划的完成,也意味着管理人的监督职责正式结束。这一过程的顺利完成对于企业的重生和债权人的利益保障至关重要。

在和解程序中,当债权人会议通过和法院裁定认可和解协议后,管理人须移交财产和营业事务,并提交执行职务报告,管理人的职务即告终结。若庭外和解达成协议并请求法院裁定认可,破产程序终结,管理人职务也随之终结。和解程序旨在通过债务人和债权人之间的协议,解决破产问题,因此管理人的职责主要集中在确保和解协议的执行和财产的妥善移交。通过和解协议,债务人得以继续经营,债权人也能够得到相应的清偿,这对各方都是一种相对温和的解决方式。

破产程序终结后,如果存在未结事项如未决诉讼或仲裁、财产提存等遗留事务,管理人须继续履行相应职责,直至所有事项处理完毕。管理人在处理未结事项时,应严格遵循《企业破产法》和相关法律法规,确保各方利益得到公正和妥善处理。根据《企业破产法》第一百二十二条,管理人须继续参加破产程序终结前已开始的未决诉讼或仲裁程序,直至结束。这些遗留事务通常涉及复杂的法律和财务问题,需要管理人的专业知识和经验来处理。未决诉讼或仲裁程序的延续不仅关系到债权人的利益,也关系到破产程序的整体公正性和合法性。

此外,根据《企业破产法》第一百一十九条的规定,管理人须办理提存财产分配,对于未决诉讼或仲裁债权的分配额,须提存并在破产程序终结后两年内分配给其他债权人。提存财产分配制度旨在确保债权人的利益得到合理保护,即使在未决诉讼或仲裁程序尚未结束的情况下,也能保障债权人的合法权益。管理人在办理提存财产分配时,需要严格遵守法律规定,确保分配过程的公开、公平和透明。此外,依据《企业破产法》第一百二十三条的规定,管理人须办理追加分配事务,确保所有债权人的权益得到合理保障。追加分配是指在破产程序终结后,若有剩余财产或发现新的财产,应将这些财产按比例追加分配给债权人。管理人在办理追加分配时,需要对所有债权人进行公平对待,确保分配过程的公正性和透明度。

管理人职务终止后,还需完成一些后续工作。管理人应将执行职务过程中形成的材料整理成册,归档保存,确保破产程序的所有文书和记录得到妥善保存。管理人应将破产人账簿、文书等资料移交至档案馆或其他有权单位保管,并根据不同情况对档案进行分类处理,遵循相关法律和指引规定。档案的妥善保存不仅是对历史资料的保护,也是对后续可能发生的法律争议的有力支持。管理人终止职务后,还须处理印章和账户。印章须缴销并留存缴销记录,必要时向法院报备;管理人账户须及时注销,必要时向法院报备并在全国企业破产重整案件信息网上发布公告。印章和账户的处理关系到管理人职务的正式终止和管理活动的合法性,因此需要严格按照法律规定进行操作,确保整个过程的合法性和透明度。

管理人在办理完债务人或破产人注销登记手续后,应向法院提交终止职务报告,详细说明职务履行情况和后续事务处理情况。这一报告不仅是对管理人职责履行情况的总结,也是对法院和相关各方的正式交代。通过终止职务报告,法院能够全面了解管理人职务履行的具体情况,确保破产程序的合法性和公正性。

综上所述,管理人在破产程序终结后的职务终止取决于具体的破产程序类型及遗留事务的处理进展。在破产清算、重整及和解程序中,管理人职务的终止有明确的法律规定和操作流程。管理人在履行职责后,须确保各类事务得到妥善处理,档案资料完整保存,印章和账户按规定处理,并提交详细的终止职务报告。在处理未结事项时,管理人须严格遵守法律规定,确保破产程序的公平、公正和透明,妥善保障各方利益。破产程序的彻底完结不仅依赖管理人的职务终止,还依赖其后续工作和遗留事务的处理,这需要管理人高度的专业素养和责任心。

127. 管理人在执行职务中未勤勉尽责,应承担什么责任?

阅读提示: 勤勉尽责地执行职务,是管理人在办理破产案件中的基本原则,是管理人做好一个破产案件的基本要求。而在管理人未勤勉尽责执行职务时,是否需承担责任,应承担哪些责任?

答: 破产程序进行中,管理人应当勤勉尽责,忠实执行职务。在管理人未勤勉尽责执行职务的情况下,造成债务人、债权人或第三人财产损失的,可能因此承担相应民事责任;造成案件负面评价的,可能因此承担相应的行政责任;构成犯罪的,还可能因此被追究刑事责任。

理由与依据:

《企业破产法》第一百三十条规定:管理人未依照本法规定勤勉尽责,忠实执行职务的,人民法院可以依法处以罚款;给债权人、债务人或者第三人造成损失的,依法承担赔偿责任。在破产程序中,管理人的角色至关重要。管理人不仅需要接管债务人一切印章执照、清理债务人的债权债务,还需要管理债务人财产,决定债务人的内部管理事务等,管理人既享有一定程度上管理债务人破产程序日常事务的权力,同时也负有相当重的职责。管理人本质上是处理破产程序相关事务的具备专业能力的中介机构,其在履职过程中应当严格遵守相关法律规定,对债务人、全体债权人保持中立性,在人民法院的监督下勤勉忠实地执行职务。当管理人在执行职务过程中未勤勉尽责时,其可能面临的法律责任不容忽视。

（一）民事责任

破产程序中,从接管财产到调查财产状况,从财产管理到财产变价及财产分配,管理人应当尽可能地维护债务人财产价值,从根本上维护债务人及全体债权人的权益。若因管理人未勤勉尽责,导致未能全面接管财产、在财产管理过程中造成财产毁损灭失、未依法履行撤销权、应当追收的财产未予追收、未按照法定清偿顺位进行财产分配等,将造成债务人、全体或部分债权人财产损失,管理人应当承担相应的赔偿责任。另外,在管理人或者相关人员在执行职务过程中,因故意或者重大过失不当转让他人财产或者造成他人财产毁损、灭失,导致他人损害产生的债务应当作为共益债务,由债务人财产随时清偿,若不足以弥补损失,权利人可主张管理人或者相关人员承担补充赔偿责任。

（二）行政责任

管理人在未勤勉忠实执行职务时,将引发债务人、债权人、人民法院的负面评价。最高人民法院《全国法院破产审判工作会议纪要》第六条规定:"实行管理人分级管理。高级人民法院或者自行编制管理人名册的中级人民法院可以综合考虑管理人的专业水准、工作经验、执业操守、工作绩效、勤勉程度等因素,合理确定管理人等级,对管理人实行分级管理、定期考评。"该条款规定了管理人分级管理的制度,规定人民法院在确定管理人等级时,应当考虑管理人的勤勉程度。河南省高级人民法院《关于规范企业破产案件管理人工作的意见》中也明确,在划分一级管理人及二级管理人时,应当参考其勤勉程度,管理人办案过程中未能勤勉履职或存在违法违规情形的,可视情节轻重对管理人采取训勉、更换或除名等惩戒措施。以上规定,均明确了如果管理人在以往案件中未勤勉尽责,将对其管理人资质产生重大负面影响。《企业破产法》也规定了在管理人未勤勉尽责、忠实执行职务时,人民法院可以依法处以罚款。

（三）刑事责任

《企业破产法》第一百三十一条规定:"违反本法规定,构成犯罪的,依法追究刑事责任。管理人在执行职务过程中,存在妨碍清算程序、故意损坏财产、隐匿财务凭证、损毁财务凭证、行贿受贿等犯罪行为的,应当依法承担刑事责任。"

案例索引:

(2014)民申字第 827 号

(2017)京民终 442 号

(2019)皖民终 536 号

(2022)浙 10 刑终 220 号

128. 具备相应破产管理人资质的中介机构,在什么情形下不得担任管理人?

阅读提示: 中介机构担任破产案件的管理人,应当具备相应的管理人资质。但具有管理人资质,并不是在任何情况下都可以担任管理人。该问题针对的是具备管理人资质的中介机构,故"因故意犯罪受过刑事处罚""曾被吊销相关专业执业证书"等剥夺管理人资质的情形不在讨论之列。

答: 与该破产案件存在利害关系的中介机构不得担任管理人;有重大债务纠纷的中介机构不得担任管理人;因涉嫌违法行为正在被相关部门调查的中介机构不得担任管理人。另外,针对不同破产案件,受理法院在招募破产管理人时,可能针对级别、地域、业绩等提出不同的条件要求。

理由与依据:

《企业破产法》第二十四条规定:"有下列情形之一的,不得担任管理人:(一)因故意犯罪受过刑事处罚;(二)曾被吊销相关专业执业证书;(三)与本案有利害关系;(四)人民法院认为不宜担任管理人的其他情形。"前两项情形均属剥夺管理人资质的情形,不在本问题讨论之列。关键在于"与本案有利害关系""人民法院认为不宜担任管理人的其他情形"这两款条文如何理解。

(一)对利害关系的详细规定

如何理解"与本案存在利害关系",最高人民法院《关于审理企业破产案件指定管理人的规定》及各地法院文件已经给出了详细解释。利害关系的对象包括中介机构本身,也包括中介机构的派出人员;包括债务人,也包括债权人;利害关系的内容包括债权债务关系,也包括长期服务关系;包括担任过债务人、债权人的重要职务,也包括与担任该重要职务的人员存在亲属关系。

最高人民法院《关于审理企业破产案件指定管理人的规定》第二十三条规定:"社会中介机构、清算组成员有下列情形之一,可能影响其忠实履行管理人职责的,人民法院可以认定为企业破产法第二十四条第三款第三项规定的利害关系:(一)与债务人、债权人有未了结的债权债务关系;(二)在人民法院受理破产申请前三年内,曾为债务人提供相对固定的中介服务;(三)现在是或者在人民法院受理破产申请前三年内曾经是债务人、债权人的控股股东或者实际控制人;(四)现在担任或者在人民法院受理破产申请前三年内曾经担任债务人、债权人的财务顾问、法律顾问;(五)人民法院认为可能影响其忠实履行管理人职责的其他情形。"第二十四条规定:"清算组成员的派出人员、社会中介机构的派出人员、个人管理人有下列情形之一,可能影响其忠实履行管理人职责的,可以认定为《企业破产法》第二十四条第三款第三项规定的利害关系:(一)具有本规定第二十三条规定情形;(二)现在担任或者在人民法院受理破产申请前三年内曾经担任债务人、债权人的董事、监事、高级管理人员;(三)与债权人或者债务人的控股股东、董事、监事、高级管理人员存在夫妻、直系血亲、三代以内旁系血亲或者近姻亲关系;(四)人民法院认为可能影响其公正履行管理人职责的其他情形。"

河南省高级人民法院《关于规范企业破产案件管理人工作的意见》第十四条规定:"管理人或参与案件的团队成员有下列情形之一的,属于需要回避的情形:(一)与债务人、债权人有未了结的债权债务关系;(二)现在是或者在法院受理破产申请前3年内曾经是债务人、债权人的控股股东或者实际控制人;(三)现在是或者在法院受理破产申请前3年内曾经担任债务人、债权人的董事、监事、高级管理人员;(四)现在担任或者在法院受理破产申请前3年内曾经担任债务人、债权人的财务顾问、法律顾问,或者曾为债务人提供相对固定的中介服务;(五)与债权人、债务人的控股股东、董事、监事、高级管理人员存在夫妻、直系血亲、三代以内旁系血亲或者近姻亲关系;(六)与本案有其他利害关系、可能影响其履行管理人职责的情形。"

（二）其他情形

1.有重大债务纠纷或涉嫌违法行为正在被相关部门调查

最高人民法院《关于审理企业破产案件指定管理人的规定》第二十六条规定:社会中介机构或者个人有重大债务纠纷或者因涉嫌违法行为正被相关部门调查的,人民法院不应指定该社会中介机构或者个人为本案管理人。有重大债务纠纷的中介机构可能面临出现解散、破产事由或丧失承担执业责任风险的能力,涉嫌违法行为正在被相关部门调查可能面临吊销执业许可的风险。这两种情形的中介机构都很可能因此被剥夺管理人资质,故不应被指定为破产案件的管理人。

2. 不满足招募管理人公告的具体要求

部分地区法院在招募管理人时对管理人办理的长期未结案件数量有明确要求,河南省高级人民法院《关于规范企业破产案件管理人工作的意见》第十三条规定,在报名参与管理人选任时,一级管理人、二级管理人正在办理的破产案件分别有 4 件以上超过 1 年未结、2 件以上超过 1 年未结的,原则上不得再担任其他破产案件的管理人。针对个别疑难复杂案件,受理法院可能会要求参与竞选管理人的中介机构需要具备某类(如房地产开发企业、建筑施工企业、上市企业等)案件的办理经验,否则没有报名资格。在这种情况下,有意参与管理人竞选的中介机构,不但需要具备相应的资质,还应满足受理法院提出的针对该案件的具体要求。

129. 在破产清算程序中,管理人能否招募意向投资人?

阅读提示:在企业破产程序中,管理人的角色至关重要。在破产清算程序中,他们负责管理和处置债务人财产;在重整程序中,还需要寻求企业的再生可能。然而,关于管理人在破产清算程序中是否能招募意向投资人的问题,现行法律法规并没有予以明确规定。

答:现行法律法规并没有禁止管理人在破产清算程序中招募意向投资人,且《企业破产法》规定了破产清算转重整程序的制度。若该清算案件中的债务人具备重整价值及可行性,为最大限度维护债务人及全体债权人权益,管理人可尝试引入意向投资人,转入重整程序。

理由与依据:

在破产清算程序中,《企业破产法》主要关注的是如何公平、公正地分配破产企业的财产,以满足债权人的利益。破产清算程序的目的是通过清算,使破产企业的财产得以公平分配,最终终结破产企业的法人资格。然而,《企业破产法》的根本宗旨是保护债务人及债权人的合法权益,虽然破产清算程序的主要目的是财产的分配和企业的终结,但在实际操作中,如果破产企业的财产价值较高,或者存在潜在的重整价值,那么招募投资人可能有助于实现更高的财产价值和更好的债权人利益,管理人应当努力寻求重整机会。《企业破产法》第七十条第二款规定:"债权人申请对债务人进行破产清算的,在人民法院受理破产申请后、宣告债务人破产前,债务人或者出资额占债务人注册资本十分之一以上的出资人,可以向人民法院申请重整。"该条规定确立了破产清算程序向重整程序转换的制度。破产清算程序转重整程序的案件,招募投资人的时间节点无非是转重整前与转重整后。而检验债务人是否具备重整价值的最好方法,就是看其能否吸引意向投资人,如果债务人无法吸引意向投资人,即使贸然转入重整程序,也很可能出现重整失败的结果。

在实践中,笔者认为以下处理方式较为妥当。在破产清算案件中,如果债务人的财产价值较高,存在潜在的重整价值,转入重整程序可有效提高债权清偿率,首先看债务人、主要债权人等相关人员能否直接引入意向投资人,并拿出可行的重整方案,如果意向投资人及投资方案具备可行性,可与该意向投资人签订意向协议,向法院申请转入重整程序;如果无法直接引入意向投资人,管理人可发布招募公告,预先招募符合条件的意向投资人,招募到合适的投资人后,与该意向投资人签订意向协议,再向法院申请转入重整程序。

但管理人应注意,上述意向投资人的招募只是检验该债务人是否具备重整价值的方法,而不能直接以该意向投资人作为重整投资人开展重整程序,在转入重整程序后,管理人仍应按照法律规定公开招募重整投资人。前述清算程序中的意向投资人也应参与重整程序中重整投资人的竞选,作为管理人选任最终重整投资人的保底方案。

案例索引:

(2024)沪 03 破 94 号

(2023)浙 03 破 169 号

(2022)豫 0102 破 3 号

130. 担保债权人竞拍成交后,对优先受偿的担保财产能否不支付拍卖价款?

阅读提示: 正常情况下,买受人竞得公开拍卖的破产财产后,应当支付全额的成交款。若该买受人同时又是债务人的担保债权人,其对该担保财产享有优先受偿权,即使其支付全部拍卖价款,该买受人对担保财产对应的成交款享有完全优先受偿的权利,在此种情形下,该买受人对其优先受偿的担保财产能否不支付拍卖价款?

答:若该买受人对担保财产享有优先受偿权,其可以对其有权优先受偿的金额不再支付拍卖价款,法律效果相当于以物抵债。

理由与依据:

在破产程序中,担保债权人实现优先受偿的方式有多种。在破产财产容易处置的情况下,担保债权人可以在拍卖成交后对成交款优先受偿;若破产财产多次流拍,流拍价格已明显低于财产的实际价值,担保债权人可与管理人协商选择以物抵债。但在很多案件中,管理人制定并经债权人会议表决通过的财产变价方案并没有"以物抵债"这一变价方式。同时,因破产程序拍卖不同于司法拍卖,其拍卖次数及保留价往往不受限制,造成以物抵债的时点难以确定,很多管理人为了快速处置破产财产,亦不愿在财产变价方案中加入"以物抵债"条款。这就造成了很多破产案件的担保债权人难以选择以物抵债这一方式,若想要避免财产继续流拍降价,只能自己参拍。

在担保债权人竞拍成交的情况下,担保债权人取得了两个身份,其一是破产财产买受人,其二是该破产案件中对特定担保财产享有优先受偿权的债权人。作为买受人,其负有支付全部成交款的义务,作为对特定担保财产享有优先受偿权的债权人,其享有对该特定财产对应的成交款优先受偿的权利。此种情形可以适用民法典中的债务混同制度及债务抵销制度,《民法典》第五百七十六条规定:"债权和债务同归于一人的,债权债务终止,但是损害第三人利益的除外。"即该担保债权人上述权利义务相互抵销,不再需要支付该担保财产对应的拍卖价款。同时,执行程序司法拍卖的相关规定可以参照适用《最高人民法院关于人民法院网络司法拍卖若干问题的规定》第十七条规定:"申请执行人参加竞买的,可以不交保证金;但债权数额小于保证金数额的按差额部分交纳。"该条规定的法理基础即是申请执行人同时享有的支付保证金义务与参与分配权利的抵销。广东省高级人民法院在"(2019)粤执复629号"执行裁定书中表述:"结合《最高人民法院关于人民法院网络司法拍卖若干问题的规定》第十七条规定精神,在申请执行人应受清偿债权金额高于其竞得被执行人名下涉案土地使用权的成交金额时,以其应受清偿的执行债权抵付应当交付的拍卖余款,实质上是执行债权人以其应受清偿的金钱债权履行了交付拍卖余款的义务。此种交付拍卖余款的方式,与申请执行人向执行法院交付拍卖余款后再由该院向其支付应受偿债权金额的方式,均能实现债权得以受偿、债务相应消灭的法律效果,而前者较后者更为高效便捷,在节约司法资源的同时,亦不损害执行当事人包括被执行人在拍卖程序中的合法权益,并无违法不当之处。"

现行法律法规虽未明确规定破产程序债权人参与破产财产拍卖的问题,但上述法理基础及司法拍卖规定可以参照适用。上述担保债权人参与破产拍卖的形式在实践中可称为"以债权参拍",即以其债权可分配款项参与拍卖。破产程序的宗旨是维护全体债权人权益,允许担保债权人以债权参拍可在一定程度上避免破产财产成交价格过低,避免对全体债权人的权益进一步受损。同时,允许担保债权人在竞拍成交后对优先受偿的担保财产不支付拍卖价款,并不损害债务人、全体债权人或其他任何相关人员的权益。假设担保债权人正常交纳保证金和拍卖尾款参与拍卖,保证金和拍卖尾款到了管理人账户后,管理人仍然是要把这些款项再支付给担保债权人,如此,资金空转一圈,浪费人力物力,没有任何实质意义。允许担保债权人以债权参拍,不支付担保财产对应的拍卖价款,虽然对于破产程序的推进具有一定积极作用,但管理人在实务操作中,仍然需要注意一些细节问题。比如,担保债权人对该担保财产可优先受偿的金额与该担保财产对应的成交款并不是完全一致,担保财产对应的成交款扣除卖方税费、该担保财产产生的破产费用(包括管理人报酬)和共益债务等费用后,剩余款项才是该担保债权人优先受偿的款项。即担保债权人可不支付的拍卖款项,并不直接等同于担保财产对应的拍卖价款,而是该担保债权人最终能够受偿的款项金额。鉴于税费或其他费用金额的不确定性,管理人可要求该担保债权人预先支付一定款项,最终多退少补。

131. 管理人接管债务人后,债务人的税务问题如何处理?

阅读提示:企业进入破产程序后,不论是清算还是重整、和解程序,在企业主体未注销前其仍属于市场主体,从应税行为的角度上来说破产程序中涉及的继续经营、财产处置、债务清偿等经济行为等仍属于纳税征管的范围。管理人作为债务人进入破产程序后的实际管理者,应当依法处理债务人的税务问题。

答:债务人在破产程序中发生应税情形,应当依法申报纳税,管理人应当以债务人名义,依法处理其全部涉税事宜。

理由与依据:

(一)债务人税务问题的处理主体

《企业破产法》第二十五条关于管理人职责的规定中,并没有规定管理人应当处理债务人的税务问题。但进入破产程序后,根据《企业破产法》的规定债务人的财产、印章和账簿、文书等资料均由管理人接管,债务人的企业内部管理、财产管理及处分等均由管理人来执行,即债务人实际上已无法自主处理税务问题。结合债务人已全面被管理人接管,税务问题的应当由管理人处理为宜。《国家税务总局关于税收征管若干事项的公告》(国家税务总局公告 2019 年第 48 号)第四条亦明确了管理人代表破产企业办理涉税事务的法定义务:"(二)在人民法院裁定受理破产申请之日至企业注销之日期间,企业应当接受税务机关的税务管理,履行税法规定的相关义务。破产程序中如发生应税情形,应按规定申报纳税。从人民法院指定管理人之日起,管理人可以按照《中华人民共和国企业破产法》(以下简称企业破产法)第二十五条规定,以企业名义办理纳税申报等涉税事宜。"上述规定确定了债务人在企业注销之前仍负有正常的纳税义务,在破产程序进行中,若发生应税情形,应正常申报纳税,管理人应自被指定之日起以债务人名义办理涉税事宜。河南省高级人民法院、国家税务总局河南省税务局《关于企业破产程序涉税问题处理的实施意见》(豫高法〔2021〕368 号)第七条亦明确:"人民法院指定管理人之日起,管理人应当按照《企业破产法》第二十五条的规定,代表债务人办理全部涉税事宜。"从上述规定可以看出,进入破产程序后,纳税义务主体虽然还是债务人,但具体负责处理债务人税务问题的主体已成为管理人。

(二)破产程序中纳税申报产生相应款项的性质

《企业破产法》第四十一条规定:"人民法院受理破产申请后发生的下列费用,为破产费用:(一)破产案件的诉讼费用;(二)管理、变价和分配债务人财产的费用;(三)管理人执行职务的费用、报酬和聘用工作人员的费用。"破产程序中发生的应税情形,包括继续营业、管理财产、处置财产,其目的均是维护、提高债务人财产价值,处置债务人财产,均可视为上述规定第(二)项规定的"管理、变价和分配债务人财产的费用",作为破产费用,由债务人财产随时清偿。河南省高级人民法院、国家税务总局河南省税务局《关于企业破产程序涉税问题处理的实施意见》(豫高法〔2021〕368 号)第七条对此亦予以明确:"管理人经人民法院许可,为债权人利益继续营业,或者在使用、处置债务人财产过程中产生的应当由债务人缴纳的税(费),属于《企业破产法》第四十一条破产费用中的'管理、变价和分配债务人财产的费用'，由管理人按期进行纳税申报，并依法由债务人的财产随时清偿。"

（三）非正常户解除问题

多数债务人因长期停业停产、欠付税款，早已被税务机关列为非正常户。被列为非正常户，将导致无法进行正常的纳税申报，不但影响财产处置、开具发票，还影响企业按期申报土地使用税、房产税、企业所得税等，将对管理人的工作造成极大阻碍。管理人可持破产受理裁定书、指定管理人决定书、解除非正常户申请书等材料向主管税务机关申请解除非正常户。对于破产受理前存在纳税义务需要补缴税款或缴纳罚款的，应由税务机关向管理人申报债权，按照《企业破产法》规定的清偿顺序依法受偿，税务机关不得以管理人未缴纳相应款项为由对其非正常户状态不予解除。

132. 管理人审查债权错误，是否应承担责任？

阅读提示：债权审查是管理人的一项重要工作，债权人行使表决权、最终的财产分配都需要以债权审查为基础。但破产债权的最终确认需要经过管理人审查、债权人会议核查、破产受理法院裁定确认等程序，有时还会经过异议人提出债权异议甚至异议诉讼才能确定。

答：管理人通过合法的债权审查规则对破产债权进行专业审查，最终提交债权人会议核查，管理人的审查结果只是对债权的初步确认，并非债权的最终确认状态，管理人不应承担责任。但若管理人在债权审查过程中，未尽到勤勉尽责的义务，债权审查明显违背法律规定，甚至恶意通过调整债权审查结果从而扩张或限制某一债权人的表决权，最终损害债权人权利，应当承担相应责任。

理由与依据：

《企业破产法》第一百三十条规定："管理人未依照本法规定勤勉尽责，忠实执行职务的，人民法院可以依法处以罚款；给债权人、债务人或者第三人造成损失的，依法承担赔偿责任。"未勤勉尽责，忠实执行职务，这是管理人承担责任的基础。

管理人对债权的审查结果并不是该债权的最终确认状态，破产债权需要经过管理人审查、债权人会议核查、破产受理法院裁定确认等程序，有时还会经过异议人提出债权异议甚至异议诉讼才能确定。管理人对于债权人申报的债权，具有运用自身的专业知识、技术能力,依据法律规定对债权合法性、真实性等进行实质审查,形成债权确认结果的法定职责。至于管理人核查债权的结果是否正确,法律规定的救济途径是由异议人向人民法院提起破产债权确认之诉,通过司法途径予以解决,而非以结果的对错作为认定管理人违反忠实勤勉义务的标准。

对于复杂疑难的破产案件,申报债权的数量可达数百个,部分债权在审查确认过程中确实存在一定难度,如工程债权、产品质量责任纠纷产生的债权等,而管理人通常需要在第一次债权人会议前审查结束,这对管理人的工作是一种巨大考验。这就造成了一些破产案件的管理人债权审查结果存在纰漏的结果,而《企业破产法》规定的债权异议及异议诉讼程序,就是为了弥补这一纰漏。如果管理人在债权审查工作中,严格按照依法制定的债权审查规则对破产债权进行形式审查、实质审查,并严格按照法定程序提请债权人会议核查,给予债权人充分的债权异议行使途径,即使管理人的债权审查结果存在一定错误,也不应当要求管理人承担相应的法律责任。

相反,如果管理人在债权审查工作中,未勤勉尽责,依法审查债权,对债权人权益造成损害的,应当承担相应责任。例如,对于经生效法律文书确认的债权问题,《破产法司法解释三》第七条规定:"已经生效法律文书确定的债权,管理人应当予以确认。管理人认为债权人据以申报债权的生效法律文书确定的债权错误,或者有证据证明债权人与债务人恶意通过诉讼、仲裁或者公证机关赋予强制执行力公证文书的形式虚构债权债务的,应当依法通过审判监督程序向作出该判决、裁定、调解书的人民法院或者上一级人民法院申请撤销生效法律文书,或者向受理破产申请的人民法院申请撤销或者不予执行仲裁裁决、不予执行公证债权文书后,重新确定债权。"按照此规定,对经生效法律文书确认的债权,管理人应当严格按照生效法律文书确认债权。此时,若管理人故意拖延债权审查时间,或明显不按照生效法律文书确认债权,影响债权人行使表决权或其他权利的,应当要求其承担相应法律责任。对于未能勤勉尽责审查债权,影响破产程序进行的,可以在最终确认管理人报酬时予以相应核减,甚至直接予以训诫、罚款;最终造成债权人权益受损的,应当承担相应赔偿责任。

案例索引:

(2023)桂 02 民终 1212 号

(2023)苏 13 民终 4205 号

133. 破产管理人工作人员在执行职务过程中实施犯罪的，其身份是否属于国家工作人员？

阅读提示:律师事务所、会计师事务所、清算公司等中介机构担任破产管理人的情况越来越多,鉴于破产管理人在破产案件办理过程中的身份地位,律师或者会计师等破产管理人工作人员利用职务之便实施犯罪的概率也不断增加。尤其是利用职务之便实施的受贿或者侵占、挪用单位财物等行为较为高发。但对于此种犯罪行为如何定罪,需要首先明确管理人工作人员的主体身份。

答:破产管理人的产生来源于人民法院的指定,执行职务时的职责来源于《企业破产法》第二十五条的规定,破产管理人在办理破产案件过程中通常负责管理和处置破产财产、清理债权债务、对全体债权人包括广大职工群体进行清偿兑付。其身份来源于国家机关的指定,其管理权限来源于法律规定,其工作职责具有普遍的公务性。如果破产管理人工作人员在其执行职务过程中,利用其管理人的权限之便,实施犯罪行为的,应认定其为《刑法》第九十三条规定的"其他依照法律从事公务的人员",其犯罪主体身份属于国家工作人员。

理由与依据:

(一)国家工作人员的认定

《刑法》第九十三条规定:"本法所称国家工作人员,是指国家机关中从事公务的人员。国有公司、企业、事业单位、人民团体中从事公务的人员和国家机关、国有公司、企业、事业单位委派到非国有公司、企业、事业单位、社会团体从事公务的人员,以及其他依照法律从事公务的人员,以国家工作人员论。"按此条款,国家工作人员可以分为三大类,其一为国家机关中从事公务的人员,其二为国有公司、企业、事业单位、人民团体中从事公务的人员(无论是在本单位还是委派到其他单位),其三为其他依照法律从事公务的人员。破产管理人工作人员显然不属于前两类,对其主体身份的认定主要是判断其是否属于"其他依照法律从事公务的人员",判断焦点分别为:是否属于从事公务、从事公务是否属于依照法律。

(二)"从事公务"的判定

从事公务,顾名思义是指对公共事务的管理活动,其活动具有一定的广泛性,其事务可以是国家事务、集体事务或社会事务。《中国法院 2021 年度案例:刑事案例一》中的福建省厦门市中级人民法院"(2018)闽 02 刑终 806 号"陈某宏受贿、玩忽职守案,认为"公务"的特征表现为:一是具有管理性,即对公共事务进行管理,它既可以是国家事务,也可以是社会事务和集体事务;二是具有国家代表性,即这种活动是代表国家进行的;三是公务的职务性,即它是基于一定的职位或授权而派生的职能;四是公务的合法性,即该项职能的行使是法律授予的权力。

(三)破产管理人工作人员执行职务时实施犯罪的主体身份认定

最高人民法院刑二庭审判员曹吴清在其《法院指定的破产管理人工作人员利用职务便利收受贿赂的定性》中认为,是否认定为国家工作人员,需要从以下两个方面进行分析判断:一是形式要件,即是否经过法定程序任命、国有委派、法律授权等方式从事公务;二是实质要件,即是否从事公务。其主张,根据《企业破产法》第十三条:"人民法院裁定受理破产申请的,应当同时指定管理人。"管理人依法履行的职责和应参与处理的事务,都是人民法院受理破产案件后,处理案件直接或间接涉及的相关事务,都在广义的司法公务的范围内。另外,《企业破产法》第二十八条和第二十九条还分别规定,管理人的报酬由人民法院确定,管理人辞去职务应当经人民法院许可。由此推论出,破产管理人是在法院处理特定破产案件的过程中,依法协助法院从事国家司法公务的辅助人,从事的与破产案件相关的事务是一种司法公务,符合《刑法》第九十三条第二款规定的"其他依照法律从事公务的人员"的特征。因此应当以国家工作人员论。

在四川省德阳市中级人民法院"(2016)川 06 刑初 25 号"张某德受贿、挪用公款案中,法院认为被告人张某德系人民法院指定的某织造厂破产清算组组长,其在清算组的一系列行为,从行为的内容和性质看,是代表国家对破产企业的事务进行组织、领导、监督、管理,从行为的目的看,是实现保护债权人利益、维护国家正常经济秩序的需要。因此,其行为不单纯是一般的商事行为,而是具有管理性、权力性和依附性特征的公务行为,符合国家工作人员"从事公务"的本质,故被告人张某德属于《刑法》第九十三条规定的"其他依照法律从事公务的人员",对其应以国家工作人员论。在浙江省台州市中级人民法院(2022)浙 10 刑终 220 号蔡某受贿案中,法院认为破产管理人是《企业破产法》设立的破产管理职位,其职责、行为性质与担任破产管理人的单位和个人原先的身份和职责无关。破产管理人的职责内容属于协助法院审理破产案件,具有从事公务的性质。因此,破产管理人工作人员在从事破产管理人工作期间,属于《刑法》第九十三条第二款规定的"其他依照法律从事公务的人员",应当认定为国家工作人员。

综上所述,破产管理人工作人员执行职务时的职能来源于《企业破产法》的授予,其工作内容是协助破产受理法院办理破产案件,其从事的活动对广大债权人群体、职工群体等产生影响,具备一定的广泛性、社会性、集体性。其在执行职务过程中实施犯罪的,其身份应认定为国家工作人员。

案例索引:

(2018)闽 02 刑终 806 号

(2016)川 06 刑初 25 号

(2022)浙 10 刑终 220 号

134. 破产程序财产拍卖时,处置参考价有哪些确定方式?

阅读提示:处置破产财产是管理人的一项重要职责,网络拍卖是当下处置破产财产的主要方式,而拍卖的前提是确定挂拍财产的处置参考价,以便确定起拍价格。对于价值较高、资产量较多的,一般通过资产评估的方式确定其处置参考价。但在一些案件中,破产财产类型较为单一,且整体财产价值较低,为了节省破产费用,管理人可以选择其他方式确定处置参考价。

答:处置参考价的确定方式主要是资产评估。此外,管理人还可以通过定向询价、网络询价、议价等其他方式确定公开拍卖的处置参考价。

理由与依据:

《企业破产法》第一百一十二条规定:"变价出售破产财产应当通过拍卖进行。但是,债权人会议另有决议的除外。"可见,拍卖是破产财产变价的主要方式。但现行法律法规并没有明确规定破产程序中财产拍卖时处置参考价的确定方法。《最高人民法院关于人民法院确定财产处置参考价若干问题的规定》第二条规定:"人民法院确定财产处置参考价,可以采取当事人议价、定向询价、网络询价、委托评估等方式。"在司法执行案件中,使用当事人议价、网络询价、委托评估等三种方式的较多,申请执行人为了节省资金,同时也得力于淘宝、京东、工商银行等网络平台的快速发展,当事人议价、网络询价越来越受青睐。但破产案件不同于司法执行案件,破产案件普遍存在资产价值较高、类别较多、债权人较多的情况,且很多破产财产存在市场流动度较低,网络询价难以反映真实价值,故而难以使用当事人议价及网络询价的方式。管理人在实际操作中,可根据案件具体情况,妥善选择定价方式。

1. 委托评估

委托评估是指管理人依法委托具有相应资质的评估机构,对破产财产进行价值评估,以确定其市场价值。这种方式具有专业性强、客观公正的优点,能够较为准确地反映破产财产的实际价值。但委托评估也存在评估周期长、费用较高等问题。鉴于上述特点,对于破产财产种类数量较多的案件,管理人可以优先考虑资产评估的方式确定处置参考价,这也是大多数破产案件选择的定价方式。

2. 网络询价

网络询价是指管理人利用互联网等现代信息技术手段,通过网络询价平台等渠道,获取破产财产的市场价格信息。这种方式具有信息量大、更新快、成本低的优点,可以较为全面地反映破产财产的市场价值。但网络询价也存在信息来源可靠性不足、数据筛选难度大等问题。网络询价最终结果的确定主要来源于以往此类资产的网络拍卖成交价格,故而适用于破产财产类型较为单一且市场流动度较高的案件,如商铺、住宅、车辆等。

3. 定向询价

定向询价是指管理人向相关机构或专家进行定向询价,以确定拍卖标的的市场价格。定向询价可以尽可能地从专业机构或专业人士那里得到相对客观的价值反馈,但也可能受到询价对象主观判断和市场波动等因素的影响。此种方式主要适用于破产财产有计税基准价、政府定价或者政府指导价的案件。

4. 议价

议价,顾名思义,是各方当事人商议确定处置参考价。此种方式主要适用于财产类型较为单一、债权人对财产价值有客观认知且债权人数量较少的案件。

5. 债权人会议授权管理人自行确定起拍价

债权人会议是确定破产财产变价方案的主体,自然也可以决定破产财产的起拍价及起拍价的确定方式。目前,各地法院详细出台了破产财产网络拍卖的文件,包括北京市高级人民法院、上海市高级人民法院、新乡市中级人民法院、周口市中级人民法院等,其文件中均有债权人会议可以授权管理人自行确定起拍价的条款。

综上所述,破产财产处置参考价的意义在于为债权人会议提供一个确定拍卖起拍价的参考,破产财产注重债权人会议的自治性及破产管理人的专业性,管理人在处置破产财产中,应当根据案件的具体情况,向债权人会议提供合理的、合适的破产财产处置参考价,并据此制定破产财产变价方案,公示处置参考价的金额及确定方式、拍卖时的起拍价、降价幅度等,供债权人会议表决。

135. 破产清算中,因债务人财产、印章和账簿、文书等下落不明而无法进行破产清算或者造成损失的责任谁来承担?

阅读提示:在破产清算过程中,经常遇到财务资料缺失或不完整的情况,导致破产管理人无法全面接管企业财务资料。此外,尽管法律要求有关人员配合清算,但他们常常拒绝履行这一义务,阻碍管理人执行清算职务,最终损害债权人的利益。对于这种情况,在实务中也有了相应的解决方式。

答:在破产清算中,依法负有清算责任的人,未按照法律规定履行清算义务,导致债务人主要财产、账册、重要文件等灭失,致使管理人无法执行清算职务,给债权人利益造成损害。管理人、个别债权人可以代表全体债权人提起诉讼,请求其承担相应民事责任。根据清算责任主体怠于履行或拒不履行清算义务的行为所造成的结果,可以要求其在侵权范围内要求其承担连带清偿责任或损害赔偿责任。

理由与依据:

在破产清算过程中,因债务人财产、印章和账簿、文书等下落不明而无法进行清算或造成损失的责任问题,是一个复杂且敏感的话题。根据《企业破产法》的规定,负有清算责任的主体主要包括两类:一是企业的法定代表人,二是经人民法院决定的企业财务管理人员和其他经营管理人员。根据该法第七条和第十五条的规定,依法负有清算责任的人有义务申请破产清算,并负有配合清算的相关义务,如妥善保管财产、印章和账簿等资料,按要求工作并如实回答询问,列席债权人会议并如实回答债权人询问等。若违反这些规定,直接责任人员可能会被人民法院处以罚款或采取其他法律措施。然而,《企业破产法》并未明确规定清算责任主体的民事责任。

对于清算责任主体应承担的民事责任,《最高人民法院关于债权人对下落不明或者财产状况不清的债务人申请破产清算案件如何处理的批复》(法释〔2008〕10 号)第 3 款规定,如果债务人有关人员不履行法定义务,导致无法清算或者造成损失,管理人和债权人可以请求法院追究其相应民事责任。此外,《最高人民法院关于正确审理企业破产案件为维护市场经济秩序提供司法保障若干问题的意见》(法发〔2009〕36 号)第 16 条指出,若债务人的法定代表人、财务管理人员、其他经营管理人员及出资人等不提交或不完全提交相关材料,影响清算顺利进行,法院在采取释明、罚款、训诫、拘留等措施后仍无法获得所需材料时,应在现有财产范围内对已知债权进行公平清偿并终结清算程序,并告知债权人可以另行提起诉讼,要求有责任的股东或实际控制人承担债务人的清偿责任。

在司法实践中,认定相关主体的民事损害责任时,主要考虑损害结果、损害行为违反法律规定的情况,以及损害行为与损害结果之间的因果关系。需要注意的是,承担民事责任的有关人员包括企业的法定代表人、财务管理人员和其他经营管理人员。如果无法证明公司股东同时也为公司法定代表人、财务管理人员或其他经营管理人员,他们不应承担损害赔偿责任。若法定代表人未能提供相关证据材料,致使管理人无法核实相关情况,该行为与债务人遭受的损失存在因果关系,法定代表人应对相应的损失承担损害赔偿责任。例如,在一些案例中,如果企业的法定代表人或财务管理人员未按规定妥善保管财产、印章和账簿,导致这些资料下落不明,无法进行清算或造成损失,法院通常会认定其负有法律责任。在这种情况下,债权人或管理人可以向法院提起诉讼,要求这些责任人赔偿因其过失或故意行为导致的损失。这种赔偿不仅是对债权人利益的保护,也是对破产清算程序顺利进行的保障。

在实践操作中,管理人应严格按照法律规定,履行其职责,确保清算程序的合法性和规范性。首先,应对债务人的财产、印章和账簿等资料进行详细的清点和记录,确保这些重要资料的完整和安全。其次,应及时与企业的法定代表人、财务管理人员和其他经营管理人员进行沟通,明确其在破产清算过程中的责任和义务,确保其积极配合清算工作。如果在清算过程中发现有人员不履行法定义务,管理人应及时向法院报告,并请求采取相应的法律措施。在面对因债务人财产、印章和账簿等下落不明而无法进行破产清算的情况,管理人应积极收集和保存相关证据,确保在后续的法律诉讼中能够有效地追究相关责任人的法律责任。这不仅有助于保护债权人的合法权益,也有助于维护市场经济秩序,确保破产清算程序的公平和公正。在未来的立法中,应进一步明确和完善对清算责任主体的民事责任规定,以弥补现有法律规定的不足。通过制定明确的法律条款,确保在破产清算过程中,相关责任主体能够依法履行其职责,避免因其过失或故意行为导致的损失和纠纷。此外,应加强对企业经营管理人员的法律培训和教育,增强其法律意识和责任意识,确保在破产清算过程中能够积极履行其法律义务。此外,为了防止类似问题的发生,企业在日常经营管理中应加强内部控制和管理,确保财产、印章和账簿等重要资料的安全和完整。企业应制定和实施严格的管理制度,明确各级管理人员的责任和义务,确保在企业发生破产清算时,能够顺利进行清算程序,保护各方利益。

案例索引：

（2021）粤 06 民终 4241 号

（2021）粤 06 民终 4241 号

（2020）浙 0381 民初 3441 号

136. 虚假破产承担什么法律责任?

阅读提示:近年来,政府重视完善优化营商环境,建立健全相关机制,企业破产作为完善市场经济主体拯救和退出机制,发挥越来越大的作用。与此同时,债务人虚假破产"逃废债"的违法行为也不断涌现。为了打击虚假"逃废债"行为,1997 年《刑法》第一百六十二条规定了妨害清算罪,用以打击在公司企业清算过程中的违法犯罪行为。1999 年《刑法修正案》增设隐匿、故意销毁会计凭证、会计账簿、财务会计报告罪作为《刑法》第一百六十二条之一,但前两个罪名均无法有效打击破产申请中的欺诈行为。2006 年《刑法修正案》六增设了虚假破产罪,作为《刑法》第一百六十二条之二款。2020 年 4 月 21 日最高人民法院印发《关于推进破产案件依法高效审理的意见》第二十二条指出,人民法院要准确把握违法行为入刑标准,严厉打击恶意逃废债行为。

答:《刑法》第一百六十二条之二款规定,"实施虚假破产,严重损害债权人或者其他人利益的,对其直接负责的主管人员和其他直接责任人员,处五年以下有期徒刑或者拘役,并处或者单处二万元以上二十万元以下罚金"。

理由与依据:

关于虚假破产的主体,《刑法》第一百六十二条之二款规定,实施虚假破产,严重损害债权人或者其他人利益的,对其直接负责的主管人员和其他直接责任人员追究刑事责任。根据该条文,虚假破产的主体为直接负责的主管人员和其他直接责任人员,不仅包括法定代表人,还包括总经理、财务总监等人员。非企业内部员工的第三人能否构成虚假破产?在笔者检索的案例中,如吉林省梅河口市人民法院"(2019)吉 0581 刑初 366 号"刑事判决书,因第三人参与向法院工作人员说情,促成不该破产的企业破产,被判虚假破产罪从犯。故,只要是参与、谋划虚假破产,在犯罪过程中起到决定性作用或辅助作用,均构成犯罪。除了自然人以外,单位能否构成虚假破产罪存在争议。通过检索案例,检察院和法院在对虚假破产罪的被告以及犯罪构成主体认定上,没有将单位作为被告人,而且法院也没有建议检察院追加单位作为被告,可见实务中仍是以自然人犯罪处理。但通说认为,虚假破产罪依《刑法》明文规定为单位犯罪,再结合《企业破产法》第二条的规定,虚假破产罪是法人犯罪。也有学者认为本罪仅处罚自然人,也没有为单位谋取利益,故不是单位犯罪。虽说产生了上述争议,但在目前我国法律体系下,虚假破产罪主体应该可以是单位犯罪。

关于虚假破产的行为,主要表现为行为人通过隐匿财产、承担虚假债务或者以其他方式转移财产、处分财产,实施虚假破产。由此可知,其行为包括两个方面:一是有隐匿等转移、处分财产行为;二是实施虚假破产。对隐匿的财产应作广义理解,既包括财产,也包括财产性权利,如对债权的隐匿不报等。隐匿财产的行为是多种多样的,既包括积极藏匿财产的行为,也包括消极隐瞒的行为,如对财产不在财务报表上记载或者作不真实的记载,对财产去向隐匿不报,在接受有关财产情况的询问时不如实回答等。隐匿并不以转移财产所在地为要件,只要是秘密藏匿,意欲不为他人知晓,不论财产留在原处或转藏他处,均构成隐匿行为。转移财产是指将债务人企业的财产转移至原所在地之外,使管理债权人无法知晓和处分,其适用的范围不仅包括动产、不动产,还包括财产性权利。从广义上讲,隐匿财产可以涵盖转移财产行为,只不过"转移财产"不强调其行为的秘密性。《企业破产法》第三十一条、第三十二条、第三十三条对于破产欺诈行为采取了列举式的立法模式,列举较为详尽。刑法对转移财产、处分财产行为采取了列举与概括相结合的模式。笔者认为,在民事违法的"量"积累到严重损害债权人或者其他人利益程度时,可以转化为刑事虚假破产行为。因此,对于刑法中未列举的"其他方式",可以参照企业破产法的相关规定进行判断。关于实施虚假破产,根据刑法条文的表述,一般认为是指由于公司、企业的隐匿等行为,使得本不符合破产条件的公司、企业进入破产程序。根据笔者检索到的案例,被告人实施虚假破产,人民法院在破产受理前发现,驳回破产申请,但相关人员仍被判以虚假破产罪。笔者认为值得商榷。刑法应保持谦抑性,做到罪刑责相适应。根据我国商业历史传统,经营者和经营组织往往不分,财产、财务、责任等方面高度混同,而类似于公司独立法人等现代企业制度在我国起步较晚。基于我国商业文化和市场经济发展阶段等国情,应当准确把握经济违法行为入刑标准,严格区分民事责任和刑事责任的界限,以准确打击虚假破产等逃废债犯罪行为。对于主观恶意不明显,情节不严重,未给债权人造成严重损失的,不应追究其刑事责任,可以民事责任替代。

此外,需探讨的是关于转移、处分财产的时间限制问题。企业在经营过程中,存在债务在所难免,一般情况下,属于民事法律关系,可以通过民事诉讼解决。为平衡债权人和债务人的权利义务,平衡经济自由和交易安全之间的冲突,我国《企业破产法》规定了合理怀疑期。《企业破产法》第三十一条规定了偏颇性清偿及其他破产欺诈行为的怀疑期为 1 年,第三十二条规定了个别清偿行为的怀疑期为 6 个月。可见,在企业破产的民事法律领域,尚有欺诈行为的期限限制,在刑事法律领域,更应该注意欺诈行为与破产受理之间的时间关系。如吉林省梅河口市人民法院"(2019)吉 0581 刑初 366 号"刑事判决书,被告人尹某认为鹿王制药隐匿财产的行为之一是设立"账外账",但"账外账"早在 2001 年就存在,不是为虚假破产而设置,该辩解意见就涉及时间问题。虽然人民法院最终没有采纳被告人的辩解意见,但如果实施隐匿财产、承担虚假债务或者以其他方式转移财产、处分财产行为的时间与申请破产时间相距较久,难以认定存在主观故意,应对该罪的构成产生影响。

案例索引:

(2019)吉 0581 刑初 366 号

137. 虚假申报债权承担什么法律责任?

阅读提示:企业破产后,对债务人企业享有债权的人可以申报债权,经管理人审查确定并编制债权表提交债权人会议核查后,提交人民法院裁定确认为破产债权,债权人以该债权额参与破产清算财产分配、破产重整计划草案表决与分配或破产和解协议草案表决与分配等。债权申报是行使债权人权利的前提和基础,因此十分重要。故实践中存在通过虚假申报债权的方式牟取非法利益,例如债权人通过虚增债权数额、隐瞒已清偿金额、虚增债权优先级等方式虚假申报债权,进而提高破产财产的分配比例,再例如破产企业的实际控制人通过与他人串通,虚增企业工资标准、虚构职工债权等方式迂回地获得破产财产优先分配,或多或少挽回企业破产的损失。

答:对于此类债权申报阶段的虚假申报行为,《刑法》与《最高人民法院、最高人民检察院关于办理虚假诉讼刑事案件适用法律若干问题的解释》的规定,采取伪造证据、虚假陈述等手段,在破产案件审理过程中申报捏造的债权,应当认定为"以捏造的事实提起民事诉讼",属于虚假诉讼罪的客观行为方式之一。

理由与依据:

(一)关于虚假申报债权行为的界定

根据《企业破产法》与相关规范文件对于债权申报环节的规定,债权申报及认定可具体分为三道环节:第一道环节为债权人向管理人申报债权,申报时需提供债权人身份证明材料、债权申报材料、债权金额与债权发生事实的证据材料等,管理人对申报的债权登记造册后针对债权的性质、数额以及真实性、合法性、时效性等情况进行实质审查,而后编制债权表并提交债权人会议核查;第二道环节为债权人会议对管理人所编制的债权表进行核查,债权人与债务人均可以对债权审查结果提出异议,提出的异议由管理人予以复核,若异议成立则予以采纳,若异议不成立,异议人可在规定时间内向人民法院提起债权确认之诉;第三道环节为人民法院对无异议的债权表进行最终裁定确认,被最终确认债权的债权人有权参与破产财产分配或者破产重整、破产和解的债务清偿,未被确认债权的债权人则不得参与后续破产程序。就三个具体环节而言,第一道环节与第二道环节并不涉及人民法院,在前两道环节弄虚作假的行为直观而言似乎并不会妨害司法秩序,或许有人会提出质疑,向管理人虚假申报债权的行为是否与"以捏造的事实提起民事诉讼"具有同质性?此处构成虚假诉讼罪的虚假申报行为是否针对的是第三环节而非第一环节?

首先,破产管理人在破产程序中是人民法院指定的临时机构,在人民法院的委任许可下依法处理债务人的所有破产事务,例如接管债务人经营事务、接管清理债务人的所有财产、接受债权申报、制作和解协议、重整协议、财产变价分配方案等。因此,管理人对破产案件中有关工作的审核认定,特别是对债权人债权的审查,具有类司法审理的性质和作用,故扰乱破产管理人工作、浪费破产管理人人力物力的行为应当视为扰乱司法秩序、浪费司法资源的行为,两者的危害性并不存在本质区别。其次,就债权申报审查的程度来看,破产管理人在第一道环节的债权审查系三道环节中最为彻底、最为详细的环节,后续两道审查环节通常系基于破产管理人的实质审查结果而进行的形式审查,因此若仅关注人民法院的申报审查环节而忽略前端破产管理人的实质审查,必将会放纵大量在前端即被审查否定的虚假债权申报行为,所起到的实际规制作用大打折扣,这无疑与破产领域虚假诉讼罪的立法目的不符。综上所述,"在破产案件审理过程中申报"的行为应具体解释为在破产清算、破产重整或者破产和解程序中向管理人申报债权的行为。

（二）关于"捏造的债权"的认定

捏造内容的界定对于虚假诉讼罪中"捏造的债权"在内容上的认定标准,理论上存在两种观点:第一种观点认为,"捏造的债权"仅指捏造债权相关的全部事实,即"无中生有型"的捏造,捏造部分事实不属于虚假诉讼罪中的"捏造"。支持该观点的学者认为,捏造事实必须是捏造全部的事实,强调的是无中生有、凭空捏造,即以凭空捏造的根本不存在的事实为基础,向法院提出诉讼请求,要求法院作出裁判。这是因为,《刑法修正案(九)(草案)》对于虚假诉讼罪的罪状规定为,为谋取不正当利益,以捏造的事实为案由,向人民法院提起民事诉讼,骗取法院裁判文书的行为。因此,对应到破产程序中"捏造的债权",就应当是捏造债权对应的全部事实,强调的是以凭空捏造的根本不存在的事实为基础,向管理人申报债权,要求债权确认的行为。第二种观点认为,对于"捏造的债权"的内容应进行实质性认定,无须以全部或部分事实作形式上的划分。但对于如何进行实质性认定,理论界的学者在具体表述时又存在不同情形。第一类情形,部分学者更为关注捏造的事实对诉讼程序的影响,故将捏造的事实限定为"与民事诉讼紧密关联且对启动民事诉讼活动有决定性作用的事实"。对于行为人在法院正常受理案件后出于胜诉目的以伪造证据、隐匿证据、作虚假陈述等方式捏造事实的,持该观点的学者认为此行为实质上属于妨害民事诉讼的行为,我国《民事诉讼法》和《刑法》均作了另外的规定,不属于虚假诉讼罪中的捏造事实行为。部分学者更为关注捏造的事实对裁判结果的影响,他们认为捏造部分事实例如虚增债权数额、改变债权债务性质等同样是侵害了司法过程中的纯洁性、妨害了司法秩序,且就对他人合法权益的侵害甚至可能比完全捏造有过之而无不及,故同样应当认定为虚假诉讼罪中的"捏造的事实"。对于上述理论观点,司法实务界的态度似乎更倾向于第二种观点,即重点关注捏造的内容对实体裁判结果的影响,无论"无中生有"式的捏造债权还是在真实债权债务关系基础上虚增优先级或夸大申报数额,均纳入"捏造的债权"的范围,以虚假诉讼罪进行规制。

综上所述,根据《刑法》第三百零七条之规定,以捏造的事实提起民事诉讼,妨害司法秩序或者严重侵害他人合法权益的,才能以虚假诉讼罪定罪量刑。因此从《刑法》条文的表述上看,虚假诉讼罪是结果犯,虚假申报的行为造成妨害司法秩序或严重侵害他人合法权益的实害结果才构成犯罪。对于"妨害司法秩序或严重侵害他人权益"的具体认定,《虚假诉讼刑事案件解释》中进行了明确规定。该解释列明了六类情形,分别为:(1)致使人民法院基于捏造的事实采取财产保全或者行为保全措施的;(2)致使人民法院开庭审理,干扰正常司法活动的;(3)致使人民法院基于捏造的事实作出裁判文书、制作财产分配方案,或者立案执行基于捏造的事实作出的仲裁裁决、公证债权文书的;(4)多次以捏造的事实提起民事诉讼的;(5)曾因以捏造的事实提起民事诉讼被采取民事诉讼强制措施或者受过刑事追究的;(6)其他妨害司法秩序或者严重侵害他人合法权益的情形。

案例索引:

(2022)苏 0581 刑初 1259 号

138. 债权人泄露破产案件信息,承担什么法律责任?

阅读提示: 债权人作为破产案件最主要的主体,享有知情权,这不仅能保障债权人的合法权利,也能促使管理人勤勉尽责、公平公正处理案件。但债权人对知悉的破产案件信息负有保密义务,破产案件信息作为商业信息的一种,具有相对保密性,除案件相关人员外,其他人员无权获知,否则,泄露案件信息应承担民事甚至刑事责任。

答: 因泄露破产案件信息给债权人造成损失,需承担民事赔偿责任,受到损害的债权人的赔偿数额,按照其因被侵权所受到的实际损失确定;实际损失难以计算的,按照侵权人因侵权所获得的利益确定。严重者构成刑事犯罪,给商业秘密的权利人造成重大损失的,处 3 年以下有期徒刑或者拘役,并处或者单处罚金;造成特别严重后果的,处 3 年以上 7 年以下有期徒刑,并处罚金。

理由与依据：

（一）债权人的知情权内容

《最高人民法院关于适用〈中华人民共和国企业破产法〉若干问题的规定（三）》（下称"《破产法司法解释三》"），其中第六条："债权表、债权申报登记册及债权申报材料在破产期间由管理人保管，债权人、债务人、债务人职工及其他利害关系人有权查阅。"第十条："单个债权人有权查阅债务人财产状况报告、债权人会议决议、债权人委员会决议、管理人监督报告等参与破产程序所必需的债务人财务和经营信息资料。管理人无正当理由不予提供的，债权人可以请求人民法院作出决定；人民法院应当在五日内作出决定。上述信息资料涉及商业秘密的，债权人应当依法承担保密义务或者签署保密协议；涉及国家秘密的应当依照相关法律规定处理。"

（二）泄露破产案件信息的民事责任承担

关于民事赔偿的法律规定主要体现在《民法典》《反不正当竞争法》，此外对于侵犯商业秘密的民事责任在《最高人民法院关于审理侵犯商业秘密民事案件适用法律若干问题的规定》《关于印发〈中央企业商业秘密保护暂行规定〉的通知》《中华人民共和国促进科技成果转化法》《天津市知识产权保护条例》等法律法规中均进行了相关规定。

1. 停止侵权责任

《最高人民法院关于审理侵犯商业秘密民事案件适用法律若干问题的规定》第十七条规定："人民法院对于侵犯商业秘密行为判决停止侵害的民事责任时，停止侵害的时间一般应当持续到该商业秘密已为公众所知悉时为止。"据此，商业秘密案件中停止侵害的时间并不是一律持续到该项商业秘密已为公众知悉时为止。为平衡商业秘密权利人和社会公众之间的利益，在特殊情况下，可以判决侵权人在一定期限或者范围内停止使用。比如，一项商业秘密比较简单，本领域的相关人员通过自身努力可以在一定时间内取得的，可以判决侵权人在一定期限内禁止使用；或者此项商业秘密仅在一定范围内具有竞争优势，超出该范围不会损害权利人竞争利益的，可以判决侵权人在一定范围内禁止使用。但就大部分商业秘密而言，是需要耗费大量人财物力，经过长期研发和生产经验的积累才可能获得的工艺诀窍，不属于上述例外情形，故法院在判项中明确"停止侵害的时间持续到该商业秘密已为公众所知悉时止"。

2.赔偿损失

因泄露破产案件信息行为受到损害的债权人的赔偿数额,按照其因被侵权所受到的实际损失确定;实际损失难以计算的,按照侵权人因侵权所获得的利益确定。权利人因被侵权所受到的实际损失、侵权人因侵权所获得的利益难以确定的,由人民法院根据侵权行为的情节判决给予权利人五百万元以下的赔偿。对于上述"侵权行为的情节",一般可以考虑商业秘密的性质、商业价值、研究开发成本、创新程度、所带来的竞争优势以及侵权人的主观过错、侵权行为的性质、具体行为、后果等因素,并可以按照营业利润或者销售利润计算。大量司法判例认为,虽然权利人实际损失或侵权人侵权获利难以准确认定,但有证据证明实际损失或侵权获利明显超过法定赔偿最高限额的,基于公平原则,人民法院可以运用自由裁量权在法定赔偿最高限额以上酌定赔偿。

(三)泄露破产案件信息的刑事责任承担

《刑法》第二百一十九条规定:"违反约定或者违反权利人有关保守商业秘密的要求,披露、使用或者允许他人使用其所掌握的商业秘密的,给商业秘密的权利人造成重大损失的,处三年以下有期徒刑或者拘役,并处或者单处罚金;造成特别严重后果,处三年以上七年以下有期徒刑,并处罚金。"民事救济针对一般侵权行为,对损害后果没有设置门槛,而刑事规制针对的具有严重社会危害性的行为,所以刑法中侵犯商业秘密犯罪以"情节严重"为入罪标准。根据《关于办理侵犯知识产权应用法律的解释(三)》的规定,侵犯商业秘密的追诉标准(重大损失)为:(1)给商业秘密权利人造成损失数额在50万元以上的;(2)因侵犯商业秘密违法所得数额在50万元以上的;(3)致使商业秘密权利人破产的;(4)其他给商业秘密权利人造成重大损失的情形。特别严重后果:给商业秘密的权利人造成损失数额在250万元以上的。鉴于《关于办理侵犯知识产权应用法律的解释(三)》的颁布实施在《刑法修正案十一》之前,目前司法解释并无对"情节严重"的具体认定标准。2023年1月,最高人民法院、最高人民检察院发布《关于办理侵犯知识产权刑事案件适用法律若干问题的解释(征求意见稿)》,向社会公开征求意见。新解释征求意见稿第十四条对侵犯商业秘密罪中"情节严重"的情形尝试进一步拓展,除了沿用《关于办理侵犯知识产权应用法律的解释(三)》中的几种情形外,还增设了"一年内以不正当手段获取商业秘密三次以上"以及"二年内因实施刑法第二百一十九条、第二百一十九条之一规定的行为受过行政处罚二次以上,又实施侵犯商业秘密行为"的情形,商业秘密刑事保护圈进一步扩张。刑法以谦抑为原则,但民刑边界的划分还是要严格依据刑法以及相关司法解释的规定,对侵犯商业秘密罪的构成要件进行判断,重点考察"情节严重"的认定标准,从民事侵权行为中划出侵犯商业秘密的犯罪圈。行为人的动机、目的、社会影响等要素并非民刑边界的认定标准。

139. 法定代表人及直接责任人存在破产欺诈行为,承担什么法律责任?

阅读提示:《公司法》第四条规定,股东以其认缴的出资额为限对公司承担责任。股东只是以出资额为限对公司的债务承担责任,超出出资的部分,股东不需要再承担责任,这是股东的有限责任,也是公司法的基石。但是当股东、法定代表人和其他直接责任人员存在破产欺诈行为时,应当"刺破公司面纱",责令有关人员承担赔偿责任。

答:《企业破产法》第一百二十八条规定:"债务人有本法第三十一条、第三十二条、第三十三条规定的行为,损害债权人利益的,债务人的法定代表人和其他直接责任人员依法承担赔偿责任。"

理由与依据:

法定代表人等破产民事责任必须是法定代表人等在法定期间内实施了破产法禁止的行为。根据《企业破产法》第三十一条、三十二条、三十三条的规定,债务人为下列行为的,法定代表人等承担民事责任:(1)在人民法院受理破产申请前一年内,无偿转让财产的,以明显不合理的价格进行交易的,对没有财产担保的债务提供财产担保的,对未到期的债务提前清偿的,放弃债权的;(2)在人民法院受理破产申请前六个月内,债务人不能清偿到期债务,其资产不足以清偿全部债务或者明显缺乏清理能力的,仍对个别债权人进行清偿,损害债权人利益的。这种赔偿责任是一种补充责任,以有损害存在作为承担民事责任的构成要件,以填补损害作为承担责任的结果,以造成不能追回的财产损失为赔偿范围。除因行为效力瑕疵带来的行为相对人应当负担返还的义务外,债务人的法定代表人和其他直接责任人员还有可能承担赔偿责任。

首先,关于承担责任的主体,根据《企业破产法》的规定,承担责任的主体是债务人的法定代表人和其他直接责任人员。这个其他直接责任人员的范围是怎样确定的呢？通常理解是对损害债权人利益这一后果具有故意或重大过失的人员。其次，关于承担责任的条件，造成债务人财产损失，且该等财产损失损害了债权人利益。最后，关于承担赔偿责任的性质，法定代表人与其他直接责任人员承担的责任的性质是补偿赔偿责任，即管理人应当先基于被撤销或被认定无效的行为要求相对人进行返还，相对人无力返还的部分——即责任人给破产企业造成的损失，由责任人负责赔偿。根据笔者检索的案例，法定代表人和其他直接责任人员承担赔偿责任需满足以上法定条件。例如"（2018）皖 17 民终 988 号"池州中翔置业、许某飞损害债务人利益赔偿纠纷——要求法定代表人等承担责任需要证明存在"虚构债务"或"逃避债务"的行为。该案中，管理人代表破产企业中翔置业起诉许某飞、许某波，要求二被告赔偿原告经济损失 9 500 万元及利息损失 4 332 万元。在案件审理过程中，法院查明，2010 年 2 月 26 日，原审被告出资设立中翔置业，许某飞担任执行董事（法定代表人）。2013 年 3 月 14 日，中翔置业股东变更，许某飞将其全部 80% 的股份转让给许某鹏，并不再担任公司职务。2013 年 9 月 12 日，中翔置业股东变更，许某波持股 2% 股份，邱某军持股 70% 股份，孙某华持股 28% 股份。2010 年 3 月 11 日，中翔置业向许某飞汇款 9 900 000 元；3 月 29 日，中翔置业向许某飞汇款 3 000 000 元；4 月 20 日，中翔置业向安庆市晋翔商贸有限公司汇款 10 000 000 元；此后，中翔置业陆续向许某飞、安庆市晋翔商贸有限公司汇款。2016 年 8 月 15 日，法院裁定受理池州中翔置业有限公司破产重整申请，并指定安徽九华律师事务所担任管理人。在本案中，法院虽然认可破产企业存在向第三方汇款的行为，但以中翔置业有陆续向许某飞、安庆市晋翔商贸有限公司汇款的行为，但其并未提供充分证据证明该汇款行为存在逃避债务或是虚构债务、承认不真实的债务的情形为由判决驳回了原告的诉讼请求。其次，有法院认为，该赔偿责任属于补充责任。例如，"（2020）渝 0116 民初 576 号"华瑞公司破产管理人与张某华等普通破产债权确认纠纷。人民法院经审理认为，在人民法院受理破产申请前六个月内，企业存在破产事由而进行的个别清偿。管理人有权要求撤销该个别清偿行为，并要求华瑞公司的法定代表人承担赔偿责任。最终法院判决被告荣固机械零配件加工厂在本判决生效之日起七日内返还原告华瑞公司破产管理人 336 397.33 元。被告张某华（华瑞公司的法定代表人）对被告荣固机械零配件加工厂就上述第一项判决义务经强制执行不能返还的部分向原告华瑞公司破产管理人承担赔偿责任。

《企业破产法》中没有明确规定第一百二十八条权利的行使主体，但实务中，多是以管理人提起。关于债权人能否行使该权利的问题，根据检索到的

"(2019)陕01民终37号"真知味公司与马某虹股东损害公司债权人利益责任纠纷——债权人不能直接起诉要求法定代表人或直接责任人承担责任。本案中,原告真知味公司对破产企业鼎中宝公司享有债权351 497.16元,已在破产程序中经法院确认。鼎中宝公司申请破产后,经法院裁定终结了其破产清算程序。原告起诉破产企业鼎中宝公司的法定代表人马某虹,要求其赔偿原告经济损失339 462.05元及滞纳金。经法院审查后,法院以"本案原告并不是破产管理人,不具备原告主体资格,其提起的本案诉讼应予驳回"为由驳回了原告的起诉。

案例索引:

(2020)渝0116民初576号

140. 高管违反忠实、勤勉义务导致企业破产,需承担什么法律责任?

阅读提示:近年来,受各类因素的影响,企业破产案件数量大幅增加,各地法院在破产案件办理进度上虽较以往有所提升,但债权人实际能够得到清偿的比例却未见明显改善,特别是在破产案件数量多、结案周期短、无人垫付破产费用的情况下,很多破产案件并未进行实体上的清算而终结破产程序,债权人的利益受到较大减损。那么,债务人高级管理人员经营企业破产,是否需要承担责任?

答:根据《企业破产法》第一百二十五条的规定,企业董事、监事或者高级管理人员违反忠实义务、勤勉义务,致使所在企业破产的,依法承担民事责任。有前款规定情形的人员,自破产程序终结之日起三年内不得担任任何企业的董事、监事、高级管理人员。

理由与依据:

(一)忠实义务的内容

忠实义务是指企业高管执行职务时负有的忠诚尽力的义务。该义务要求高管竭尽全力忠诚地为公司工作并诚实、正当地履行职责,不得使自己的个人利益与公司的利益相矛盾。《公司法》第一百四十九条列举了高管违反忠实义务的行为,即:挪用公司资金;将公司资金以其个人名义开立账户存储;违反公司章程的规定,未经股东会、股东大会或者董事会同意,将公司资金借贷给他人或者以公司财产为他人提供担保;违反公司章程的规定或者未经股东会、股东大会同意,与本公司订立合同或者进行交易;未经股东会或者股东大会同意,利用职务便利为自己或者他人谋取属于公司的商业机会,自营或者为他人经营与所任职公司同类的业务;接受他人与公司交易的佣金归为己有;擅自披露公司秘密;违反对公司忠实义务的其他行为,如侵占或擅自处理公司的财产。

(二)勤勉义务的内容

勤勉义务是指经营者在担当相应的职位后,要认真履行职责,注意公司经营业绩,在其职责范围内,为了防止公司利益遭受损失,应当谨慎地采取合理措施的义务。而勤勉义务的本质是要求董事等参加公司决策会议,对讨论和决策以及监管的事项加以注意。如董事应当亲自参加董事会议;监事应当对董事会决议事项提出质询或者建议,发现公司经营情况异常,可以进行调查;必要时,可以聘请会计师事务所等协助其工作,费用由公司承担(《公司法》第五十五条)。

(三)高管违反忠实义务、勤勉义务的责任承担

1.民事赔偿责任

民事主体在市场中盈利或衰退是经济规律的正常现象,但如果企业高管违反忠实、勤勉义务,则会承担相应赔偿责任。根据笔者检索到的案例,有法院认为,企业破产清算后债权人申报的债权经法院确认,企业的股东,或董事、监事,是企业法定的清算义务人,在企业进入破产清算期间,企业的股东,或董事、监事不能提供财务账册等重要文件,且不能支付破产费用,导致破产程序终结,其怠于履行法定义务的行为,损害了债权人的合法权益。债务人的管理人在征得债权人同意后,可以代表债权人提起诉讼,要求赔偿经法院确认的破产债权,即企业的股东,或董事、监事需对破产企业的全部债务承担连带赔偿责任。债务人的管理人在案件中所追回的财产应归入债务人财产,并依法处置。也有法院认为,债务人的执行董事,系公司高级管理人员。其在任职期间,违反公司高级管理人员的忠实、勤勉义务,将公司的资金转入其个人账户,属于占用公司财产的行为。高管以个人账户占用公司财产,而债务人拖欠员工工资和债权人款项致使公司被申请破产清算。根据《企业破产法》第一百二十五条之规定,企业董事、监事或者高级管理人员违反忠实义务、勤勉义务,致使所在企业破产的,依法承担民事赔偿责任。

2.限制任职责任

根据《企业破产法》第一百二十五条第二款之规定,三年内不得担任任何企业

的董事、监事、高级管理人员。企业董事、监事或者高级管理人员违反忠实义务、勤勉义务,致使所在企业破产的,自破产程序终结之日起三年内,人民法院应对其告知并向市场监管机构发出通知,限制该类人员三年内不得担任任何企业的董事、监事、高级管理人员。

案例索引:

(2017)京民终 308 号

141. 企业相关人员不配合清算工作,可能承担什么法律责任?

阅读提示: 在管理人未接管债务人企业之前,不了解企业状况,为了更好地开展破产程序相关事宜,债务人相关人员必须协助管理人工作。对于拒绝履行法定义务,不协助管理人查明案件事实的债务人相关人员,须承担法律责任。

答: 企业相关人员不配合清算工作,可能承担相应民事责任、行政责任以及刑事责任。

理由与依据:

关于哪些人员需配合管理人工作的问题,根据《企业破产法》第十五条的规定,负有配合义务的有关人员是指企业的法定代表人,经人民法院决定,也可以包括企业的财务管理人员和其他经营管理人员。根据《企业破产法》以及《公司法》的相关规定,债务人相关人员的配合义务主要有以下几个方面:

(一)协助配合义务

实践中,债务人相关人员对法院、管理人的协助配合义务体现在妥善保管义务和移交义务两个方面。

1. 妥善保管义务

《企业破产法》规定,债务人有关人员应当妥善保管其占有和管理的财产、印章和账簿、文书等资料。实践中,债务人相关人员的妥善保管义务并不仅仅在破产程序期间,而是在其进入企业时即已存在;在企业出现经营困难、发生破产危机时,债务人相关人员尤其是公司法定代表人、董事、监事、高级管理人员即应更全面地履行妥善保管义务,对公司财产、印章和账簿、文书等材料进行妥善保管。

2.移交义务

企业进入破产程序后,债务人有关人员应当根据人民法院、管理人的要求进行工作。在债权人提出破产申请时,根据人民法院要求提交企业财产状况说明、债务清册、债权清册、有关财务会计报告以及职工工资的支付和社会保险费用的缴纳情况等资料;在管理人接受指定后,债务人相关人员应当积极配合管理人开展接管工作,向管理人移交其占有和管理的财产、印章和账簿、文书等资料。

(二)信息提供义务

企业进入破产程序后,债务人相关人员负有对两类特别主体的信息提供、披露义务。

1.人民法院、管理人

债务人相关人员如实回答人民法院、管理人的询问,是人民法院、管理人在破产程序期间快速、全面了解债务人情况的最有效途径之一。

2.债权人

债务人的整体情况特别是资产情况与债权人的利益息息相关,因此,债务人相关人员应当列席债权人会议并如实回答债权人的询问,向债权人披露债务人相关情况。

(三)附属义务

无论债务人相关人员对企业进入破产程序是否负有责任,均应当配合人民法院、管理人完成与破产程序相关的工作。因此,债务人有关人员未经人民法院许可不得离开住所地,在破产程序进行期间亦不得新任其他企业的董事、监事、高级管理人员。此处的不擅离义务和不新任义务,在实践中一般是对债务人法定代表人、董监高及财务管理人员的要求。

(四)相关人员违反配合义务的责任承担

1.民事责任

从公司法的角度,根据《最高人民法院关于适用〈中华人民共和国公司法〉若干问题的规定(二)》第十八条第二款之规定,有限责任公司股东对公司债务应当承担责任适用于以下两种情形:(1)有限责任公司的股东等清算义务人未在法定期限内成立清算组开始清算,导致公司财产贬值、流失、毁损或者灭失的,股东等清算义务人应在债权人损失范围内对公司债务承担的赔偿责任;(2)有限责任公司的股东等清算义务人,怠于履行清算义务,导致公司主要财产、账册、重要文件等灭失,无法进行清算,清算义务人对公司债务承担连带清偿责任。判断股东是否存在未在法定期限内进行清算,从而导致公司财产损失的情形,根据《公司法》第一百八十条及第一百八十三条的规定,公司应当在解散事由出现之日起15日内成立清算组开始清算。解散事由包括:公司章程规定的营业期限届满或者公司章程规定的其他解散事由出现;股东会或者股东大会决议解散;依法被吊销营业执照、责令关闭或者被撤销。若直至法院受理债务人企业破产清算申请之日,无证据表明公司已出现公司章程约定的解散事由,也未召开股东会决议解散,亦未出现其他法定解散事由,在此情形下,公司股东并无清算义务,则无需承担赔偿责任。如果存在公司股东在公司经营过程中存在损害公司利益导致公司资产流失的行为,公司资产流失严重,股东应对此负责,否则,股东不承担连带清偿责任。关于股东是否怠于履行清算义务,导致公司主要财产、账册、重要文件等灭失,无法进行清算而承担赔偿的问题。若公司股东虽未提交完整的资料,导致无法全面清算,但配合提供了大部分公司资料,对无法提供完整资料的原因亦有合理解释,则不能据此认定股东怠于履行清算义务。从企业破产法的角度,根据《全国法院民商事审判工作会议纪要》第一百一十八条第四款之规定,债务人的相关人员不履行法定义务,致使债务人主要财产、账册、重要文件灭失,致使管理人无法执行清算职务,给债权人利益造成损害的,应当承担相应的民事责任。第一百一十八条关于"无法清算案件的审理与责任承担"的意见第二款认为,人民法院在适用《最高人民法院关于债权人对人员下落不明或者财产状况不清的债务人申请破产清算案件如何处理的批复》第三款的规定,判定债务人相关人员承担责任时,应当依照企业破产法的相关规定来确定相关主体的义务内容和责任范围,不得根据《公司法司法解释二》第十八条第二款的规定来判定相关主体的责任。《最高人民法院关于债权人对人员下落不明或者财产状况不清的债务人申请破产清算案件如何处理的批复》第三款规定的其行为导致无法清算或者造成损失,系指债务人的有关人员不配合清算的行为导致债务人财产状况不明,或者依法负有清算责任的人未依照《企业破产法》第七条第三款的规定及时履行破产申请义务,导致债务人主要财产、账册、重要文件等灭失,致使管理人无法执行清算职务,给债权人利益造成损害。有关权利人起诉请求其承担相应民事责任,系指管理人请求上述主体承担相应损害赔偿责任并将因此获得的赔偿归入债务人财产。管理人未主张上述赔偿,个别债权人可以代表全体债权人提起上述诉讼。

2. 行政责任

《最高人民法院关于推进破产案件依法高效审理的意见》第八条第一款规定:

"管理人应当及时接管债务人的财产、印章和账簿、文书等资料。债务人拒不移交的,人民法院可以根据管理人的申请或者依职权对直接责任人员处以罚款,并可以就债务人应当移交的内容和期限作出裁定。债务人不履行裁定确定的义务的,人民法院可以依照民事诉讼法执行程序的有关规定采取搜查、强制交付等必要措施予以强制执行。"即,若债务人拒不按照要求向管理人移交财产、印章和账簿、文书等资料,人民法院可采取搜查、强制交付等措施进行强制接管。此外,《企业破产法》第一百二十六条规定,债务人相关人员不履行信息提供义务,人民法院可以依法对其处以罚款;有义务列席债权人会议的债务人相关人员经人民法院传唤无正当理由拒不列席的,人民法院可以对其拘传并依法处以罚款。《企业破产法》第一百二十七条规定,债务人相关人员不履行协助义务,向人民法院、管理人提交或移交相关资料的,人民法院对直接责任人员依法可处以罚款。《全国法院民商事审判工作会议纪要》第一百一十八条第三款规定,债务人的有关人员不履行法定义务,人民法院可参照《民事诉讼法》第一百一十一条的规定,依法拘留,构成犯罪的,依法追究刑事责任;债务人的法定代表人或者实际控制人不配合清算的,人民法院可以依据《出境入境管理法》第十二条的规定,对其作出不准出境的决定,以确保破产程序顺利进行。债务人拒不配合管理人开展工作往往是由于其内部相关人员恶意阻挠,人民法院可对相关人员采取罚款、拘传、拘留、限制出境等行政措施,对其进行行政处罚。

3. 刑事责任

《企业破产法》第一百三十一条规定:"违反本法规定,构成犯罪的,依法追究刑事责任。"破产程序中,债务人相关人员不履行配合义务,情形严重,达到定罪量刑标准的,应依法追究企业、相关责任人的刑事责任。《刑法》第一百六十二条规定:"公司、企业进行清算时,隐匿财产,对资产负债表或者财产清单作虚伪记载或者在未清偿债务前分配公司、企业财产,严重损害债权人或者其他人利益的,对其直接负责的主管人员和其他直接责任人员,处五年以下有期徒刑或者拘役,并处或者单处二万元以上二十万元以下罚金。"《刑法》第一百六十二条之一规定:"隐匿或者故意销毁依法应当保存的会计凭证、会计账簿、财务会计报告,情节严重的,处五年以下有期徒刑或者拘役,并处或者单处二万元以上二十万元以下罚金。单位犯前款罪的,对单位判处罚金,并对其直接负责的主管人员和其他直接责任人员,依照前款的规定处罚。"

案例索引:

(2020)粤民再118号